AF567706

WOLFGANG MÖRTL

BERGFÜHRER POTSDAM

Die schönsten Spaziergänge
zu den 75 Gipfeln der Stadt

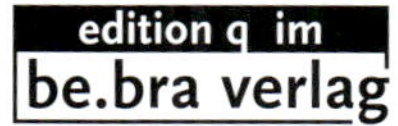

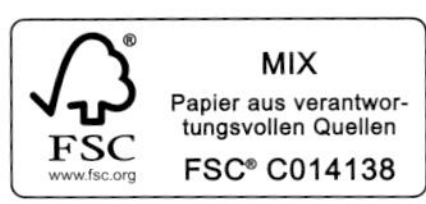

Bibliografische Information der Deutschen Nationalbibliothek
Die Deutsche Nationalbibliothek verzeichnet diese Publikation in der Deutschen Nationalbibliografie; detaillierte bibliografische Daten sind im Internet über http://dnb.d-nb.de abrufbar.

Alle Rechte vorbehalten.
Dieses Werk, einschließlich aller seiner Teile, ist urheberrechtlich geschützt. Jede Verwertung außerhalb der engen Grenzen des Urheberrechtsgesetzes ist ohne Zustimmung des Verlages unzulässig und strafbar. Das gilt insbesondere für Vervielfältigungen, Übersetzungen, Mikroverfilmungen, Verfilmungen und die Einspeicherung und Verarbeitung auf DVDs, CD-ROMs, CDs, Videos, in weiteren elektronischen Systemen sowie für Internet-Plattformen.

2., durchgesehene Auflage
© edition q im be.bra verlag GmbH
Berlin-Brandenburg, 2022
KulturBrauerei Haus 2
Schönhauser Allee 37, 10435 Berlin
post@bebraverlag.de
Lektorat: Matthias Zimmermann, Potsdam
Umschlag: hawemannundmosch, Berlin
Satz: typegerecht berlin
Schrift: Milo 9/12,5 pt
Druck und Bindung: Graspo, Zlín
ISBN 978-3-86124-745-6

www.bebraverlag.de

Inhalt

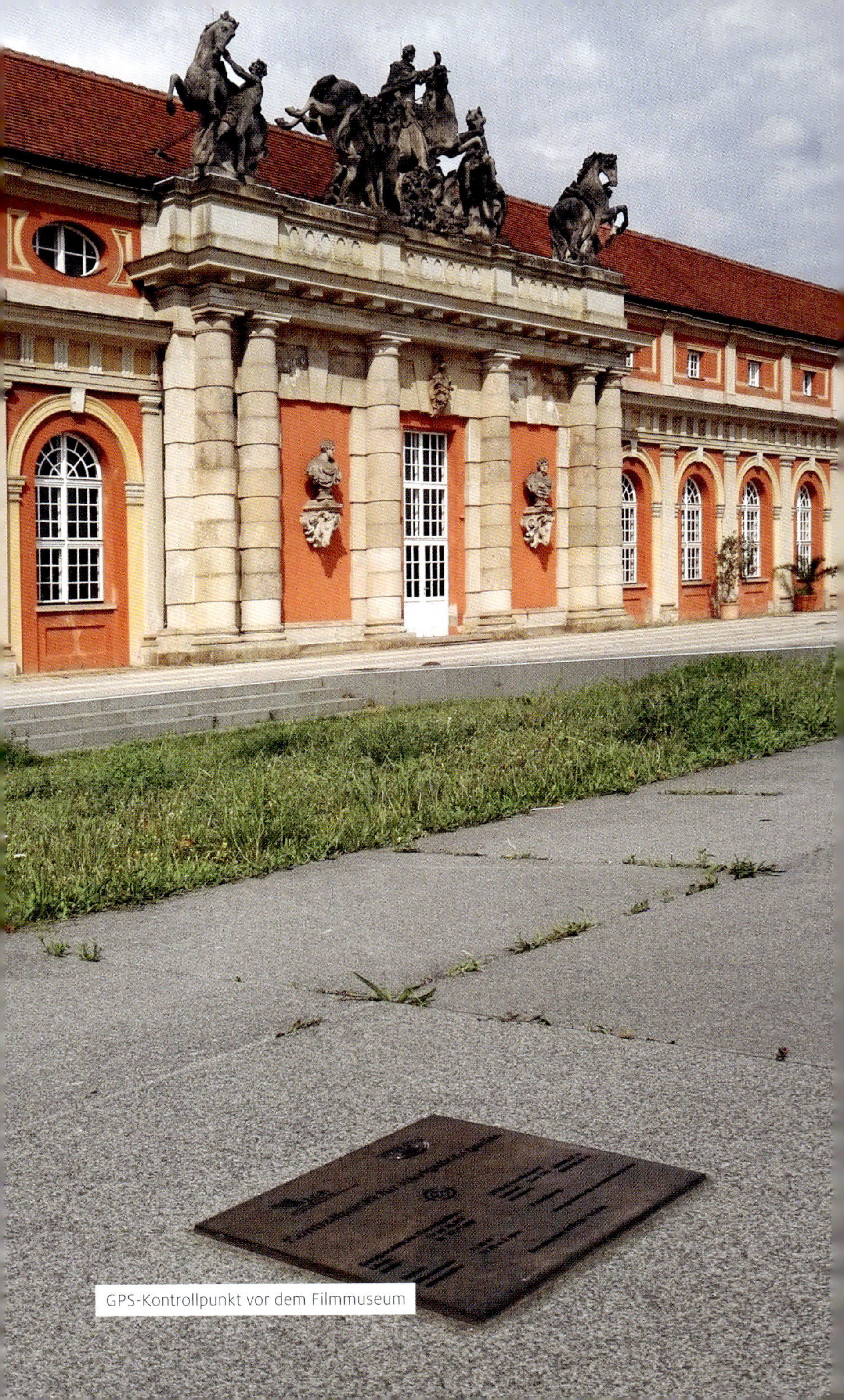

GPS-Kontrollpunkt vor dem Filmmuseum

Vor dem Aufstieg

Potsdam, an der Bundesstraße 273 am 28. August 2016 um 12:10 Uhr.
»Was fotografieren Sie denn da?«
»Den Hasselberg dort drüben.«
»Beeeerg?«

Es ist sicher paradox, über die Berge eines Gebietes zu schreiben, in dem es nach Ansicht der meisten Menschen gar keine Berge gibt. Aber in diesem Widerspruch liegt gerade der Reiz. Potsdam, die Hauptstadt des Landes Brandenburg, ist durch seine Schlösser und Gärten, auch durch viele Wissenschaftseinrichtungen sowie nicht zuletzt durch die Potsdamer Konferenz weltweit bekannt. Aber dass Potsdam auch Berge hat, wissen viele Menschen nicht.

Ein Blick in Stadtpläne, Wander- oder andere Karten macht jedoch sehr schnell deutlich, dass innerhalb der Potsdamer Stadtgrenzen sehr viele Berge liegen. Skeptiker – und von denen gibt es nicht wenige – werden hier spöttisch lächeln, denn der höchste sogenannte Berg Potsdams misst lediglich 116 Meter. Viel mehr ist aber auch nicht zu erwarten, wenn man bedenkt, dass die größten Erhebungen im Land Brandenburg es auch nur auf etwas über 200 Meter schaffen: der bei Bad Belzig liegende Hagelberg (200,2 Meter), der lange als höchster Berg Brandenburgs galt, und der bei Ortrand liegende Kutschenberg (200,7 Meter).

Dieses Kuriosum ist nicht neu, denn schon 1874 schrieb Wilhelm Riehl: »In der Mark Brandenburg nennt man Anschwellungen des Bodens, die man anderwärts nur als Hügel bezeichnen würde, Berge; aber insofern solche unmittelbar vom Wasserspiegel und aus den Niederungen sich erheben, erscheinen die höheren Theile des Terrains weit mehr bergartig, als wenn sie in der Nähe wirklicher Gebirge lägen. Dazu kommt, daß jene Höhen sich zum öfteren plateauartig ausbreiten, wo dann der sanft gewellte Boden günstig war, eine Gruppirung zu bewirken, die, aus der Ferne gesehen, schön geformte Umrißlinien giebt, dem Besteigenden aber zu guten Fernsichtspunkten verhilft.«[1]

Vielleicht gerade deshalb wird in der Literatur immer wieder einmal auf die Berge in und um Potsdam Bezug genommen. In Anlehnung an die sieben Hügel Roms schrieb der ehemalige Generaldirektor der Stiftung Preußische Schlösser und Gärten Berlin-Brandenburg, Hans-Joachim Giersberg: »Betrachtet man die Landschaft um Potsdam, stellt man fest, dass sich sieben Hügel um Potsdam gruppieren, und zwar Brauhausberg, Klausberg, der ehemalige Wüste Berg mit dem Schloss Sanssouci, Ruinenberg, Winzerberg, Pfingstberg mit dem Kapellenberg und Babelsberg.«[2]

Auch Friedrich Netto und Hans Brendicke vergleichen die Potsdamer Erhebungen mit den legendären sieben Hügel Roms: »7 Königsbauten, von 7 Königen geschaffen, [...] die auf 7 Hügeln um die Stadt mit ihren Kuppeln und Kirchen sich erheben.«[3] Gemeint waren der ehemalige Wüste Berg mit dem Schloss Sanssouci, der Ruinenberg mit dem Hochwasserbecken, der Böttcherberg mit der Loggia Alexandra, der Babelsberg mit dem Schloss, der Pfingstberg mit dem Belvedere, der Bornstedter Höhenzug mit dem Orangerieschloss und der Brauhausberg mit der damaligen neuen Kriegsschule.

In der Sage »Die elf Berge bei Potsdam« werden sogar noch mehr Erhebungen aufgezählt: der Heineberg bei Baumgartenbrück, der Krähenberg bei Caputh, der Telegrafenberg, der Ravensberg, der Babelsberg, der Klein Glienicker Berg bei der Sandgrube (gemeint ist damit der Böttcherberg), der Schäferberg bei Klein Glienicke, der Pfingstberg, der Berg bei Sanssouci (also der Weinberg mit dem Schloss Sanssouci), der Panberg bei Bornim (der Pannenberg) und der Brauhausberg.[4] Allerdings liegen der Heineberg, der Krähenberg, der Klein Glienicker Berg und der Schäferberg nicht im Potsdamer Stadtgebiet, sodass auch hier nur sieben Potsdamer Berge übrig bleiben.

Wenn auch mit dem Ruinenberg, Telegrafenberg, Brauhausberg, Babelsberg, Pfingstberg und Kapellenberg die bekanntesten Hügel Potsdams schon genannt wurden – und mancher Potsdamer vermutlich nicht viel mehr Berge aufzählen könnte –, ist die tatsächliche Anzahl um ein Vielfaches größer. Also, lassen Sie sich überraschen!

Ganz offensichtlich übten die Potsdamer Berge seit jeher eine gewisse Anziehungskraft aus, was nicht allein dadurch zum Ausdruck kommt, dass seit über 300 Jahren auf mehreren von ihnen weithin sichtbare Bauwerke errichtet wurden. Dazu zählen zum Beispiel die beiden Tore auf dem Ehrenpfortenberg (1688 und 1702), das Schloss Sanssouci auf dem Wüsten Berg (1745–47), das Belvedere auf dem Klausberg (1770–72), das Belvedere auf dem Brauhausberg (1803), die russische Kirche auf dem Kapellenberg (1826–29), das Schloss (1834/35 und 1844–49) sowie der Flatowturm (1853–56) auf dem Babelsberg, der Normannische Turm auf dem Ruinenberg (1846), das Belvedere auf dem Pfingstberg (mit Unterbrechung 1847–63), das Winzerhaus auf dem Mühlenberg in der Jägervorstadt (1848–49), das Orangerieschloss auf dem Bornstedter Höhenzug (1851–64) und der Rundtempel auf dem Kahlen Berg (1854).

Wenngleich einige dieser Bauten heute nicht mehr existieren, so gibt es immer noch sehr viel Spannendes auf den Bergen zu entdecken. Der Autor hat sie alle erwandert. Dabei wurde nicht zwischen natürlich beziehungsweise künstlich entstandenen Bergen unterschieden; auch wurde keine Mindesthöhe vorgegeben. Entscheidend war nur, dass die Hügel innerhalb der Stadtgrenzen von Potsdam liegen (Stand: 26. Oktober 2003) und »Berg« heißen. Ergänzend wurden

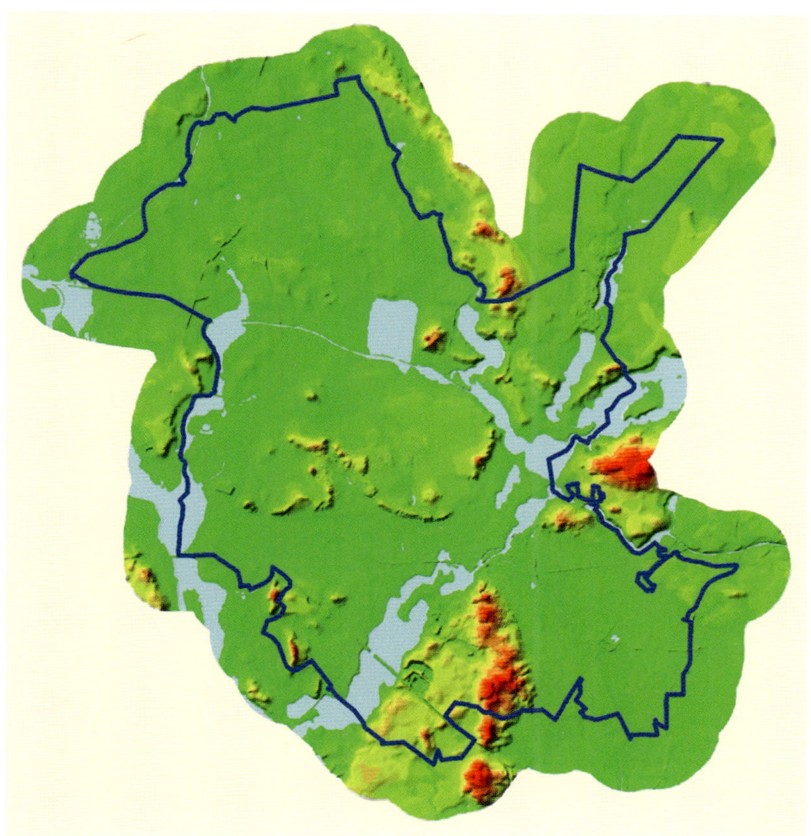

Höhenmodell von Potsdam[5]

auch einige Gebiete mit einbezogen, die zwar als Berge angesehen werden, aber in Wirklichkeit keine sind. Hinzugenommen wurden außerdem noch der Böttcherberg, der Große Ravensberg und der Große Entenfängerberg. Diese Erhebungen – zumindest die jeweils höchsten Stellen – liegen zwar außerhalb Potsdams, aber doch wiederum so dicht an der Stadtgrenze, dass sie von den Potsdamern häufig »eingemeindet« werden.

Mit der Beschreibung dessen, was man heute auf und an den Bergen vorfindet, soll die Lust zu eigenen Ausflügen geweckt werden. Deshalb wurde die Reihenfolge der Berge so gewählt, dass nicht selten eine fortlaufende Wanderung möglich ist. Dabei ist zu beachten, dass in einigen Fällen durch Gewässer und Bahnstrecken kleine Umwege unumgänglich sind. Die interessantesten Berge wurden mit zwei Sternen (**) gekennzeichnet. Berge, deren Besuch sich auf jeden Fall auch lohnt, sind an einem Stern (*) zu erkennen.

Um die höchsten Stellen der Berge und die beschriebenen Stationen leichter zu finden, wurden jeweils die geografischen Koordinaten angegeben. Dazu kann Google Maps genutzt werden. (Achtung: Die Koordinaten dabei ohne Kommastellen und ohne die Zusätze N und O eingeben.) Wer vor einer Entdeckertour die Genauigkeit des eigenen Navigationsempfängers überprüfen möchte, kann den Kontrollpunkt auf einer Bodenplatte vor dem Filmmuseum in der Breiten Straße nutzen (53°23'42,053"N 13°3'28,963"O).

Zum Abschluss dieser Einführung kommt Theodor Fontane zu Wort, genauer seine »Wanderungen durch die Mark Brandenburg« – wenngleich in leicht abgewandelter Form. Die Stellen, die beim Zitieren ausgetauscht wurden, sind – entgegen der ansonsten üblichen Zitierweise – kursiv gedruckt oder kurz gesagt: »reisen« wurde durch »wandern« und »Mark« durch »Potsdamer Berge« ersetzt.

»Ob du *wandern* sollst, so fragst du, *wandern über die Potsdamer Berge*? Die Antwort auf diese Frage ist nicht eben leicht. Und doch würd es gerade mir nicht anstehn, sie zu umgehen oder wohl gar ein ›nein‹ zu sagen. So denn also ›ja‹. Aber ›ja‹ unter Vorbedingungen. Laß mich Punkt für Punkt aufzählen, was ich für unerläßlich halte.

Erstens: Wer in *Potsdam wandern* will, der muß zunächst Liebe zu ›Land und Leuten‹ mitbringen, mindestens keine Voreingenommenheit. Er muß den guten Willen haben, das Gute gut zu finden, anstatt es durch krittliche Vergleiche totzumachen.

Zweitens: Der *Wanderer* in *Potsdam* muß sich ferner mit einer feineren Art von Natur- und Landschaftssinn ausgerüstet fühlen. Es gibt gröbliche Augen, die gleich einen Gletscher oder Meeressturm verlangen, um befriedigt zu sein. Diese mögen zu Hause bleiben. Es ist mit *den Potsdamer Bergen* wie mit manchen Frauen. ›Auch die häßlichste‹ – sagt das Sprichwort – ›hat immer noch sieben Schönheiten.‹ Ganz so ist es mit den ›*Potsdamer Bergen*‹; wenige Punkte sind so arm, daß sie nicht auch ihre sieben Schönheiten hätten. Man muß sie nur zu finden verstehn. Wer das Auge dafür hat, der wag es und *wandere*.

Drittens: Wenn du *wandern* willst, mußt du die Geschichte dieses Landes kennen und lieben. Dies ist ganz unerläßlich.

Hast du nun aber alle diese Punkte reiflich erwogen, hast du, wie die Engländer sagen, ›deine Seele fertig gemacht‹ und bist du zu dem Resultate gekommen: ›Ich kann es wagen‹, nun denn, so wag es getrost. Wag es getrost, und du wirst es nicht bereuen. Eigentümliche Freuden und Genüsse werden dich begleiten. Du wirst Entdeckungen machen.«[6]

Wer sich bei seinen Ausflügen durch den Bergführer Potsdam inspirieren lässt, wird mit Sicherheit das berühmte Goethewort bestätigt finden: »Man sieht nur, was man weiß.«

Potsdams Bergwelt

Zentrales Stadtgebiet

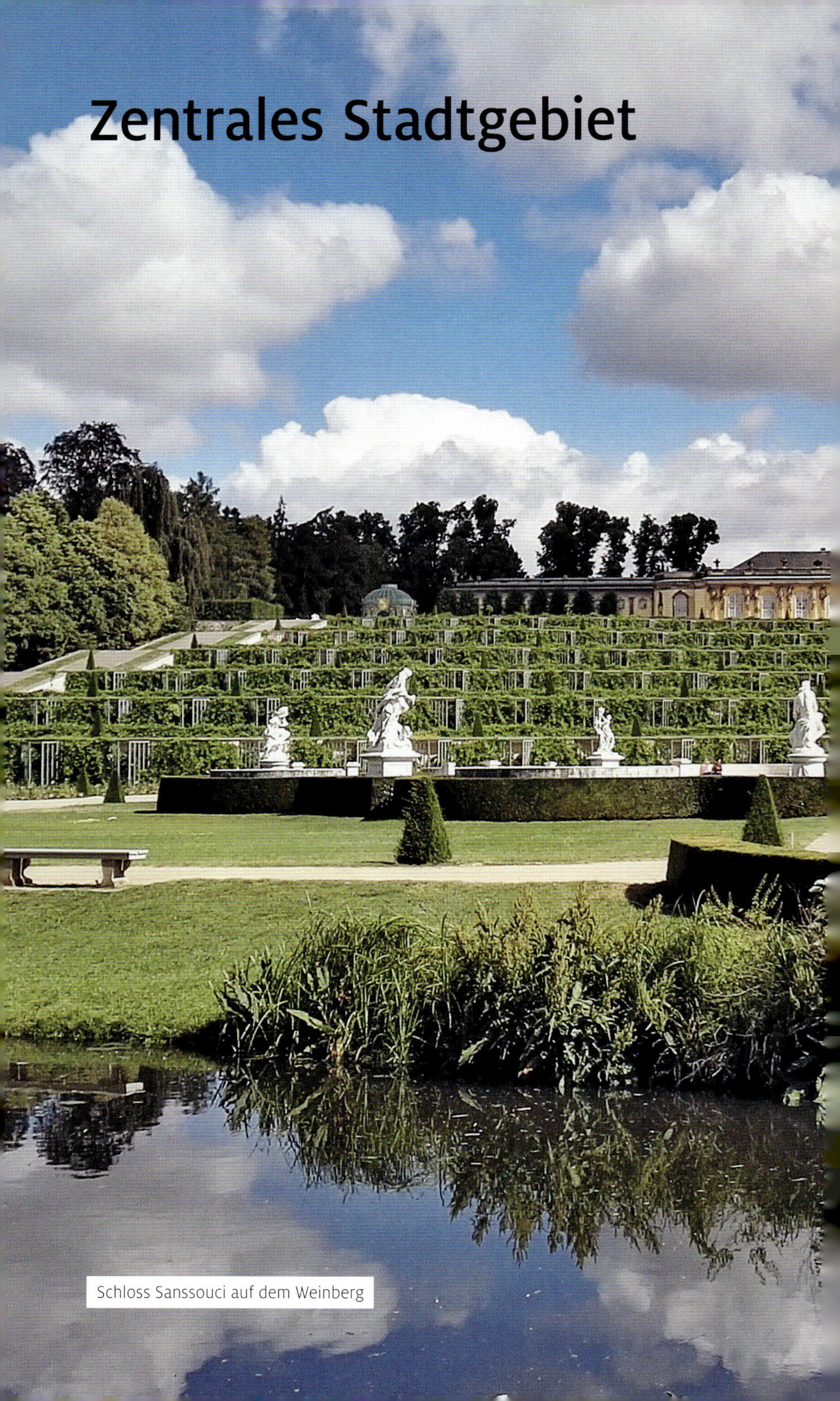

Schloss Sanssouci auf dem Weinberg

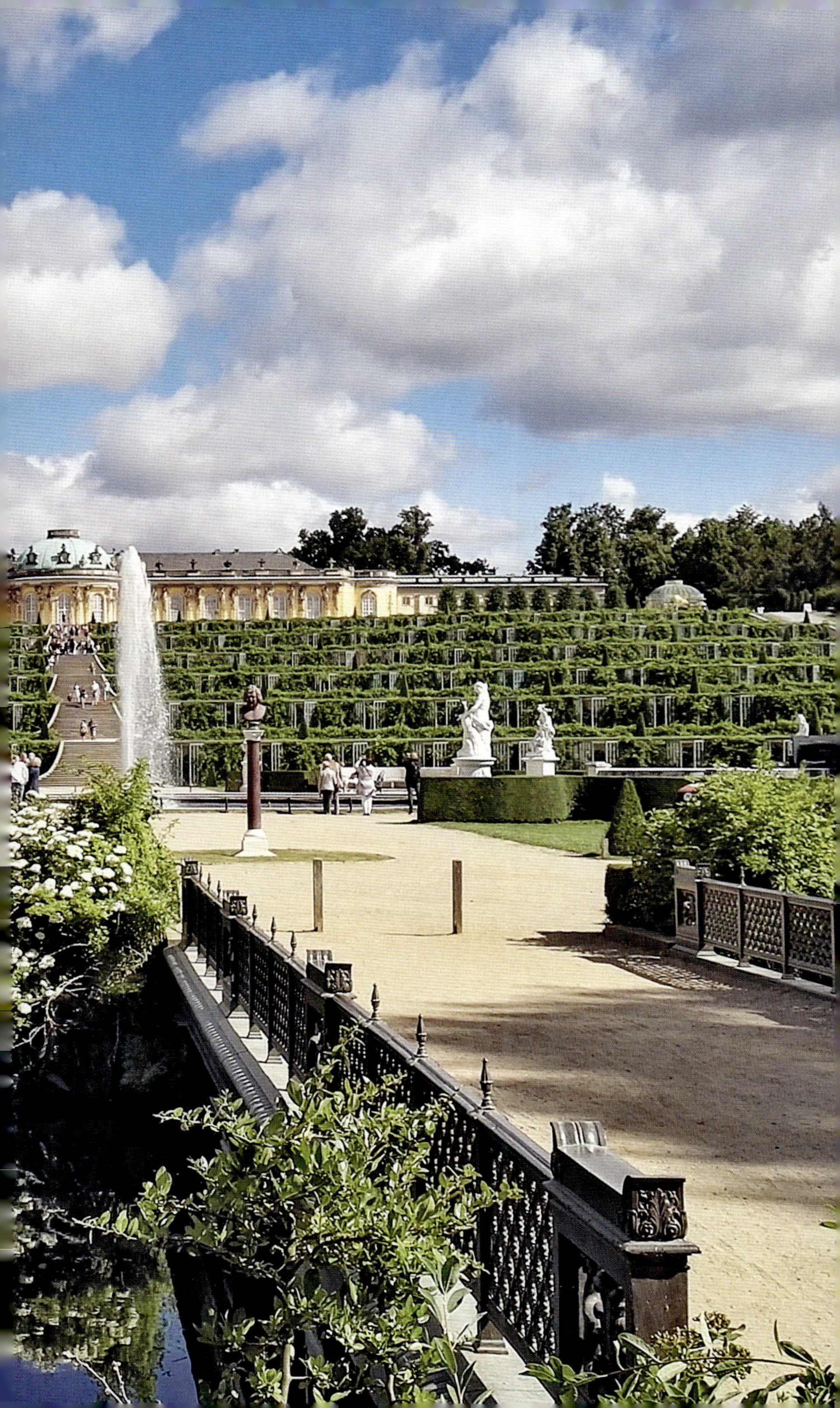

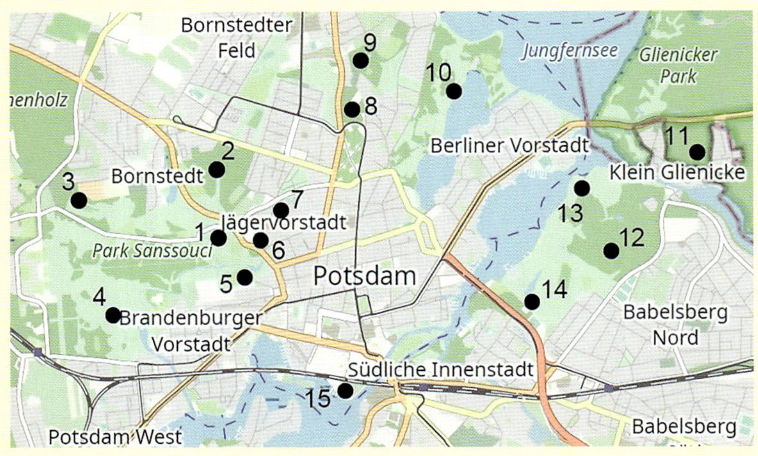

1 Weinberg / Schloss Sanssouci
2 Ruinenberg
3 Klausberg
4 Tiroler Berg
5 Floraberg
6 Winzerberg
7 Mühlenberg / Jägervorstadt
8 Kapellenberg
9 Pfingstberg
10 Kaninchenberg / Neuer Garten
11 Böttcherberg
12 Babelsberg
13 Kanonenberg
14 Mühlenberg / Babelsberger Park
15 Hinzenberg

1 Weinberg / Schloss Sanssouci ★★

Brandenburger Vorstadt

⌖ 52°24'14,6"N 13°2'18,5"O

50,2 Meter

Die Beschreibung der Potsdamer Berge soll an dem wohl bekanntesten Ort Potsdams, dem Park Sanssouci, beginnen. Am Nordrand des Parks zieht sich über eine Länge von etwa zwei Kilometern der Bornstedter Höhenzug hin. Der Abschnitt, auf dem das Schloss Sanssouci steht, gehört zu den beliebtesten Fotomotiven der Stadt. Als dieser Hügel noch nicht das heutige Aussehen hatte, hieß er **Wüster Berg**, weil die Eichen, die dort standen, 1729 unter dem Soldatenkönig Friedrich Wilhelm I. abgeholzt wurden. Sie wurden bei den Stadterweiterungen als Fundamente benötigt, da der Baugrund sehr sumpfig war.

Ab 1744 ließ König Friedrich II. am Südhang des Wüsten Berges sechs Terrassen anlegen, bei denen sich verglaste Nischen für Weinstöcke und Obstspaliere abwechselten. Heute wachsen in den Nischen Feigenstöcke, an den Spalieren rankt sich Wein empor. Darüber wurden Taxuspyramiden angepflanzt.

Auf der obersten Terrasse errichtete Georg Wenzeslaus von Knobelsdorff 1745–47 nach Skizzen von Friedrich II. das **Schloss Sanssouci** (auf Deutsch »ohne Sorge«), das der König als Sommerresidenz nutzte. Dabei wurde der Nachbarhügel, auf dem die heutige Historische Mühle steht, teilweise abgetragen. Durch Umverteilung der Erdmassen konnte so das Plateau für den Schlossbau vergrößert werden. Dies ist besonders an den Stützmauern im Bereich der Kolonnaden zu erkennen. Zusätzlich wurde das Plateau erhöht, um die vorgesehenen sechs Terrassen anlegen zu können.

Unter König Friedrich Wilhelm IV. wurden 1840/41 durch Ludwig Persius die alten eingeschossigen Seitenflügel des Schlosses durch zweigeschossige ersetzt und an den Enden durch Vorhallen verlängert. Damit erhielt das im friderizianischen Rokoko errichtete Schloss von Friedrich dem Großen etwa 100 Jahre nach seiner Entstehung einen klassizistischen Anbau. Die kaum zu erkennenden Unterschiede sind: Doppelpilaster und Rundbogenfenster beim Mittelbau, einfache Pilaster und Rechteckfenster bei den Seitenflügeln. Letztere wurden an der Parkseite bewusst durch Laubengänge verdeckt, da es sich hierbei ursprünglich um Wirtschaftsbereiche handelte.

Am Mittelrisalit der Gartenseite des Schlosses ist in großen Buchstaben der Name des Schlosses zu lesen, aber nicht in der zu erwartenden Schreibweise »SANSSOUCI«, sondern in der Form »SANS, SOUCİ.«. Diese auch für die damalige Zeit unübliche Schreibweise ist immer wieder Anlass für Spekulationen. Eine überzeugende und allgemein anerkannte Deutung gibt es bis heute nicht.

Eine der vielen Interpretationen stammt von Heinz Dieter Kittsteiner. In seinem Buch »Das Komma von Sans, Souci.« stellt er unter anderem die Hypothese

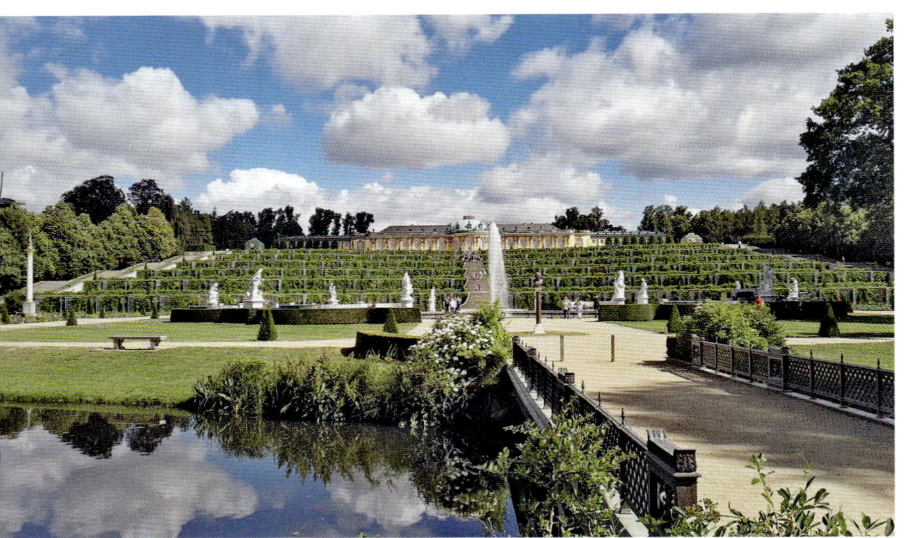

Weinberg mit dem Schloss Sanssouci

auf, dass das Komma und der Punkt Zeichen einer Geheimschrift sind. Als Decodierung bietet er an: »Ohne (den alten) Calvinisten (ist man) sorgenfrei (als) Deist«, wobei Friedrich II. mit dem alten »Calvinisten« seinen Vater und mit »Deist« sich selbst gemeint hätte.

Das Schloss Sanssouci gehört zu den 1990 in die Welterbeliste der UNESCO aufgenommenen Schlössern und Parks von Potsdam und Berlin. Es kann ganzjährig besichtigt werden.

Auf der Ostseite der obersten Terrasse befinden sich elf Grabplatten der Lieblingshunde Friedrichs II. Seine **Gruft** ließ er daneben errichten, weil er bei seinen Hunden begraben sein wollte. Sein Nachfolger und Neffe, König Friedrich Wilhelm II., ignorierte diesen Wunsch jedoch und ließ Friedrich neben dessen Vater in der Garnisonkirche bestatten. Im März 1943 wurden die Särge von Friedrich Wilhelm I. und Friedrich II. zuerst in den Bunker unter dem → 29 Großen Entenfängerberg ausgelagert und dann über mehrere Stationen auf die Burg Hohenzollern bei Hechingen, dem Stammsitz der Hohenzollern, gebracht. Von dort wurden die sterblichen Überreste erst am 17. August 1991 (dem 205. Todestag) nach Potsdam umgebettet, womit das Testament, wenn auch verspätet, erfüllt wurde.

Auf der Grabplatte liegen neben Blumen häufig auch Kartoffeln. Diese werden von Besuchern abgelegt. Damit wird an das Bemühen Friedrichs II. erinnert, der, um Hungersnöten seiner Untertanen entgegenzuwirken, Kartoffeln anbauen ließ. Die dazu erlassenen Anordnungen sind unter der Bezeichnung

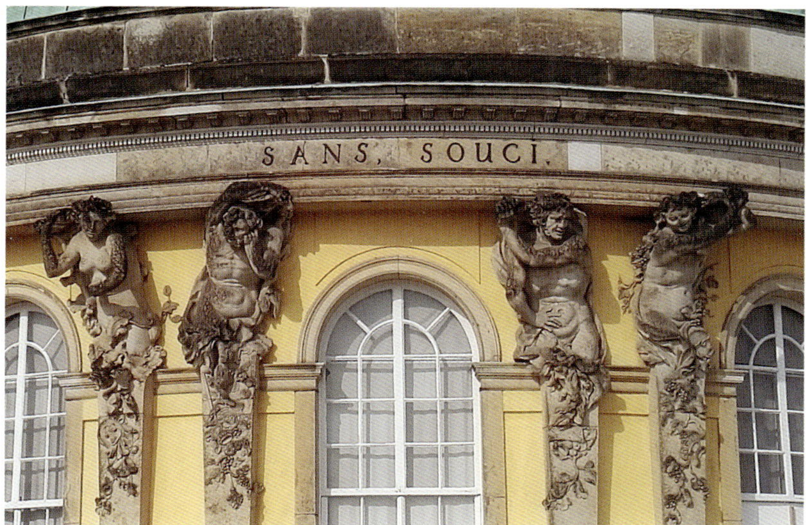

SANS, SOUCI.

»**Kartoffelbefehl**« bekannt. Die Kartoffel wurde aber nicht erst durch Friedrich in Brandenburg eingeführt. Dies geschah schon durch seinen Urgroßvater Friedrich Wilhelm, dem Großen Kurfürst. Das Verdienst Friedrichs bestand darin, dass er die Bedeutung der Kartoffel erkannte und sie verstärkt anbauen ließ.

Jedes Jahr kann man am 24. Januar, dem Geburtstag Friedrichs II., ein kleines Schauspiel am Grab des Königs erleben. Als Grenadiere verkleidet oder in anderen historischen Kostümen »ehren« Geschichtsbegeisterte mit Aufmärschen und Reden »ihren König«.

Die dem Park zugewandte Seite des Schlosses ist die weitaus bekanntere. Aber nicht weniger sehenswert ist die Empfangsseite des Schlosses mit dem Ehrenhof, der von Kolonnaden umschlossen ist. Sehr eindrucksvoll ist die steile Kutschenauffahrt.

Nur wenige Meter westlich des Schlosses Sanssouci steht eine Windmühle, die heute »**Historische Mühle**« genannt wird. Vielen wird bekannt sein, dass es zwischen Friedrich II. und dem ersten Müller Differenzen gab, die unter dem Titel »**Der Müller von Sanssouci**« in die Literatur eingingen, es auf die Theaterbühne schafften und 1925 sogar verfilmt wurden: In der Legende störte sich Friedrich an dem Geklapper der Mühlenflügel, weswegen er dem Müller die Mühle abkaufen wollte. Da dieser darauf jedoch nicht einging, drohte der König mit einer entschädigungslosen Enteignung. Als der Müller ihm daraufhin entgegenhielt, dass es in Berlin noch Gerichte gebe, war der Gerechtigkeitssinn des Königs aufgerüttelt und er ließ von seinem Vorhaben ab. In dieser oder ähn-

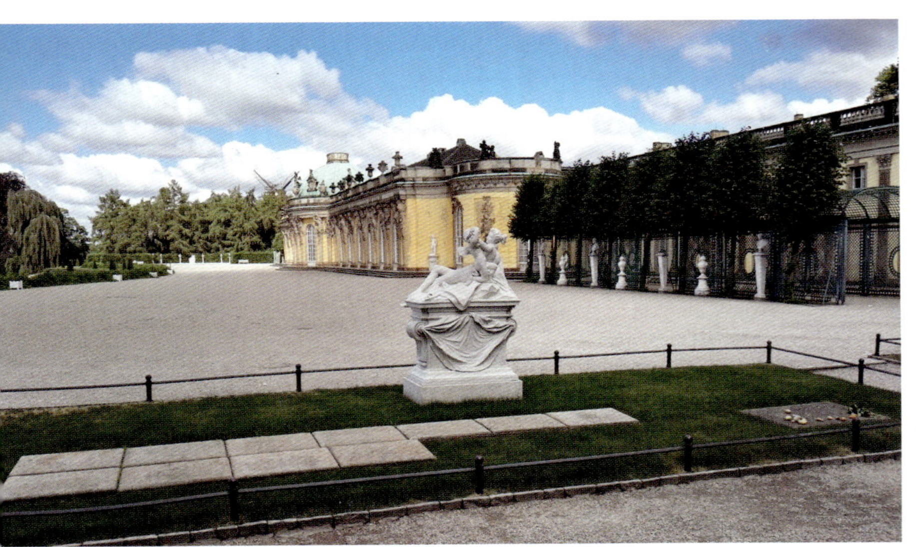

Gruft Friedrichs II. neben den Gräbern seiner Lieblingshunde

licher Form wird die Legende vom Müller von Sanssouci manchmal heute noch den Touristen erzählt.

Die Wirklichkeit war etwas anders. Nicht der König war verärgert, sondern der Müller. Dieser hatte seine Bockwindmühle schon 1737–39 am Wüsten Berg errichtet. Als dann Friedrich ab 1745 das Schloss Sanssouci in unmittelbarer Nähe bauen ließ, befürchtete der Müller starke wirtschaftliche Einbußen, weswegen er sich beim König beschwerte. Dieser hatte seinerseits mit der Mühle keine Probleme, im Gegenteil, er empfand sie als Zierde, denn sie unterstrich den erwünschten ländlichen Charakter seines Weinbergschlosses.

Das in der Legende betonte Gerechtigkeitsempfinden Friedrichs II. entstammte einem anderen historischen Ereignis. In der Neumark (im heutigen Polen) gab es einen jahrelangen Gerichtsstreit zwischen dem Erbpächter einer Wassermühle und seinem Erbzinsherrn. Als sich der Müller hilfesuchend an den König wandte, schaltete dieser sich zugunsten des Müllers in den Streit ein und ließ die Richter bestrafen. Die beiden Quellen, die miteinander nichts zu tun hatten, verschmolzen im Laufe der Zeit zur Legende vom Müller von Sanssouci und dem für Gerechtigkeit sorgenden König.

Die heutige Mühle ist bereits die dritte an diesem Standort. Begonnen hat alles mit einer Bockwindmühle. Diese wurde 1787–91 durch eine Galerieholländerwindmühle ersetzt, die 1945 durch Kriegseinwirkungen abbrannte. In den Jahren 1983–93 entstand mit Unterbrechungen ein Nachbau der Holländermühle. Seit 2003 wird hier wieder Getreide gemahlen.

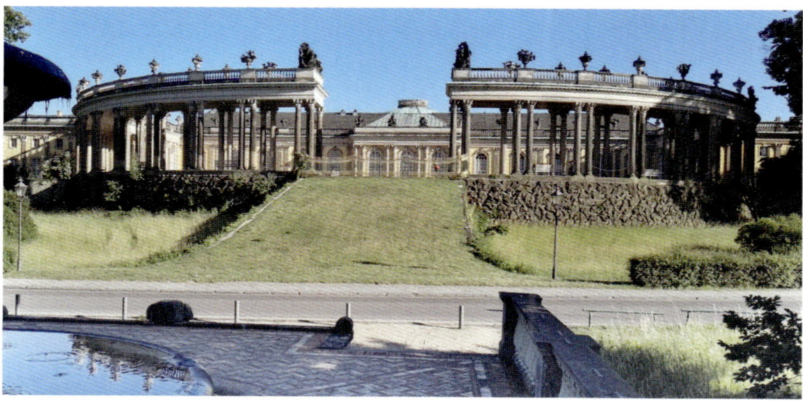

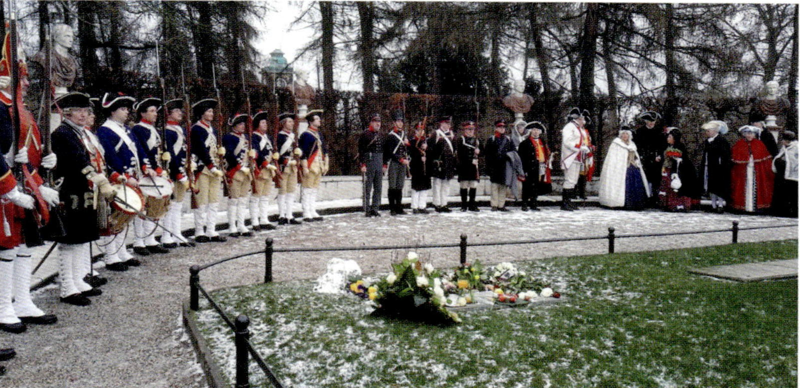

Ehrenhof des Schlosses mit Kolonnade und Kutschenauffahrt, Friedrichs »Geburtstagsgäste«

In unmittelbarer Nähe der Historischen Mühle finden Wanderer, die hier noch länger verweilen wollen, ein Besucherzentrum der Stiftung Preußische Schlösser und Gärten. Das Gebäude war 1862/63 nach einem Entwurf von Ludwig Ferdinand Hesse als **Marstall** errichtet worden.

Für die Potsdamer ist der Weinberg übrigens vor allem zum Jahresende ein beliebter Ausflugsort, denn von den oberen Terrassen hat man einen hervorragenden Blick über das Stadtgebiet – und auf das Silvesterfeuerwerk.

Nicht unerwähnt soll bleiben, dass die beiden wellenförmigen Wege, welche die Weinbergterrassen begrenzen, im Volksmund **Eierberge** genannt werden.

→ Wanderstrecke bis zum Ruinenberg: 900 Meter

2 Ruinenberg ★★

Jägervorstadt

52°24'36,3"N 13°2'19,6"O

74,1 Meter

Nachdem ab 1744 der Südhang des Wüsten Berges terrassiert worden war, erfolgte schon ab 1746 unterhalb der Terrassen die Anlage des sogenannten Parterres, von dem sich dann der Park Sanssouci nach Osten und Westen ausdehnte. König Friedrich II. wünschte sich dafür von Anfang an verschiedene Wasserkünste. Im Parterre wurde ein Becken angelegt, in dem eine Fontäne in die Höhe schießen sollte. Um dies zu realisieren, sollte Wasser von einer höher gelegenen Stelle herabfließen und durch den Eigendruck Fontänen und Springbrunnen in Gang setzen.

Auf dem nördlich des Schlosses befindlichen Hügel, der zu diesem Zeitpunkt noch Höneberg hieß und etwa 600 Meter entfernt ist, ließ Friedrich II. deshalb 1748 ein **Hochbassin** anlegen, wofür der Baumbestand gefällt wurde. Der Hügel, der direkt im Blickfeld des Schlosses liegt, lieferte dadurch aber kein erfreuliches Bild mehr. Deshalb wurde der Dekorationsmaler der Italienischen Oper in Berlin vom König beauftragt, den Anblick zu verschönern. Dafür nutzte er Pläne von Georg Wenzeslaus von Knobelsdorff und entwarf, entsprechend der damals aufkommenden Mode, sich die Vergänglichkeit vor Augen zu halten, eine **künstliche Ruinenlandschaft**. Es entstanden vier ionische Säulen – drei stehende und eine angelehnte – mit einem Querbalken, ein kleiner Rundtempel mit 16 dorischen Säulen, eine Pyramide und ein Wandteil eines Amphitheaters. Etwa seit 1750 wurde der Hügel deshalb Ruinenberg genannt.

Friedrich II. war es nicht vergönnt, die Wasserkünste in Aktion zu erleben. Das technische Problem, das zur damaligen Zeit nicht gelöst werden konnte, bestand darin, das Wasser aus der Havel in das Hochbassin zu befördern. Es gab verschiedene Versuche, den Höhenunterschied von etwa 45 Metern zu überwinden. Trotz großen finanziellen Aufwands blieben die Bemühungen zu Friedrichs Lebzeiten erfolglos.

Erst unter König Friedrich Wilhelm IV. gelang es, die Aufgabe zu meistern. Inzwischen stand eine von August Borsig gebaute Dampfmaschine zur Verfügung, mit deren Hilfe das Wasser in das Becken auf dem Ruinenberg gepumpt werden konnte. Damit schoss fast 100 Jahre nach den ersten Versuchen unter Friedrich II. am 23. Oktober 1842 die Große Fontäne zum ersten Mal dauerhaft in die Höhe.

Ludwig Persius errichtete deshalb 1841–44 an der Neustädter Havelbucht für die Dampfmaschine und die Pumpe ein **Dampfmaschinenhaus** (52°23'46,4"N 13°2'40,5"O). Der König, der als der Romantiker auf dem Thron bekannt wurde, ließ das Gebäude äußerlich wie eine Moschee gestalten. Der Schornstein erhielt

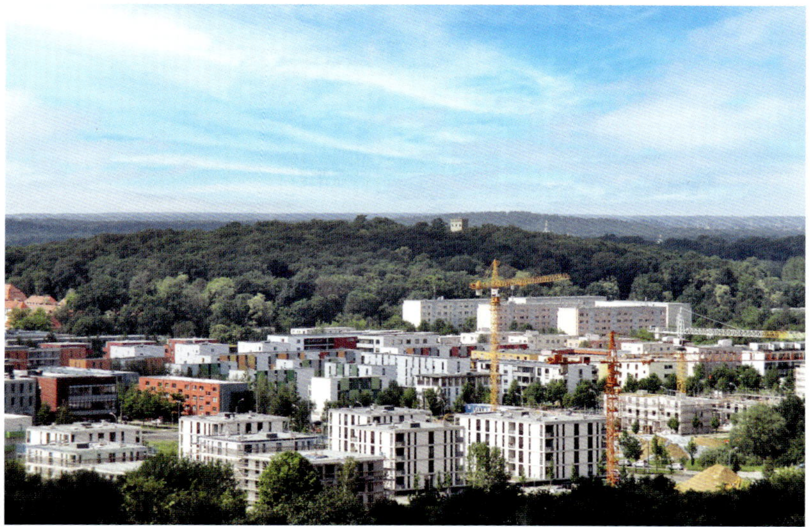

Ruinenberg mit dem Normannischen Turm vom Pfingstberg-Belvedere aus gesehen

das Aussehen eines Minaretts. Für die Innengestaltung diente die maurische Architektur als Vorbild.

Heute drücken zwei elektrisch angetriebene Pumpen das Havelwasser in das Hochbassin. Von dort gelangt es zu etwa 25 Fontänen und rund 800 Zapfstellen im Park Sanssouci. Das überschüssige Wasser läuft über den Schafgraben wieder in die Havel zurück.

Als Friedrich Wilhelm IV. den preußischen Thron bestieg, ließ er das Gelände des Ruinenberges neu gestalten. Nach einem Entwurf von Ludwig Persius wurde 1846 an die Theaterwand der 23 Meter hohe **Normannische Turm**, ein vierstöckiger Aussichtsturm, angefügt. In seinem Inneren befindet sich heute eine Dauerausstellung zu den Bemühungen um die Wasserkunst im Park Sanssouci. Von der oberen Plattform hat man einen wunderbaren Ausblick.

Im Rahmen der Landschaftsgestaltung durch Peter Joseph Lenné sollte eine große Treppenkaskade angelegt werden. In der Sichtschneise zum Schloss Sanssouci entstand aber um 1850 nur ein künstlicher Wasserlauf mit einer in Steine gefassten **künstlichen Quelle** (52°24'33,6"N 13°2'19,8"O), die aus dem Bassin gespeist wird. Diese offene Wasserrinne verläuft bis zu einem elliptischen Wasserbecken mit einer Steinkaskade.

Am unteren Ende der Sichtschneise, unmittelbar an der Straße »Zur Historischen Mühle«, wurde 1850–52 durch Friedrich August Stüler und Ludwig Ferdinand Hesse ein Kaskadenbrunnen errichtet. Aus dem halbrunden Becken, das durch einen bärtigen Wasserspeicher gefüllt wird, sollen früher Pferde und

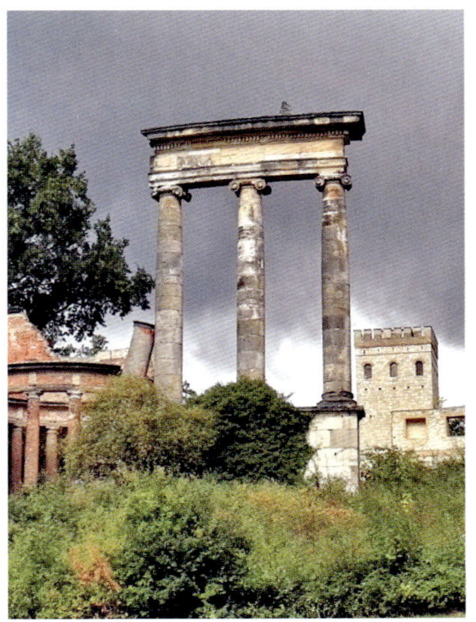
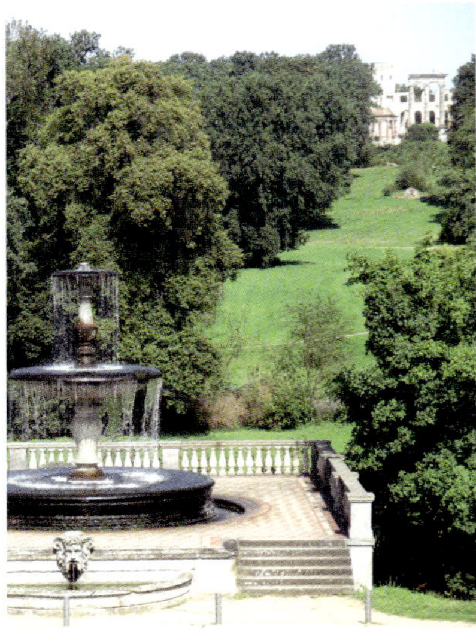

Künstliche Ruinen und Normannischer Turm, Sichtschneise zwischen Schloss Sanssouci und Ruinenberg mit Rossbrunnen

Rinder getränkt worden sein. Deshalb ist der Name **Rossbrunnen** gebräuchlich. Lenné legte in diesem Bereich auch Koppeln an, die als Viehweiden genutzt wurden. In aktuellen Karten findet man noch die Bezeichnungen Marstallkoppel (52°24'23"N 13°2'3"O) – heute eine Liegewiese – sowie Seekoppel (52°24'31"N 13°2'7"O). Hier wird eines von Lennés Prinzipien deutlich, nämlich das Schöne mit dem Nützlichen zu verbinden.

An der Bornstedter Straße am Fuße des Ruinenberges wurde im Rahmen der von Friedrich Wilhelm IV. geplanten Triumphstraße um 1850 eine korinthische Säule aufgestellt (52°24'19,1"N 13°2'25,5"O). Die an der Spitze befindliche Schale aus vergoldetem Zinkguss ist von drei Pantherköpfen umgeben. Daher hat sich der Name **Katzensäule** eingebürgert.

Am Panoramaweg, einem Teil des Lenné'schen Wegenetzes, steht am Rande der Seekoppel die »**Römische Bank**« (52°24'30,7"N 13°2'12,3"O). Diese halbkreisförmige Ruhe- und Aussichtsbank (Exedra genannt) mit geschwungenen Bankwangen in Form von Greifenfüßen wurde 1842 von Ludwig Persius entworfen. Von ihr hat man einen sehr schönen Blick zum Krongut Bornstedt und zur Bornstedter Kirche.

Die **Sichtbezüge** zwischen einzelnen Parkteilen oder Bauwerken gehen auf die Tätigkeit von Lenné zurück. Viele von ihnen wurden in jüngerer Zeit wiederhergestellt. Besonders schön sind sie dann, wenn das Blickziel durch Zweige wie durch einen Bilderrahmen vollständig eingerahmt wird. Eine der

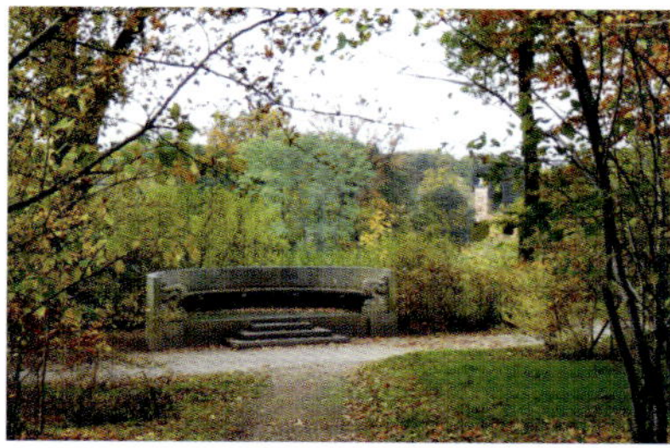
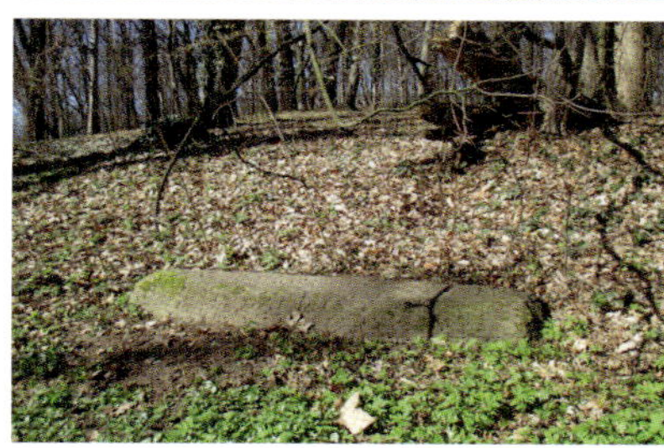
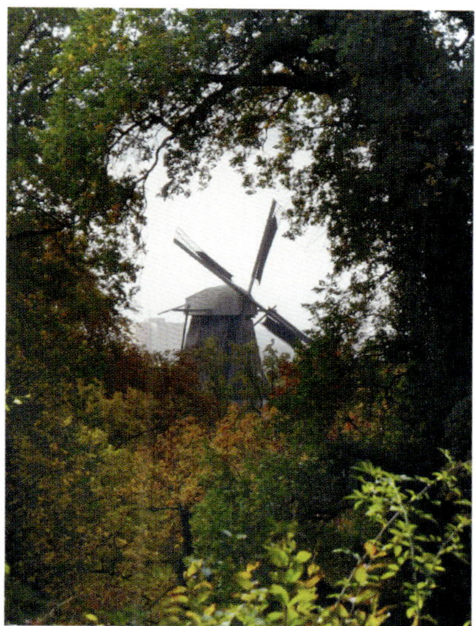

Römische Bank, Reiterstein, Sichtachse zur Historischen Mühle

schönsten Sichtachsen ist der Blick vom Ruinenberg zur Historischen Mühle, besonders dann, wenn sich die Mühlenflügel drehen (günstiger Standpunkt bei 52°24'33,8"N 13°2'20,8"O).

Mitte des 19. Jahrhunderts, besonders nach dem Tod Friedrich Wilhelms IV., avancierte das Gebiet zwischen dem Schloss Sanssouci und dem Ruinenberg zu einem beliebten Exerzierplatz, vor allem auch für die Kavallerie. Als Hilfe beim Aufsitzen auf die Paradepferde nutzten die Angehörigen des Herrscherhauses und ältere Generäle **Reitersteine**, die an verschiedenen Stellen lagen und von denen noch einer am Osthang vorhanden ist. Es gab sogar einen gesonderten Stein für den Kaiser in der Nähe der Jägerallee.

Hin und wieder berichten Potsdamer von einem Bunker auf dem Ruinenberg. Wenn das auch sehr geheimnisvoll klingt, so verbirgt sich dahinter doch »nur« ein Trinkwasserreservoir für Sanssouci, das Ende des 19. Jahrhunderts erbaut, Anfang der 1950er Jahre stillgelegt und 1996 im Zusammenhang mit Wiederherstellungsarbeiten auf dem Ruinenberg abgetragen wurde. Wenn auch das runde, überdachte Wasserbecken verschwunden ist, so kann man am ehemaligen Standort (52°24'34,3"N 13°2'22,5"O) noch Spuren des damaligen Erdkegels erahnen. An einigen der seinerzeit eingeschütteten Alteichen ist bis heute eine veränderte Rindenstruktur erkennbar.

→ Wanderstrecke bis zum Klausberg: 1,9 Kilometer

3 Klausberg ★★

Brandenburger Vorstadt

⌖ 52°24'24,8"N 13°1'9,3"O

57,8 Meter

Der Hügel am westlichen Ende des Bornstedter Höhenzuges wird Klausberg genannt. 1770–72 ließ König Friedrich II. hier durch Georg Christian Unger ein **Belvedere** errichten. Es ist das erste von mehreren Belvederes auf den Potsdamer Bergen und das letzte Bauwerk von Friedrich II. in Sanssouci. Das 1945 zerstörte Bauwerk konnte ab 1991 wieder aufgebaut werden. Der obere Saal wurde eindrucksvoll restauriert; der untere Saal ist derzeit noch unvollendet. Ungenutzte Originalteile wurden zur Erinnerung östlich des Belvederes abgelegt. Ein reizvolles Detail ist auf den Ziegeln, die vor dem Eingang verlegt wurden, zu sehen. Der eingeprägte Ziegelstempel zeigt drei stilisierte Kähne. Daran ist zu erkennen, dass die Ziegel aus einer der bekannten Ziegeleien der Kaehnes in Petzow stammen. Vom Rundgang aus hat man eine schöne Aussicht. Besonders imposant ist die Sicht nach Osten entlang der über 300 Meter langen vierreihigen Krimlindenallee.

Ab 1769 wurde ein Teil des Südhanges für Obstzucht und Weinanbau kultiviert. Gleichzeitig mit dem Belvedere wurde deshalb von Carl von Gontard das sogenannte **Drachenhaus** erbaut, das als Wohnung für den Winzer vorgesehen war. Es wurde im Stil einer dreistufigen chinesischen Pagode errichtet sowie mit Drachen auf dem Dach verziert und trug der damaligen China-Begeisterung Rechnung. Seit 1934 ist hier ein Restaurant untergebracht.

Schaut man von der Balustrade am Fuß des Belvederes auf die Weinbergterrassen, fallen am östlichen Rand drei rechteckige Quartiere auf, die von fast drei Meter hohen Mauern umgeben sind. Was hat es damit auf sich?

König (noch nicht Kaiser) Wilhelm I. genehmigte 1862 dem französischen Obstzüchter Alexis Lepère d.J. eine von ihm in Montreuil bei Paris entwickelte Anordnung von Treibmauern zu errichten (**Lepère'sche Mauern**). Hierbei wird durch drei Mauern ein rechteckiger Bereich gebildet, der nach Süden offen ist. Die Mauern haben ein vorspringendes Schutzdach. Vor und in dem Raum zwischen ihnen stehen Obstspaliere. Die Wärme des einfallenden Sonnenlichtes wird in den Höfen gespeichert und soll zusammen mit dem Schutzdach die Pflanzen besser vor Frost schützen und dafür sorgen, dass das Obst länger geerntet werden kann.

Vor den Mauerflächen in Potsdam wurden ursprünglich die wärmebedürftigeren Pfirsich-, Birn- und Kirschbäume gepflanzt. An den freistehenden Spalieren zwischen den Mauern fanden Apfel- und die robusteren Birnensorten Platz. Diese neuartigen Mauern erbrachten jedoch hier nicht den erwarteten frühen und reichen Ertrag.

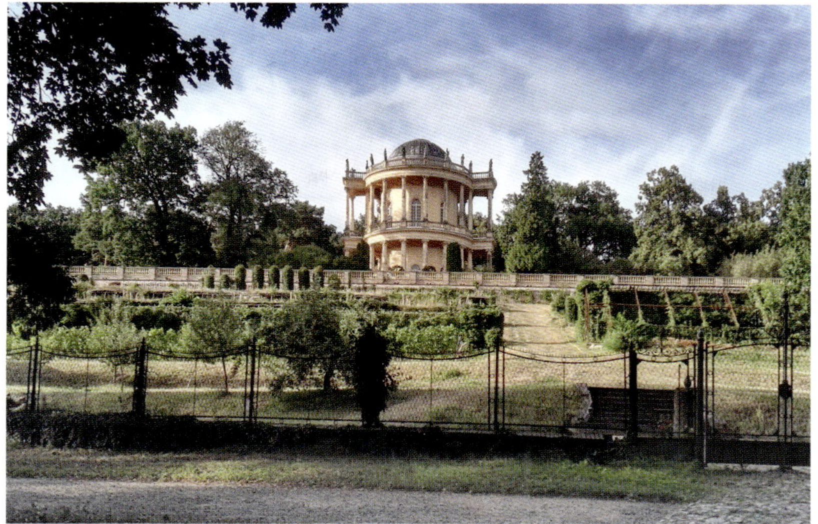

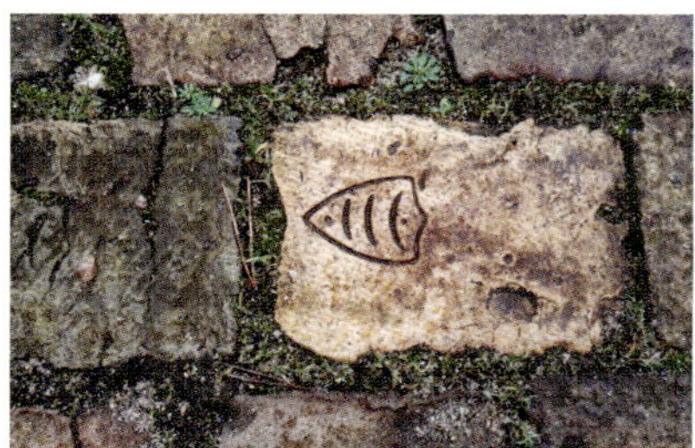

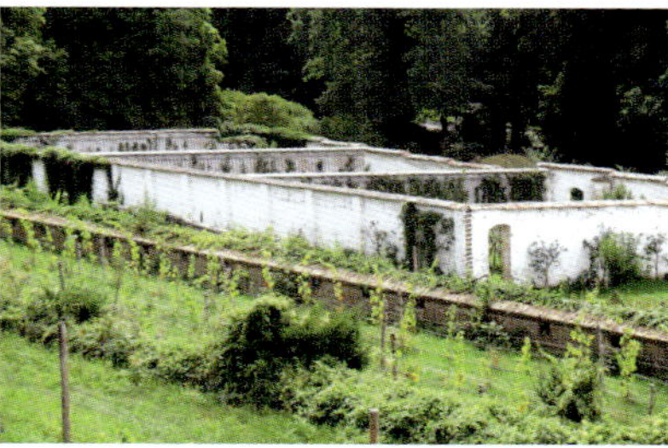

Klausberg mit Belvedere von der Maulbeerallee aus gesehen, Ziegelstempel der Kaehnes, Quartiere mit Lepère'schen Mauern

Kaiser Wilhelm II. ließ zwischen 1895 und 1905 an der gesamten Anlage unterhalb des Belvederes umfangreiche Erneuerungs- und Modernisierungsmaßnahmen durchführen. Dabei wurden unter anderem vier große Gewächshäuser mit modernsten Dampf- und Warmwasserheizungen errichtet und dafür zwei Heizhäuser gebaut. In dem ehemaligen westlichen Heizhaus ist heute eine Dauerausstellung untergebracht, die über den Weinanbau am Klausberg informiert. Eine Besichtigung ist nach telefonischer Anmeldung möglich.

Seit 2006 wird die Anlage schrittweise wiederhergestellt und von den Berliner Mosaik-Werkstätten für Behinderte bewirtschaftet. 2012 gab es den ersten Jahrgang der Neuanpflanzungen. Beim Neuaufbau der Lepère'schen Mauern konnten nicht alle gewünschten alten Sorten beschafft werden. Vor den östlichen Mauern stehen jetzt Pfirsiche, an den Südmauern alte Rebsorten und an den westlichen Mauern alte Birnensorten.

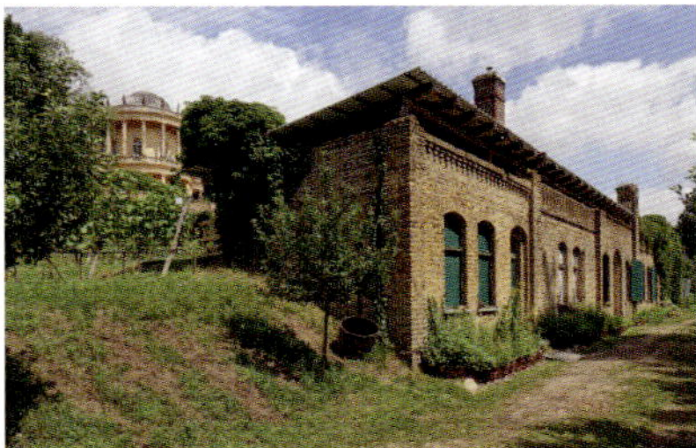
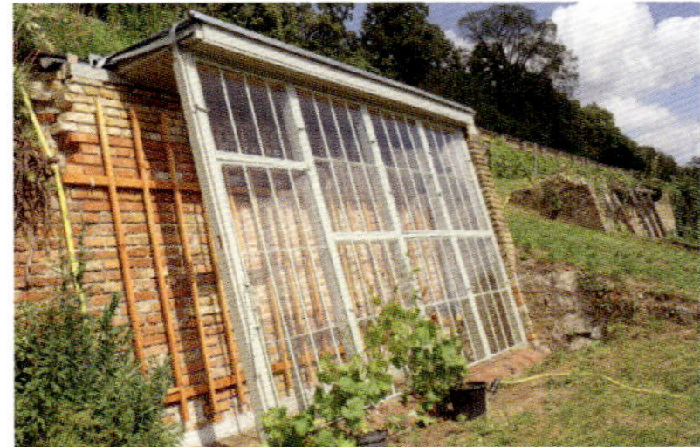
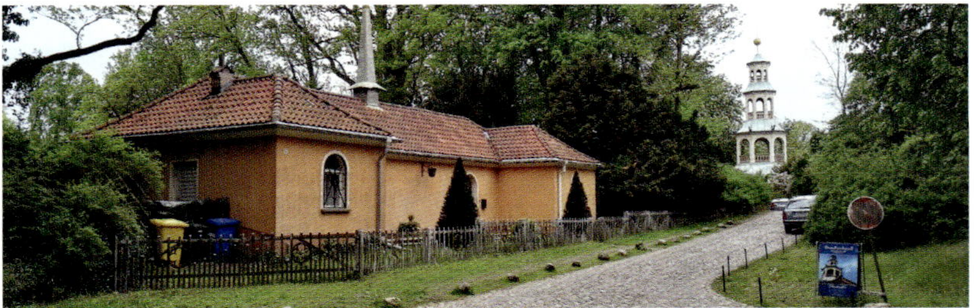

Ehemaliges westliches Heizhaus mit einer Dauerausstellung, rekonstruierter Abschnitt der Talutmauern, Kassenhäuschen der ehemalige Parkoper und Drachenhaus

Im östlichen Teil des Weinberges befinden sich drei **Talutmauern**. Der erste rekonstruierte Abschnitt wurde im Juli 2017 im Rahmen des alljährlich stattfindenden Winzerfestes der Öffentlichkeit vorgestellt.

Talutmauer: in Ost-West-Richtung verlaufende schräge Mauer, an deren südlicher Seite Obstspaliere angebracht sind. Im Unterschied zu den Freispalieren werden die Früchte dabei auch durch die Rückstrahlung der Wände erwärmt. Talutmauern haben meistens ein vorspringendes Dach und eine vorgesetzte Glasfront. Man spricht auch von kalten (das heißt: nicht künstlich beheizten) Treibmauern.

1953/54 wurde südöstlich des Drachenhäuschens die sogenannte **Parkoper** gebaut (52°24'22,4"N 13°1'20,6"O). Nach dem Ende der Nutzung erfolgte 1978 der Umbau des Eingangs mit dem Kassenhäuschen in ein privat genutztes Wohnhaus.

In der Verbindungsanlage zwischen dem Belvedere und dem Orangerieschloss – dem sogenannten Potente-Stück, das nach dem ehemaligen Gartendirektor Georg Potente benannt ist – kann man als botanische Rarität eine **Libanonzeder** bewundern (52°24'19,2"N 13°1'29,2"O). Wilhelm II. brachte den damals sechsjährigen Baum 1898 von seiner Palästinareise als Geschenk des türkischen Sultans Abdülhamid II. mit. 1906/07 wurde sie an dem heutigen Standort gepflanzt.

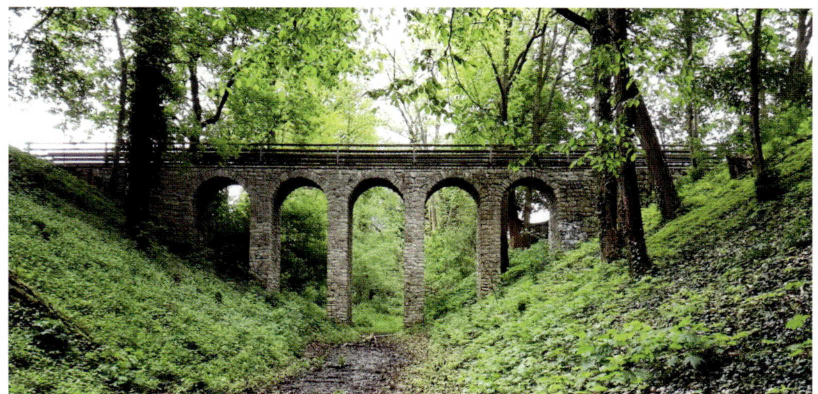

Teufelsbrücke

Seit 1994 wurde das abfallende Gelände westlich des Belvederes wieder neu gestaltet. Ausholzungen, Überarbeitung der Bodenmodellierung, Erneuerung der Wege und Neuanpflanzungen lassen wieder den wilhelminischen Stil erkennen.

In unmittelbarer Nähe des Klausberges befindet sich – etwas abseits der bekannten Touristenwege – ein Viadukt (52°24'34,9"N 13°1'5,2"O). Es überspannt den Teufelsgraben und wird **Teufelsbrücke** genannt. Sie entstand 1843 nach einem Entwurf von Ludwig Persius und ersetzte eine Holzbrücke. Die Fußgängerbrücke – ursprünglich für Soldaten angelegt, um zu den Schießständen im Katharinenholz zu gelangen – erreicht eine Höhe von etwa acht Metern. Der Name Teufelsbrücke entstand in den 1850er Jahren, weil das Viadukt der Teufelsbrücke im Volkspark Klein Glienicke (52°25'10,7"N 13°5'54,6"O) ähnlich sieht, die 1838 ebenfalls von Ludwig Persius erbaut wurde.

Der Name Klausberg leitet sich möglicherweise von einer Klause (Einsiedelei) ab, »die am Wege von Bornstedt nach Eiche auf dem danach benannten Klausberge lag. Die ragende Stätte ihrer nach der Reformation verstäubten Trümmer hat das Belvedere von Sanssouci eingenommen.«[7] Doch unter Fachleuten gilt diese Erklärung als nicht sicher. Dafür spricht aber, dass Georg Hermann in seinem Buch »Spaziergang in Potsdam« die Erhebung mehrfach Klausenberg nennt.

Bezogen auf das erwähnte Drachenhaus wird der Klausberg gelegentlich auch **Drachenberg** genannt. In manchen Karten ist deshalb die Schreibweise »Klausberg (Drachenberg)« bzw. »Drachenberg« zu finden.

→ Wanderstrecke bis zum Tiroler Berg: 1,6 Kilometer

4 Tiroler Berg ★★

Brandenburger Vorstadt

⌖ 52°23'48,4"N 13°1'31,5"O

32,5 Meter

Auch wenn es die meisten Potsdamer sicher nicht wissen, aber Potsdam hat einen Tiroler Berg. Es ist der kleinste Hügel von Potsdam, der Berg genannt wird.

Peter Joseph Lenné hatte mehrere geniale Ideen. Eine bestand darin, das Gelände zu modellieren. So wurde der Aushub eines Grabens oder eines Teiches – in diesem Fall des etwa 150 Meter weiter östlich angelegten Maschinenteiches – an anderer Stelle für einen Hügel verwendet.

Der Tiroler Berg ist also ein künstlich angelegter Hügel im Park Sanssouci, genauer gesagt im Parkteil Charlottenhof, in etwa zwischen dem Schloss Charlottenhof und den Römischen Bädern gelegen. Er erhebt sich nur 1,30 Meter über sein Umfeld. Zum Vergleich sei hier genannt, dass an dem an der Langen Brücke befindlichen Pegel (52°23'38,5"N 13°3'42,5"O) als Pegelnullpunkt ein Wert von 28,416 Meter über Normalhöhennull angegeben ist.

Auf dem Hügel steht der 1851 von Gustav Hermann Bläser geschaffene sogenannte römische **Grabaltar** der Veja Acme aus weißem Marmor. Schon die Jahreszahl macht deutlich, dass es sich hier nicht um ein antikes Kunstwerk handelt, sondern nur um ein Schmuckelement für den Park. Deshalb ist hier auch niemand bestattet.

Die lateinische Inschrift lautet:

D M
VEIAE ACME
VIXIT ANNIS
XXV MENSIB
VII DIEBVS V

»D M« ist die Abkürzung für die Totengötter, die Di Manes. Somit lautet die ausführliche Grabinschrift mit einer geänderten Zeileneinteilung, die die Zuordnung der deutschen Übersetzung besser verdeutlicht:

D(is) **M**(anibus)	**Den Totengöttern**
VEIAE ACME	**der Veja Acme:**
VIXIT	**Sie hat gelebt**
ANNIS XXV	**25 Jahre,**
MENSIB(us) **VII**	**7 Monate,**
DIEBVS V	**5 Tage.**

Bläser schuf auch das Standbild von König Friedrich Wilhelm IV. vor dem Orangerieschloss und die allegorischen Darstellungen der Tugenden und der Künste am Triumphtor, das am Eingang des → 6 Winzerberges in der Jägervorstadt steht.

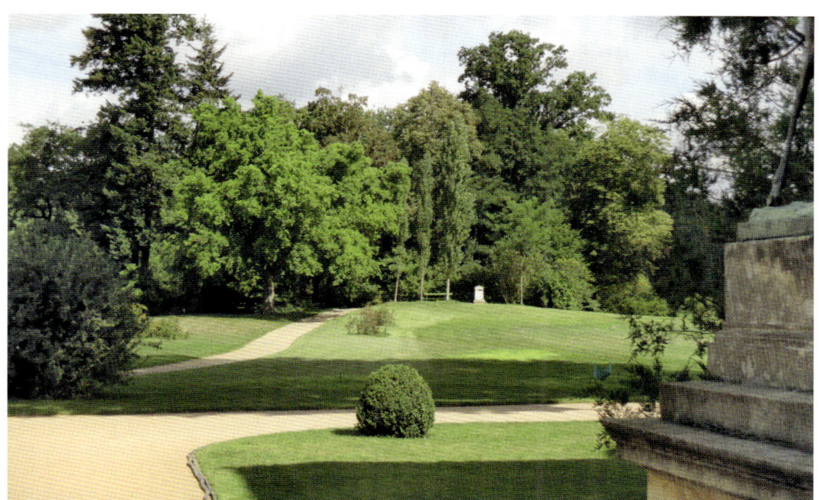

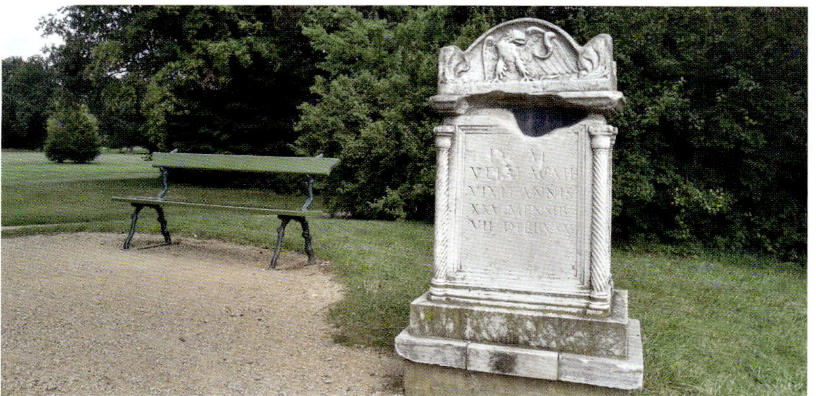

Tiroler Berg mit Grabaltar und Zürgelbäumen, Grabaltar der Veja Acme

Als botanische Besonderheiten stehen wenige Meter westlich des Tiroler Berges zwei Nordamerikanische **Zürgelbäume** (52°23'48,0"N 13°1'30,9"O) mit ihren orangenen bis dunkelroten langstieligen Früchten.

Ursprünglich wurde an der Südseite des Tiroler Berges Wein gezogen und zwar an hangparallelen Drähten. Dies wurde in den 1820er und 1830er Jahren als die südliche, speziell Tiroler Art des Weinanbaus betrachtet, im Gegensatz zu der deutschen Variante, bei der der Wein an senkrechten Stäben gezogen wurde. Davon leitet sich der Name des Hügels ab. Des Grabaltars wegen wird der Hügel aber auch **Denkmalsberg** genannt.

→ Wanderstrecke bis zum Floraberg: 1,7 Kilometer

5 Floraberg

Brandenburger Vorstadt

⌖ 52°24'2,6"N 13°2'32,1"O

32,8 Meter

Vermutlich ist der Floraberg einer der unbekanntesten Hügel Potsdams. Deshalb ist es umso erstaunlicher, dass in einem Zeitungsartikel über mögliche provisorische Gräber für Kriegstote in Sanssouci wie selbstverständlich vom Floraberg berichtet wurde. Der Berg liegt im Park Sanssouci, genauer gesagt im Marlygarten, der 1846/47 von Peter Joseph Lenné umgestaltet wurde. Dieser nahm auch hier zur Gestaltung Bodenmodellierungen vor und ließ unter anderem den Floraberg als künstliche Erhebung anlegen. Die höchste Stelle wird von einer **Florastatue** aus Marmor geschmückt. In nördlicher Richtung befindet sich ein dekoratives Fächerbeet mit fünf Zungen.

Vom Weg, der südlich am Floraberg vorbeiführt (52°24'1,7"N 13°2'31,4"O), kann man durch eine von Büschen begrenzte Sichtachse, dem sogenannten **Alpentälchen**, auf die Marmorskulptur »Knabe mit dem Vogelnest« blicken. Dieser Bereich wurde zu Ehren der aus Bayern stammenden Königin Elisabeth angelegt und war ursprünglich mit Alpenpflanzen ausgestattet.

In unmittelbarer Nähe befindet sich das 1845–54 nach Plänen von Ludwig Persius und August Stüler erbaute Ensemble der **Friedenskirche**. Das Wertvollste der überaus sehenswerten Innenausstattung der Kirche ist das etwa 800 Jahre alte Mosaik in der Apsis, das aus einer Kirche bei Venedig stammt. Nicht zu übersehen ist die Kopie des »Segnenden Christus« von dem dänischen Bildhauer Bertel Thorvaldsen. Kaum bemerkt wird dagegen die versteinerte Muschel eines Ammoniten (»Ammonshorn«), die im Marmorbecken einer Schalenfontaine zu bewundern ist, welche im Kreuzgang der Kirche steht (52°24'3,7"N 13°2'36,1"O).

→ Wanderstrecke bis zum Winzerberg: 500 Meter

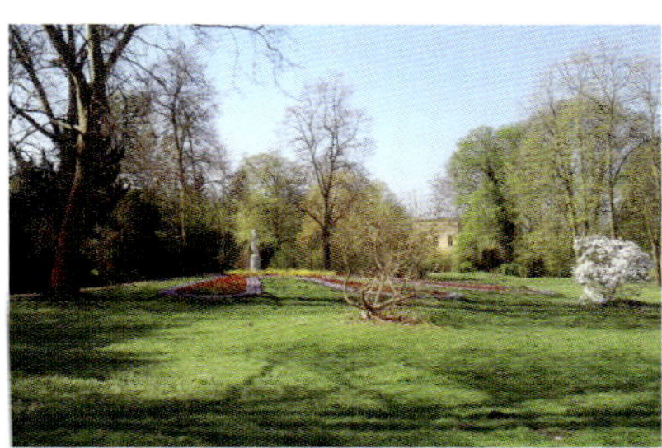
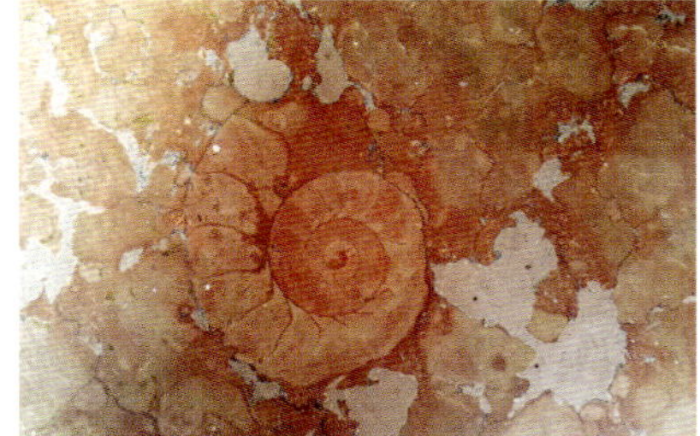

Floraberg, versteinertes Ammonshorn

6 Winzerberg ★★

Jägervorstadt

⌖ 52°24'12"N 13°2'40"O

Obwohl einige Publikationen den Eindruck erwecken, dass der Winzerberg ein Hügel ist, trifft dies nicht zu. Der Winzerberg ist eine terrassierte Weinanbaufläche am Südhang des → 7 Mühlenberges in der Jägervorstadt. Die angegebenen Koordinaten stammen deshalb auch nicht vom höchsten Punkt, sondern einem Punkt in der ebenen Fläche vor den Terrassen.

König Friedrich II. ließ 1763 auf dem Gelände einer ehemaligen Lehmgrube vier Terrassen und fünf dazugehörige Hangmauern errichten. An den Mauern wurden Wein und Obst angebaut. König Friedrich Wilhelm IV. sorgte ab 1848 für die Sanierung der baufälligen Terrassen des Weinberges. In der ersten Hangmauer wurde eine Treppe angelegt, die zur ersten Terrasse führt. Da sie mit einem gewaltigen Bacchuskopf geschmückt ist, wird sie **Bacchustreppe** genannt.

Am westlichen Rand der Terrassenanlage befindet sich das ehemalige **Winzerhaus**. Es entstand 1848/49 durch den Umbau eines Vorgängerbaus unter der Leitung von Ludwig Ferdinand Hesse im Stil einer italienischen Turmvilla. Im unteren Geschoss befand sich die Winzerwohnung. Heute wird das Gebäude für eine Dienstwohnung der Stiftung Preußische Schlösser und Gärten genutzt, kann also nicht besichtigt werden.

Das Eingangsportal zum Winzerberg bildet ein unübersehbares **Triumphtor**. Friedrich Wilhelm IV. wollte auf dem Bornstedter Höhenzug vom Mühlenberg bis zum Klausberg eine etwa zwei Kilometer lange Höhen- und Triumphstraße bauen lassen, deren Auftakt das Triumphtor (1850–52 nach Entwürfen von Friedrich August Stüler und Hesse erbaut) bilden sollte. Das gewaltige Projekt wurde nur zu Teilen ausgeführt.

Die Reliefdarstellungen beinhalten drei verschiedene Themen. Zum einen wird der Sieg der preußischen Truppen unter Prinz Wilhelm (dem späteren Kaiser Wilhelm I.) im Badischen Aufstand von 1848 durch Auszug und Wiederkehr des Heeres dargestellt. Außerdem schuf Gustav Hermann Bläser allegorische Darstellungen von Tugenden (Gerechtigkeit, Tapferkeit, Wahrheit und Mäßigung) und Künsten (Poesie, Malerei, Architektur und Bildhauerei). Schließlich sind Reliefs zu sehen, die technische Errungenschaften (Eisenbahn und elektrische Telegrafie) zum Inhalt haben. Dabei ist die Kombination einer Engelfigur mit der Darstellung der elektrischen Telegrafie besonders einprägsam. Ein liegender Engel zeigt auf eine elektrische Leitung zwischen drei Isolatoren.

Während der DDR-Zeit verfiel das Gelände. Erst 2005 gründete sich der Bauverein Winzerberg e. V. und ist seitdem, unterstützt von vielen Helfern, mit großem Engagement dabei, die Anlage wieder zum Leben zu erwecken. Dabei

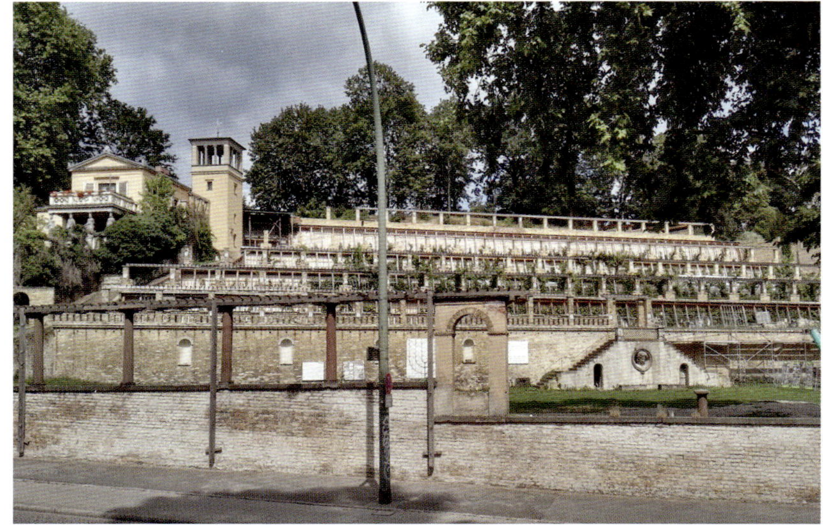

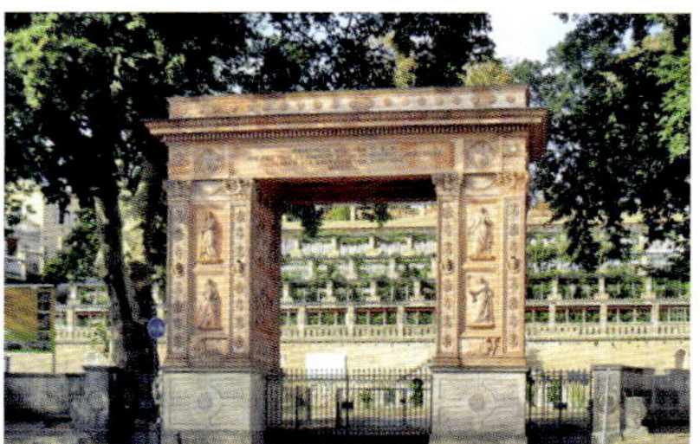

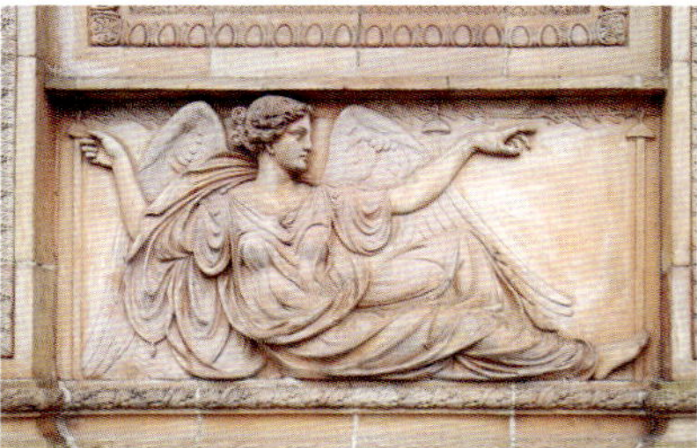

Winzerberg mit Winzerhaus und Bacchustreppe, Triumphtor im Hintergrund mit Bacchuskopf, Relief »Die Telegraphie«

werden nur Weinsorten aus der Zeit Friedrichs II. angepflanzt. Außerdem werden entsprechend dem historischen Vorbild auch Obstbäume und Gemüse angebaut.

Wer auf Sitzen oder Liegestühlen zwischen den Weinranken ein Glas Wein genießen möchte, kann dazu in den warmen Monaten jeweils donnerstags und freitags die BACCHUSstunde nutzen.

Vom Abschnitt B2 der zweiten Terrasse (52°24'13,0"N 13°2'38,7"O) führt über das Triumphtor hinweg eine **Sichtachse** zur ehemaligen Kriegsschule auf dem Brauhausberg.

→ Wanderstrecke bis zum Mühlenberg: 250 Meter

7 Mühlenberg / Jägervorstadt ★

Jägervorstadt

⌖ 52°24'15,2"N 13°2'42,8"O

57,8 Meter

Innerhalb der Stadtgrenzen von Potsdam gibt es sechs Mühlenberge. Derjenige in der Jägervorstadt bildet das östliche Ende des Bornstedter Höhenzuges. Der Name ist heute in fast keiner Karte mehr zu finden, immerhin noch in dem von Gerhard Engelmann 1969 herausgegebenen Buch »Potsdam und seine Umgebung«. Das ist umso bedauerlicher, weil in der Dauerausstellung in der Historischen Mühle wie selbstverständlich vom Mühlenberg berichtet wird. Auch gibt es mehrere schöne alte Gemälde mit dem Titel »Blick vom Mühlenberg«.

Erhalten geblieben ist der Name im Mühlenbergweg (52°24'13,5"N 13°2'42,3"O), der zu einer kleinen öffentlichen Grünanlage auf der höchsten Stelle des Mühlenberges hinaufführt, dem »**Mühlenberg Belvedere**«. Von dort hat man einen sehr schönen Ausblick auf Potsdam, in der laubarmen Zeit von fast 180 Grad. Das Panorama reicht vom Schäferberg in Berlin-Wannsee mit dem Fernmeldeturm über den Babelsberg mit dem Flatowturm, den Brauhausberg mit dem »Kreml«, den Telegrafenberg mit der Kuppel des Großen Refraktors, den Kleinen Ravensberg mit dem Feuerwachturm bis hin zum Schäfereiberg im Wildpark mit dem Mobilfunkmast.

Im 17. und 18. Jahrhundert wurden auf dem Mühlenberg vier Mühlen erbaut. Bis 1912 war noch eine Bockwindmühle vorhanden.

Der Mühlenberg umfasst sowohl den Bereich des → 6 Winzerberges, die Tennisplätze und die Kleingärten als auch den bebauten Teil östlich des Mühlenbergweges sowie den Bereich nördlich der Gregor-Mendel-Straße bis zur Park-

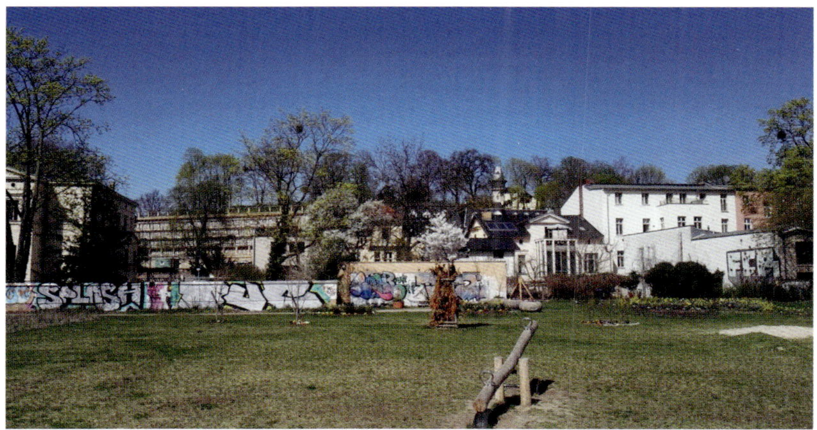

Mühlenberg vom Stadtgarten am Obelisk

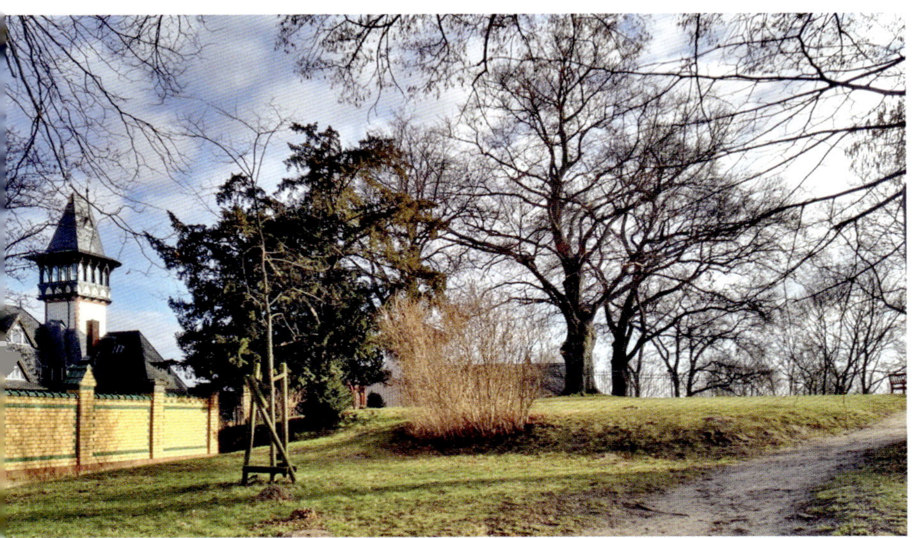
Mühlenberg Belvedere und Turmvilla

straße. In der Gregor-Mendel-Straße 27 steht die weithin sichtbare Turmvilla, die heute ein Hotel beherbergt.

Auf dem Mühlenberg und an dessen Fuß stehen viele imposante **Villen**. Stellvertretend seien hier genannt die Villa Francke in der Gregor-Mendel-Straße 23 (1873/74 von Reinhold Persius für den Berliner Holzhändler C. Francke), das ehemalige Steuercontrollhaus (heute Café Repin) in der Gregor-Mendel-Straße 24 (1887), die Villa Rohn (Löwenvilla) in der Gregor-Mendel-Straße 26 (1904/05), das Wohnhaus des Chinesen Ahok, einem Kammerdiener Friedrich Wilhelms IV., in der Weinbergstraße 9 (1844/45 von Ludwig Persius), die Villa in der Weinbergstraße 12 (1848/49 von Ludwig Ferdinand Hesse) und die Villa Arnim in der Weinbergstraße 20 (1859/60 von Ferdinand von Arnim).

1944 befahl Hitlers Rüstungsminister Albert Speer den Bau eines dreiteiligen **Bunkersystems** (Augusta-, Königsweg- und Sanssoucistollen) unter dem Mühlenberg zum Schutz der Potsdamer Bevölkerung bei Luftangriffen. Die Anlage wurde nicht fertiggestellt. Zumindest aber der Augustastollen wurde bei Luftalarm als Zufluchtsort genutzt. 1996 wurde das Stollensystem durch das Amt für Zivil- und Katastrophenschutz untersucht. Noch vorhandene Hohlstellen wurden verfüllt und der Eingang des Augustastollens unterhalb der ersten Hangmauer des Winzerberges verschlossen.

→ Wanderstrecke bis zum Kapellenberg: 1,8 Kilometer

8 Kapellenberg ★★

Nauener Vorstadt

⌖ 52°24'54,7"N 13°3'28,0"O
55,1 Meter

Neben sehr vielen anderen bedeutenden Bauwerken hat Potsdam die älteste noch existierende russisch-orthodoxe Kirche in Westeuropa. Sie steht auf dem Kapellenberg. Wie kam es dazu?

König Friedrich Wilhelm III. war mit dem russischen Zar Alexander I. befreundet und verwandt. Als Alexander 1825 starb, ließ Friedrich Wilhelm 1826/27 die Russische Kolonie erbauen und nach dem Zaren »**Alexandrowka**« benennen.

Anfang der 1820er Jahre entstand am Parkrand von Pawlowsk bei St. Petersburg das russische **Musterdorf Glasowo**. Die hier in typisch russischer Blockbauweise mit reichen Schnitzereien verzierten Gebäude haben auffallend viele Gemeinsamkeiten mit den Gehöften der Alexandrowka. Die Bausubstanz des Vorbildes Glasowo existiert jedoch nicht mehr.

Sie sollte an den gemeinsamen Sieg über Napoleon I. erinnern. Da die Siegesfeier 1814 auf dem Hippodrom in Paris stattfand, wählte Peter Joseph Lenné für die Anlage auch die Form eines Hippodroms. Die beiden eingelegten Straßen bilden ein Andreaskreuz. In der Kolonie entstanden zwölf kleinere Gehöfte im russischen Stil (mit Holzbohlen verkleidete Fachwerkhäuser – keine Blockhäuser) und ein Aufseherhaus. Die ersten Kolonisten waren russische Soldaten. Aber woher kamen sie?

Hippodrom war ursprünglich im antiken Griechenland die Bahn für Pferde- und Wagenrennen. Später wurde diese Form zu einem beliebten Element bei der Gestaltung von Garten-, Park- beziehungsweise Begräbnisanlagen, die dann auch Hippodrom genannt wurden.

Preußen war nach den Niederlagen gegen Frankreich in der Doppelschlacht bei Jena und Auerstedt von 1806 gezwungen worden, an Napoleons Russlandfeldzug teilzunehmen. (Napoleon war übrigens vom 24. bis 26. Oktober 1806 in Potsdam.) Dabei wurden russische Gefangene gemacht. Friedrich Wilhelm III. ließ unter ihnen sangestaugliche Soldaten auswählen, aus denen ein Soldatenchor gebildet wurde. Dieser wurde dem 1. Preußischen Garderegiment zu Fuß unterstellt und musste – wenn auch unbewaffnet – gegen die russische Armee mit ins Feld ziehen. Nach der Niederlage Napoleons vor Moskau wechselte Preußen die Fronten und kämpfte in den Befreiungskriegen mit Russland gegen Napoleon.

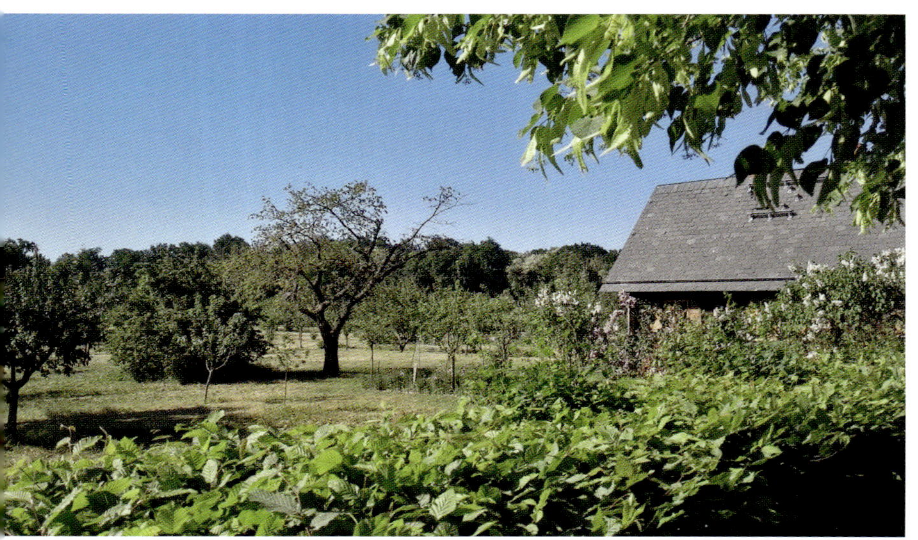

Kapellenberg aus Richtung »Alexandrowka« gesehen

Nach dem endgültigen Sieg über Napoleon bat Friedrich Wilhelm den russischen Zaren, die **Sängersoldaten** behalten zu dürfen. Der Zar stimmte zu – die Leibeigenschaft machte es möglich. Als Alexander starb, lebten noch zwölf der Sängersoldaten. Diese wurden die ersten Bewohner der Siedlung Alexandrowka.

Die Kolonie hatte einen Vorsteher, weil die Kolonisten nach wie vor der Preußischen Armee angehörten – und da musste natürlich alles seine Ordnung haben. Andere Quellen begründen die Notwendigkeit eines »Aufpassers« mit der Trunksucht der Soldaten. Das Wohnhaus des Vorstehers, das Aufseherhaus, steht an der Kreuzung der beiden Straßen. Heute befinden sich ein russisches Restaurant und eine Teestube in diesem Gebäude.

Die Kolonistenhäuser gehörten offiziell zum Besitz des Königs. Nachfolgende Generationen der ersten Bewohner konnten sie jedoch solange nutzen, wie ein Sohn geboren wurde. Vererbt werden konnten die Häuser nicht. Gab es keinen männlichen Nachkommen, mussten die Bewohner ausziehen. Gebäude und Grundstück wurden dann anderweitig verpachtet.

Entsprechend der russischen Gepflogenheit hatten die Häuser ursprünglich keine Hausnummern. Dafür wurden Tafeln mit den Namen der Bewohner angebracht. Auf den schwarzen Tafeln sind die Namen der verstorbenen und auf den weißen Tafeln die Namen der aktuellen Bewohner zu lesen. Die ältesten Namen sind noch in kyrillischer Schrift geschrieben. Im Haus Nr. 7 wohnt Joachim Grigorieff in 6. Generation. Er ist der letzte Bewohner der Siedlung, der über die

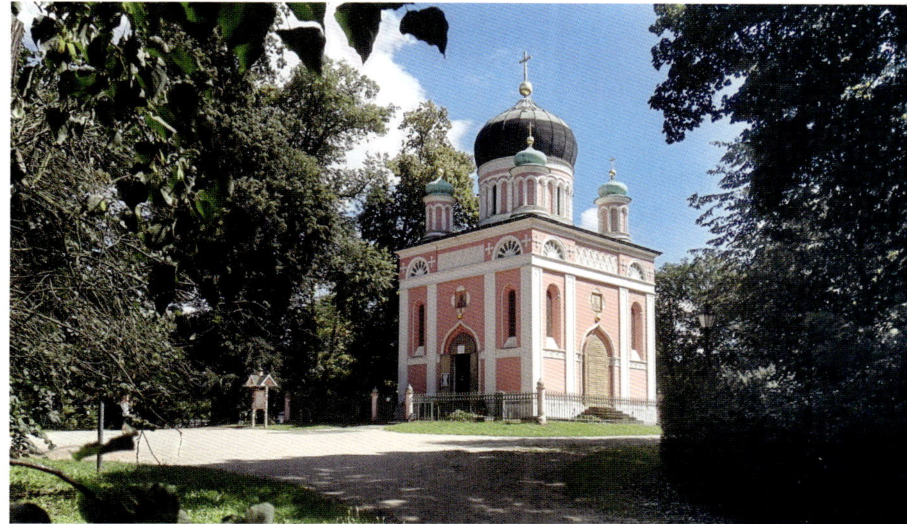

Alexander-Newski-Gedächtniskirche

väterliche Linie von einem Erstbewohner, seinem Ururgroßvater Iwan Grigorieff, abstammt.

Im Haus Russische Kolonie 2 wurde 2005 ein privates Museum eröffnet. Im ehemaligen Stallgebäude sowie in Hof und Garten befindet sich ein Café. Seit 2008 steht im Garten die Plastik »Die drei fröhlichen Sänger« aus Zedernholz von R. Löcherbach aus Essen, die an die Sängersoldaten erinnern soll. Seit 1999 gehört die Kolonie Alexandrowka zum UNESCO-Weltkulturerbe.

Auf dem sich im Norden anschließenden Hügel wurde eine **russisch-orthodoxe Kapelle** errichtet, die Alexander-Newski-Gedächtniskirche. Die Anhöhe hieß zu diesem Zeitpunkt noch Minenberg, weil Mineure auf diesem Hügel das Sprengen von Festungen übten und dazu unterirdische Gänge anlegten. Zwischenzeitlich wurde der Hügel Alexanderberg genannt, dann schließlich Kapellenberg.

Die Baupläne des russischen Baumeisters Wassili Petrowitsch Stassow für die Kapelle wurden von Karl Friedrich Schinkel überarbeitet. Die Grundsteinlegung erfolgte 1826 (Weihe 1829). Seitdem wird sie fast ununterbrochen genutzt. Regelmäßig finden jeweils sonntags (10 Uhr) und sonnabends (17 Uhr) Gottesdienste statt, die mindestens zwei Stunden dauern. Da es kein Gestühl gibt, stehen die Gottesdienstteilnehmer die gesamte Zeit über. Der Raum ist für etwa 50 Personen ausgelegt. Charakteristisch ist der gemischte Chor, der die meiste Zeit mehrstimmig singt. Gottesdienste werden in Kirchenslawisch und teilweise ergänzend in Deutsch abgehalten. Die russisch-orthodoxe Kirche hält sich an den

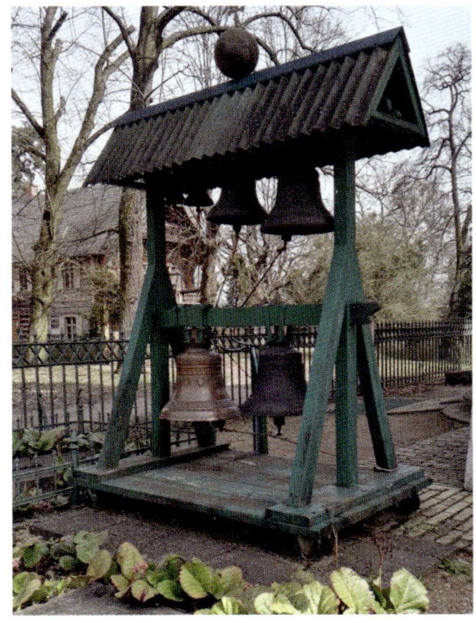

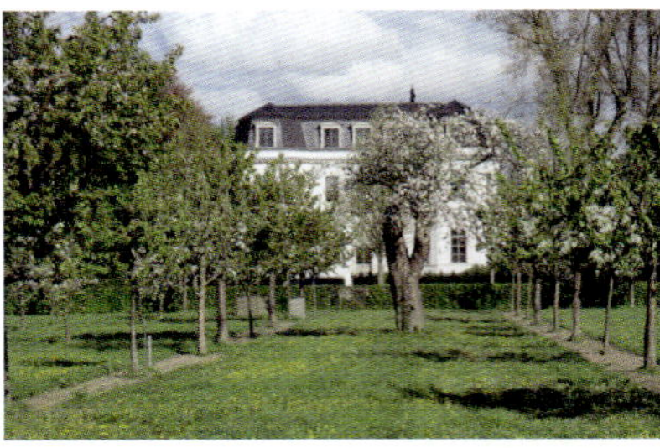

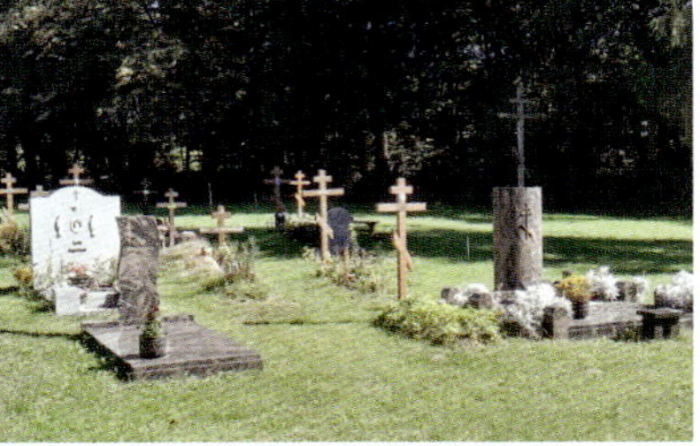

Fahrbarer Glockenstuhl, Naturdenkmal Nr. 26 – ein Apfelbaum, russisch-orthodoxer Friedhof

alten julianischen Kalender. So wird zum Beispiel Weihnachten am 7. Januar gefeiert.

Etwa um 1880/90 wurden in den beiden Westtürmen der Kirche (über dem Haupteingang) drei gusseiserne Glocken aufgehängt, die aber nicht mehr genutzt werden können. Zwei Glocken haben Risse bekommen, die dritte ist zerstört. Deshalb erhielt die Gemeinde 2005 einen fahrbaren Glockenstuhl, der links vom Haupteingang der Kirche steht und zum Gottesdienst einlädt. Mit den sechs in Russland gegossenen Bronzeglocken ist es nun möglich, bei besonderen gottesdienstlichen Anlässen auch kleine, liturgisch bedingte Melodiefolgen zu spielen. Dabei werden nach russischer Art die Klöppel und nicht die Glocken durch Schnüre in Bewegung versetzt.

Die Kirche ist also kein Museum, kann aber außerhalb der Gottesdienstzeiten besichtigt werden (Öffnungszeiten: 10–18 Uhr). Im Inneren besteht ein Fotografierverbot. Typisch für orthodoxe Kirchenräume ist die Ikonostase – eine Bilderwand, die den Altarraum mit dem Raum für die Gläubigen verbindet. Im orthodoxen Glauben haben die Darstellungen von Jesus, Maria und Heiligen, die sogenannten Ikonen, eine besonders wichtige Funktion. Sie sind gewissermaßen Tore zum Himmel.

An die Sängersoldaten erinnert noch eine Sammlung von Medaillen und Gedenkmünzen, die in der Kirche am rechten Außenteil der Ikonostase zu sehen sind. Wer sich für unterschiedliche Kreuzformen interessiert, wird mehrere Varianten an und bei der Kirche finden.

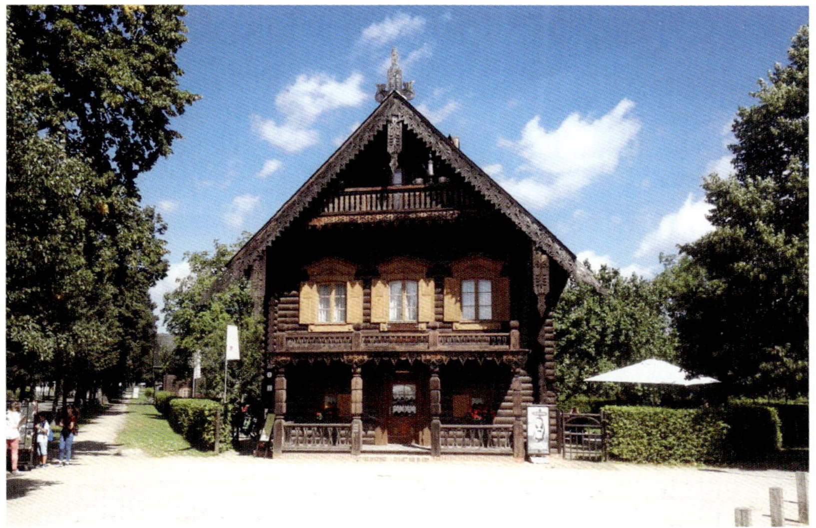

Ehemaliges Aufseherhaus

Die Gemeinde hat rund 850 eingetragene Mitglieder, davon sind 99 Prozent Deutsche. Die meisten sind Spätrückkehrer aus den Nachfolgestaaten der ehemaligen Sowjetunion, sogenannte Russland-Deutsche, sowie deren Kinder und Kindeskinder.

Neben der Kirche befindet sich noch ein 14. Holzhaus, das **Königliche Landhaus**. (Friedrich Wilhelm III. ließ im Obergeschoss eine russische Teestube einrichten und hielt sich hier mehrfach auf.) Dieses Gebäude weicht in der Architektur von den anderen Häusern ab. Der Entwurf stammt von dem Franzosen Auguste de Montferrand. So ist es mit glatten Dielenbrettern und nicht mit halbrunden Bohlen verkleidet. Auch die Verzierung ist eine andere. Seit 1986 wird es von der Familie des Erzpriesters bewohnt.

Die Kirche wird von einem kleinen Friedhof umschlossen. Das letzte Begräbnis erfolgte hier 1971. Danach wurden die russisch-orthodoxen Gläubigen auf dem russisch-orthodoxen Friedhof in Berlin-Tegel beigesetzt. Die ersten Bewohner von Alexandrowka wurden jedoch auf dem Alten Potsdamer Friedhof in der Teltower Vorstadt begraben. Ihre Gräber existieren aber heute nicht mehr.

Seit 2006 hat die russisch-orthodoxe Gemeinde auf dem westlichen Hang des Kapellenberges einen eigenen **Friedhof**, der nicht mit den Friedhöfen für die gefallenen sowjetischen Soldaten auf dem Bassinplatz und an der Michendorfer Chaussee zu verwechseln ist. Für die Beisetzung russisch-orthodoxer Gläubiger gibt es bestimmte Regeln. Danach muss gewährleistet sein, dass der Verstorbene in Richtung Osten und in geweihter Erde zur letzten Ruhe gebettet wird. Außerdem dürfen Gräber niemals eingeebnet werden. Den Toten muss eine ewige Ruhe gewährleistet sein.

Der Friedhof ist für Besucher nicht geöffnet. Ein Blick über den Zaun ist jedoch gut möglich. 2007 wurde in Anlehnung an die Hoftore in der Alexandrowka für das Friedhofsgelände ein zweiflügliges hölzernes Tor mit dem typischen achtendigen russisch-orthodoxen Kreuz auf einem Zwiebeltürmchen errichtet. Auch auf den Gräbern ist diese Form des Kreuzes mit den drei Querbalken zu sehen.

Kolonie und Kapellenberg waren landschaftlich eng miteinander verbunden. Lenné gestaltete das Gelände des Berges als Park, wobei unter anderem Lindenrondelle angelegt wurden. Außerdem gab es zwei Sichtachsen vom Berg in die Kolonie, von denen heute eine wieder erkennbar ist.

Zur Kolonie Alexandrowka ist noch ein interessantes Detail nachzutragen. Damit sich die Bewohner weitgehend selbst versorgen konnten, gehörte zu den Kolonistenhäusern auch jeweils ein Stück Gartenland. Unter Lennés Anleitung wurde eine große Palette von Obstbäumen angepflanzt. Seit der politischen Wende erfolgt schrittweise eine obstbauliche Wiederherstellung der gesamten Anlage. Dabei ist man bestrebt, eine möglichst authentische Rekonstruktion zu erreichen. So wurde auch wieder die Form des »Mehretagenmischobstanbaus« mit Hochstämmen, Halbstämmen und Sträuchern gewählt. Bei einer Bestandsaufnahme im Jahr 2011 wurden 1.387 Obstbäume gezählt, davon 280 aus dem Altbestand. Insgesamt sind acht Obstarten und 585 Obstsorten vertreten. Besonders spektakulär war die Entdeckung eines alten Apfelbaumes, der noch aus der Zeit der Erstanpflanzung um 1830 stammt und somit ein für Apfelbäume sehr seltenes Alter erreicht hat (52°24'38,1"N 13°3'28,9"O). Es stellte sich heraus, dass es sich um die bis dahin als verschollen angesehene Sorte »**Borsdorfer Renette**« handelt. Dieser Uraltsolitärbaum wurde – was für einen Obstbaum sehr selten sein dürfte – zu einem Naturdenkmal erklärt und erhielt in der Liste der Potsdamer Naturdenkmale die Nummer 26. Heute ist der Baum keine Augenweide mehr. Zwei große Äste wurden durch einen Sturm abgebrochen und der Stamm ist inzwischen innen schon hohl. Der Autor kann aber aus eigener Erfahrung bestätigen, dass die Äpfel immer noch sehr schmackhaft sind. Im September gibt es ein eigenes Apfelfest im Garten des Museumscafés Russische Kolonie 2.

Heute gehören zu den (privaten) Grundstücken nur noch kleine Gartenflächen. Der größte Teil wird seit 1997 vom Bereich Grünflächen der Stadtverwaltung Potsdam betreut.

→ Wanderstrecke bis zum Pfingstberg: 500 Meter

9 Pfingstberg ★★

Nauener Vorstadt

⌖ 52°25'9,4"N 13°3'29,8"O

76 Meter

Es gibt vermutlich nicht sehr viele Pfingstberge im deutschsprachigen Raum. Potsdam hat einen von ihnen.

Der Pfingstberg ist die höchste Erhebung der sogenannten Insel Potsdam. Das alles beherrschende Bauwerk des Pfingstberges ist das **Belvedere**, durch dessen zwei Türme er auch aus der Ferne gut zu erkennen ist. Das Belvedere wurde nach Bauzeichnungen von König Friedrich Wilhelm IV. anfangs unter Ludwig Persius und nach dessen Tod durch Friedrich August Stüler und Ludwig Ferdinand Hesse in zwei Bauphasen 1847–52 und 1861–63 errichtet. Durch die Erkrankung von Friedrich Wilhelm wurde jedoch nur ein Teil des geplanten Bauwerks realisiert. Peter Joseph Lenné gelang durch gartengestalterische Mittel schließlich ein geschickter Abschluss des baulichen Fragments.

Das Belvedere hat kaum nutzbare Räume, weshalb man es getrost als Schauarchitektur bezeichnen kann. Im Erdgeschoss befand sich die erst später eingebaute Kastellanswohnung. Die Witwe des letzten Kastellans zog 1964 aus; heute befindet sich in den Räumen eine Dauerausstellung zur Geschichte des Belvederes. An weiteren Räumen gibt es nur noch das Römische Kabinett im Westturm und das Maurische Kabinett im Ostturm. Letzteres ist ein sehr beliebter Ort für Trauungen. Jedes Jahr geben sich hier durchschnittlich 100 Paare das Jawort. Zusätzlich kann das Belvedere sowohl für private als auch geschäftliche Feiern gemietet werden.

Den Innenhof der Anlage bildet ein Wasserbassin. In Analogie zum → 2 Ruinenberg im Park Sanssouci und zum → 12 Babelsberg im Park Babelsberg wird auch hier Wasser in einen Hochbehälter gepumpt, um die Bewässerung und die Wasserkünste – in diesem Fall im Neuen Garten – zu ermöglichen. Dazu wurde eine alte Meierei (52°25'19,4"N 13°4'11,0"O) am Jungfernsee 1861 umgebaut und im dortigen Stallgebäude ein **Dampfpumpwerk** installiert. An der Südseite kam ein Schornstein hinzu. Auch dieser wurde – wie der Schornstein der »Moschee« – äußerlich verkleidet, hier wie ein schlanker Florentiner Turm. 2003 wurde in der ehemaligen Meierei eine Gasthausbrauerei eröffnet. Im Bassin des Belvederes befindet sich eine **Wasserbühne**, auf der in den Sommermonaten verschiedene Aufführungen stattfinden. Das Belvedere befindet sich im Besitz der Stiftung Preußische Schlösser und Gärten, wird aber durch den Förderverein Pfingstberg in Potsdam e. V. betreut.

Etwas weiter südöstlich befindet sich der **Pomonatempel** (52°25'5,3"N 13°3'34,7"O), der als das Erstlingswerk des damals noch unbekannten Karl Friedrich Schinkel gilt. Er ersetzte 1801 den baufälligen Vorgängerbau und war als

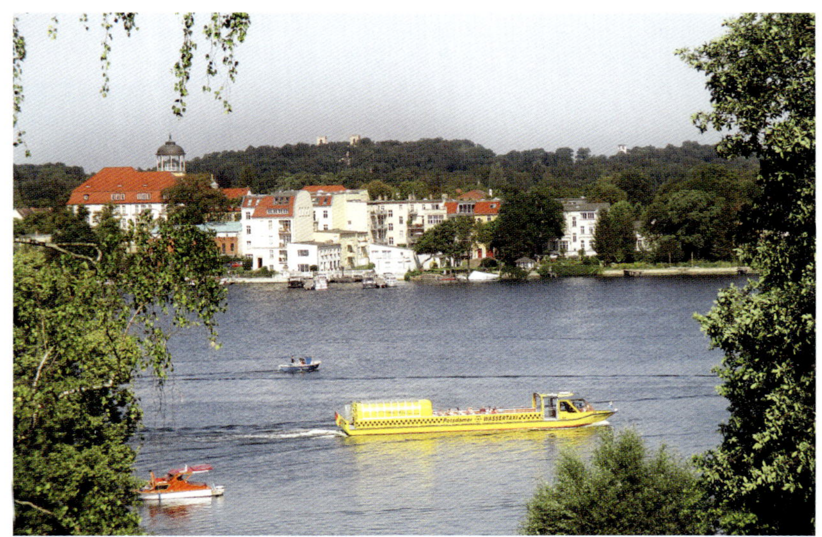

Pfingstberg mit Türmen des Belvederes und Villa Henckel vom Babelsberg aus gesehen

Aussichts- und Teepavillon konzipiert. Das blau-weiß gestreifte Sommerzeltdach wurde vermutlich erst später hinzugefügt. Das Bauwerk befand sich damals in einem privaten Weingarten und ist nach der römischen Schutzgöttin des Obstanbaus benannt.

Nach 1945 verfiel das Gebäude und konnte erst 1992/93 wiederhergestellt werden. An einer Linie im Außenputz in einer Höhe von etwa drei bis vier Metern kann man erkennen, bis wohin das originale Mauerwerk reicht. Heute wird der Innenraum für kleine, wechselnde Ausstellungen genutzt. Auf dem Dach des Tempels finden in der Sommersaison Lesungen statt.

Die **Parkanlage** um das Belvedere und vor allem der Hangbereich zum Neuen Garten hinab wurden von Peter Joseph Lenné gestaltet. Dabei dürfte das kleine **ovale Wasserbecken** (52°25'3,4"N 13°3'37,6"O), das 1862 zur Verbesserung der Wasserversorgung für den Neuen Garten angelegt wurde, kaum bekannt sein. Es wird noch heute als Ausgleichbecken für das Bassin im Belvedere genutzt. Unterhalb des Bassins befindet sich an historischer Stelle seit 1997 wieder eine **Achteckbank**. Die ursprüngliche Bank war von Lenné um eine Linde aufgestellt worden, die noch aus der Zeit stammt, als hier Wein angebaut wurde (52°25 2,8"N 13°3'39,2"O). Auch vom Pfingstberg gibt es wiederhergestellte **Sichtachsen** (52°25'7,3"N 13°3'35,6"O), so unter anderem zum Hofgärtner- und Maschinenhaus im Park Klein Glienicke und zum Flatowturm auf dem Babelsberg.

Auf dem und am Pfingstberg steht eine Reihe prachtvoller Villen. Aus der Ferne ist neben den Türmen des Belvederes der Turm der **Villa Henckel**, Große

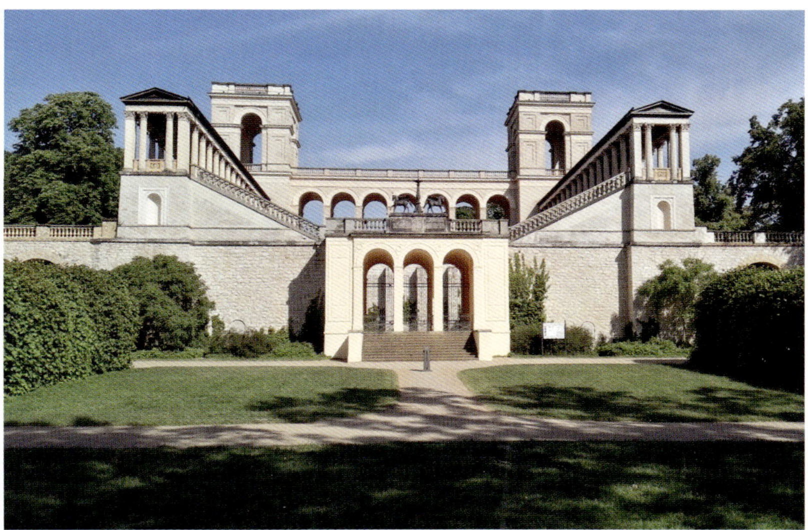

Belvedere

Weinmeisterstraße 43 (52°25'12,1"N 13°3'46,3"O) zu sehen, die 1868–70 für den Berliner Bankier Hermann Henckel erbaut wurde. Sie wurde 2009–11 saniert und ist auch heute wieder in Privatbesitz.

In der Nähe des Jüdischen Friedhofs befindet sich in der Puschkinallee 17 die **Villa Gericke** (52°25'0,3"N 13°3'30,3"O). Sie wurde 1892 für »Frau Stadträtin E. Gericke« errichtet. Von den vielen Schmuckelementen am Gebäude soll stellvertretend das Relief am Sockel des Turmes genannt werden, zu dem wesentlich Christian Daniel Rauch beigetragen hat. Übrigens sind Zirkel und Dreieck in der hölzernen Verzierung der Giebel keine Hinweise auf die Freimaurerei, wie teilweise gemutmaßt wird, sondern das Berufswappen der Baumeister und Architekten.

In der Villa befindet sich das Honorarkonsulat des Fürstentums Monaco für die Bundesländer Brandenburg, Mecklenburg-Vorpommern, Sachsen-Anhalt und Thüringen. Darauf verweist ein Schild über der Eingangstür mit dem Schriftzug »CONSULAT DE LA PRINCIPAUTÉ DE MONACO«. Vor der Villa weht die rot-weiße Flagge von Monaco.

In der Parkanlage des Pfingstbergs befindet sich in der Großen Weinmeisterstraße 44 die **Villa Lepsius** (52°25'6,3"N 13°3'49,4"O), in der 1908–26 der evangelische Theologe und – wie man heute sagen würde – Menschenrechtler Johannes Lepsius wohnte und arbeitete. 1945 wurde das Gebäude von der Roten Armee besetzt. Heute befindet sich in der Villa Lepsius eine deutsch-armenisch-türkische Begegnungsstätte, die 2011 eröffnet wurde. Es wird hier besonders zum Völker-

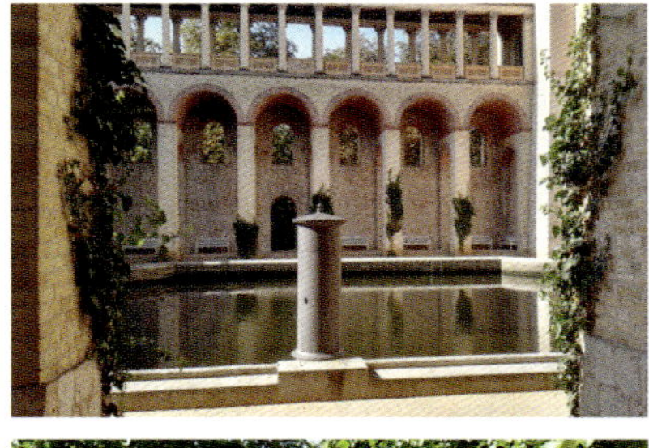

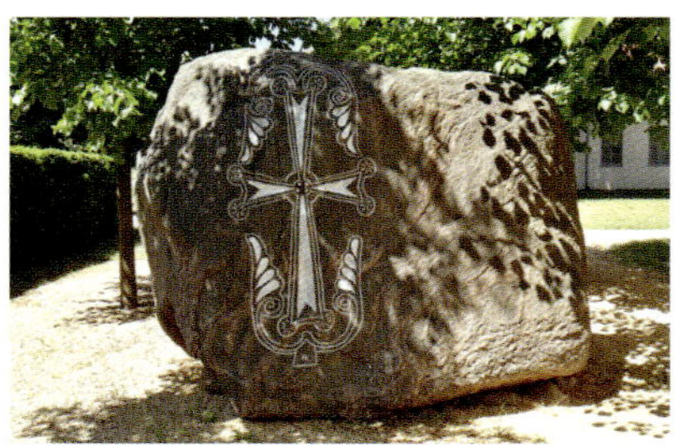

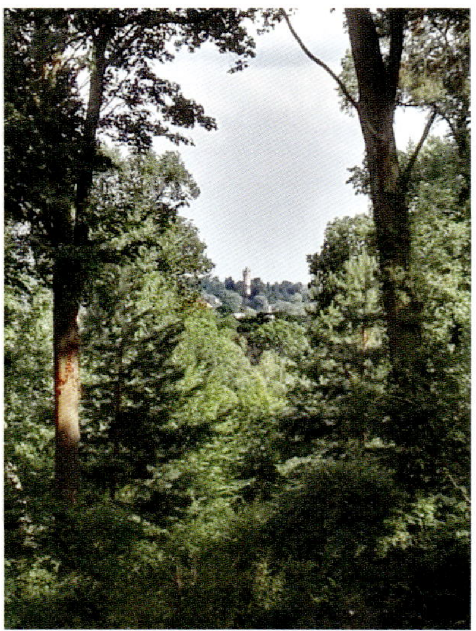

Wasserbassin im Innenhof des Belvederes, Vorderansicht des Kreuzsteins, Sichtachse zum Flatowturm auf dem Babelsberg

mord an den Armeniern geforscht. Besichtigungen des Hauses und Führungen durch die Ausstellung sind nach Anmeldung möglich.

Johannes Lepsius setzte sich besonders für die im Osmanischen Reich verfolgten Armenier ein. Er verfasste im Winter 1915/16 in Potsdam einen »Bericht über die Lage des Armenischen Volkes in der Türkei«, in dem der Völkermord an den Armeniern dokumentiert wurde, und verschickte davon über 20.000 Exemplare an die Abgeordneten des Reichstages und des württembergischen Landtages, an evangelische Pfarrhäuser in ganz Deutschland und an die Redaktionen der großen deutschen Tageszeitungen.

Neben der Villa steht seit 2010 ein geweihter armenischer **Kreuzstein** (Armenisch: Chatschkar). Auf seiner Vorderseite ist ein Kreuz als Lebensbaum dargestellt, auf seiner Rückseite trägt er die Inschrift:

Erleuchte Herr ihre Seelen.
Von diesem Ort in Potsdam führte Dr. Johannes Lepsius (1858–1926) seinen Kampf gegen den Völkermord an den Armeniern.

Der abschließende, auf Altarmenisch geschriebene Satz lautet: »Erleuchte Herr (die) Seelen deiner Diener«.

In unmittelbarer Nähe der Villa Lepsius befindet sich in der Großen Weinmeisterstraße 46 die **Villa Quandt** (52°25'3,4"N 13°3'48,4"O). Benannt ist sie nach einer ehemaligen Besitzerin, Ulrike Augusta von Quandt, die die Liegenschaft 1833 erwarb. 1945 wurde das Gelände von der Roten Armee besetzt und die Villa als Heizhaus und Sauna genutzt. (Das Gebäude ist nicht zu verwechseln mit zwei anderen Villen gleichen Namens in der Virchowstraße 1 bzw. in der Stubenrauchstraße 28.)

Nach der Sanierung 2006/07 zog das Theodor-Fontane-Archiv in die Villa ein. Hier wird unter anderem der Briefwechsel Fontanes erforscht und für die Öffentlichkeit aufbereitet. Bekannter ist jedoch die sogenannte **Russensauna**, die sich immer noch im Keller des Gebäudes befindet. Gelegentlich ist zum Internationalen Museumstag im Mai eine Besichtigung möglich.

Nach Beendigung der Potsdamer Konferenz beschlagnahmte die Sowjetische Militäradministration in Potsdam und der näheren Umgebung mehrere Bereiche. Mehr als 20 dieser Objekte wurden Militärstädtchen genannt und mit Nummern versehen. Manchmal verbarg sich dahinter auch nur eine einzelne Wohnung. Ein etwa 16 Hektar großes Gebiet am Fuße des Pfingstberges in der Nauener Vorstadt wurde für die sowjetischen Streitkräfte und den Geheimdienst eingerichtet und erhielt die Bezeichnung »**Militärstädtchen Nr. 7**«. Es erlangte eine besondere Bedeutung, denn es entwickelte sich mit der Zeit zu einer kleinen Sowjetunion. Das Gelände wurde durch Mauern, Wachtürme und Schussanlagen abgeschirmt und mit einer eigenen Infrastruktur sowie eigenen Straßennamen versehen.

In der – wie die Potsdamer sagten – »Verbotenen Stadt« lag auch das ehemalige **Kaiserin-Augusta-Stift**, eine Höhere Töchterschule, die 1872 von der Gemahlin Kaiser Wilhelms I. gegründet und 1902 nach Potsdam verlegt worden war (52°24'57,7"N 13°3'58,2"O). Ab 1945 wurde in diesem Gebäude die Hauptverwaltung der militärischen Spionageabwehr bei den sowjetischen Streitkräften in Deutschland aufgebaut. Ab 1954 wurde die Spionageabwehr dem sowjetischen Geheimdienst KGB (Комитет государственной безопасности) unterstellt.

Der ehemalige Sitz der Evangelischen Frauenhilfe (heute Leistikowstraße 1) wurde zum zentralen Untersuchungsgefängnis der Spionageabwehr umfunktioniert. Heute befindet sich dort eine Gedenk- und Begegnungsstätte, wobei vor dem ehemaligen Gefängnis 2007/08 ein modernes Eingangsgebäude entstand (52°24'59,6"N 13°3'50,3"O).

Als 1991 der sowjetische Geheimdienst aufgelöst wurde, nutzte die russische Armee das Gelände noch bis zu ihrem endgültigen Abzug im August 1994. Seit dem Frühjahr 1995 ist das Gebiet wieder für die Öffentlichkeit zugänglich. 2014 wurde um die ehemalige Geheimdienststadt ein 2,5 Kilometer langer Geschichtspfad angelegt. Auf 14 Informationstafeln werden die wenigen restlichen Spuren beschrieben und die Nutzung des Areals bis 1945 sowie von 1945 bis 1991 und heute erläutert.

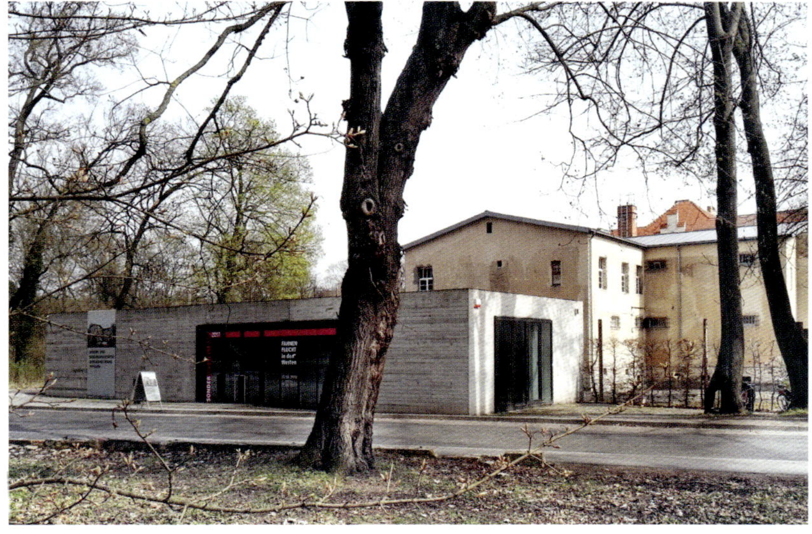

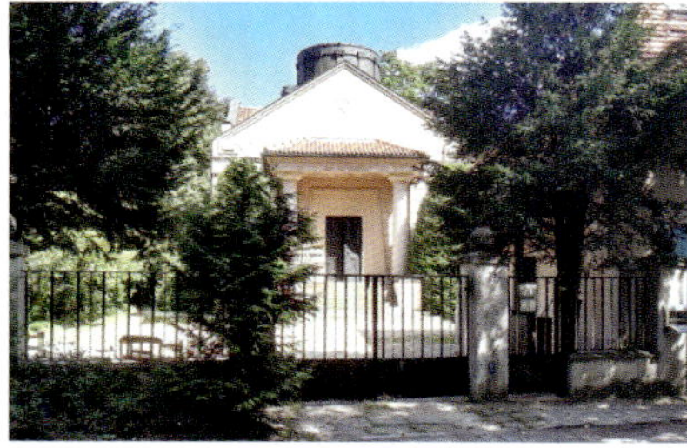

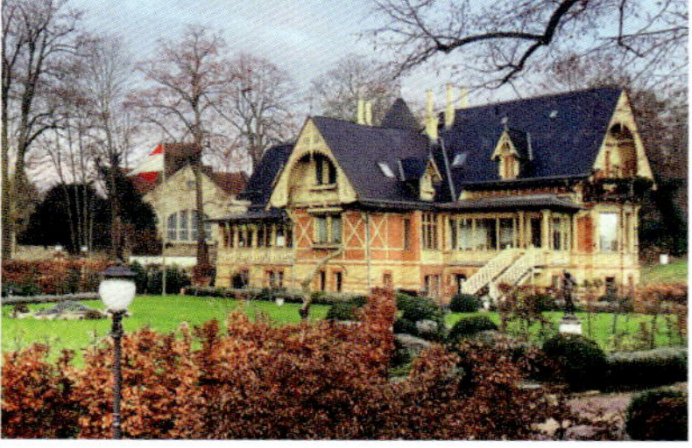

Gedenk- und Begegnungsstätte im ehemaligen Militärstädtchen Nr. 7, Trauerhalle des jüdischen Friedhofs, Villa Gericke

1743 wurde am Fuße des Pfingstberges ein **Jüdischer Friedhof** eröffnet. Zu diesem Zeitpunkt hieß die Erhebung noch Eichberg, wurde daraufhin aber in Judenberg umbenannt. Auf ihm befinden sich etwa 800 Gräber, 532 davon gehören zum Altbestand. Er ist bislang der einzige jüdische Friedhof in Deutschland, der als UNESCO-Welterbe anerkannt ist.

Der Friedhof kann – außer an Sonnabenden und den jüdischen Feiertagen – besichtigt werden. Jüdische Männer und Knaben dürfen einen jüdischen Friedhof nur mit Kopfbedeckung betreten. Dadurch wird die Ehrfurcht gegenüber Gott zum Ausdruck gebracht. Für nichtjüdische Besucher liegen am Eingang auf einer Bank Käppchen – Kippot (Singular: Kippa) genannt – bereit, die genutzt werden können.

Auf den jüdischen Grabsteinen werden häufig kleine Steine abgelegt. Dafür gibt es verschiedene Erklärungen. Deren gemeinsamer Kern besteht in etwa darin, dass die abgelegten Steinchen ausdrücken sollen: Ich war hier, habe dich besucht und an dich gedacht. Das Ablegen von Blumen entspricht nicht dem ursprünglichen jüdischen Brauch, auch wenn dies heute immer häufiger praktiziert wird.

Die Praxis, **kleine Steine** auf den Grabsteinen abzulegen, geht wohl auf die im alten Israel übliche Bestattung in Grabhöhlen zurück. Diese wurden mit einem beweglichen, Golèl genannten Stein verschlossen, der meist rundlich war. Um diesen am Wegrollen zu hindern, benutzte man einen kleinen Stein, den sogenannten Dofèk, der wörtlich etwa »der (An)Klopfer« heißt. Die ursprüngliche Funktion des Dofèk ist weggefallen. Für seine heutige Verwendung bleibt nur noch der Wortsinn als »Anklopfen« (des Steinchens am Grabstein), was als »Gruß« an den Toten zu verstehen ist.

Sehr interessant sind die Inschriften und Symbole auf jüdischen Grabsteinen. Ein hebräisch geschriebener Schlusssegen fehlt fast nie: תנצב"ה. Es handelt sich dabei um den nach 1. Samuel 25,29 aus dem Alten Testament abgewandelten Segen: »Möge seine/ihre Seele eingebunden sein in das Bündel des Lebens« oder anders formuliert: Du bist in Gedanken immer noch bei uns.

1910 erhielt der Friedhof eine neoklassizistische Trauerhalle. An und in der Trauerhalle sieht man die bekanntesten jüdischen Symbole, den Davidsstern, der sich auch auf der israelischen Staatsflagge befindet, und die Menora (den siebenarmigen Leuchter), die das Staatswappen Israels ziert. Friedhof und Halle stehen heute unter Denkmalschutz. Im Land Brandenburg ist dies der einzige Friedhof, auf dem eine Bestattung nach jüdischem Ritual, der Halacha, möglich ist.

Das Pfingstbergareal wurde 1999 in die UNESCO-Welterbeliste aufgenommen. Zur Namensgebung des Pfingstberges gibt es verschiedene Überlieferungen. Ihnen gemeinsam ist: Mitglieder der königlichen Familie von Friedrich Wilhelm III. hatten einmal zu Pfingsten auf diesem Hügel, der zu diesem Zeitpunkt noch Judenberg hieß, ein so schönes Erlebnis, dass der König in Erinnerung daran seine Umbenennung in Pfingstberg anordnete. Ob nun der Anlass ein Ausflug der königlichen Familie zu Pfingsten 1817 war, bei dem man vergnügt auf dem Judenberg gespeist hatte, oder ob Königin Luise an einem Pfingstmorgen (wohl 1804) dort voller Begeisterung einen Sonnenaufgang erlebte und deshalb den Wunsch zur Namensänderung äußerte oder gar ein ganz anderes Ereignis namensgebend war, darüber gehen die Meinungen auseinander.

→ Wanderstrecke bis zum Kaninchenberg: 1,3 Kilometer

10 Kaninchenberg / Neuer Garten

Nauener Vorstadt

⌖ 52°24'59,6"N 13°4'17,9"O

36,5 Meter

Um 1800 wurde am Ufer des Heiligen Sees eine künstliche Bucht angelegt. Der Aushub wurde zu einem kleinen Hügel, dem Kaninchenberg, aufgeschüttet. Von seiner höchsten Stelle ist ein eingeschränkter Blick auf den Neuen Garten und über den Heiligen See auf das jenseitige Ufer möglich.

Das etwa 200 Meter südlich davon gelegene Rote Haus (52°24'57,0"N 13°4'17,8"O) stammt aus der Zeit, als das Gelände noch als Weinberg genutzt wurde.

Von Einheimischen wird die Erhebung auch **Eierberg** genannt, weil man hier zu Ostern nach bestimmten Regeln Ostereier hinunterrollen ließ (→ 59 Spitzberg).

→ Wanderstrecke bis zum Böttcherberg: 2,8 Kilometer

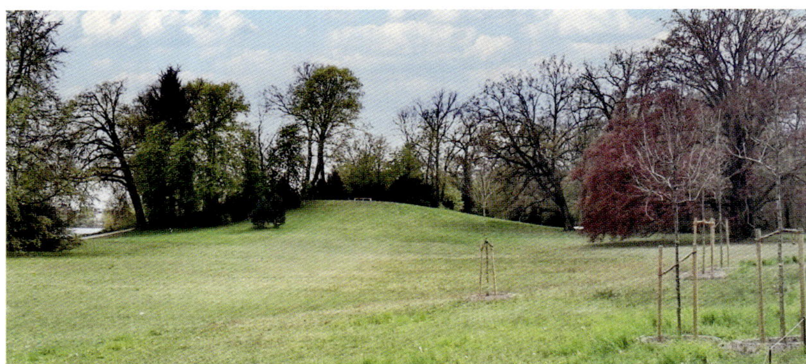

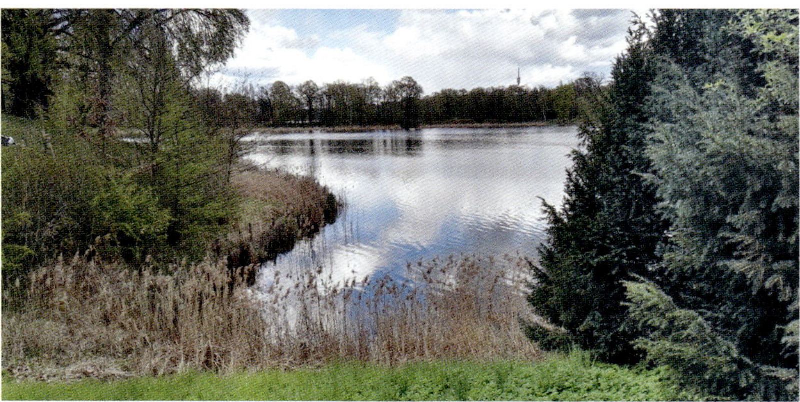

Kaninchenberg aus nordwestlicher Richtung gesehen, Bucht

11 Böttcherberg ★★

Berlin-Wannsee

⌖ 52°24'42,1"N 13°6'20,0"O

68,2 Meter

Auf dem Weg vom Neuen Garten zum Babelsberger Park empfiehlt sich ein Abstecher zum Böttcherberg, der das Bindeglied zwischen den Parkanlagen von Klein Glienicke und Babelsberg darstellt. Die Grenze zwischen Potsdam und Berlin schlägt hier einige Haken, wodurch der Böttcherberg auf Berliner Gebiet zu liegen kommt – manche Potsdamer sehen das jedoch anders!

An einzelnen Bäumen ist eine Markierung in Form einer gelben Krone auf blauem Grund zu sehen. Dadurch soll der Weg zur **Loggia Alexandra** angezeigt werden. Dieses markante Bauwerk befindet sich nur wenige Meter westlich der höchsten Stelle des Böttcherberges. Prinz Carl, der dritte Sohn von König Friedrich Wilhelm III. und Königin Luise, ließ sie 1869/70 zum Gedenken an seine verstorbene Schwester Charlotte, der Zarin Alexandra Feodorowna, errichten. 1997–2001 wurde das Gebäude restauriert. Die Halle ist mit Dekorationen im Stil pompejanischer Mosaiken und Wandmalereien verziert.

Am südwestlichen Abhang befindet sich eine breite »**Schlucht**« mit einem schönen Ausblick und einer Sichtbeziehung zum Schloss Babelsberg. Am unteren Ende der Schlucht wurde eine künstliche **Felsenlandschaft** gemauert, um dadurch schweizerisches Flair zu erzeugen (52°24'40,7"N 13°6'12,4"O).

Damit war aber der damaligen Schweiz-Mode noch nicht Genüge getan. 1863–66 ließ Prinz Carl am südwestlichen Rand des Böttcherberges nach Entwürfen von Ferdinand von Arnim mehrere **Häuser im schweizerischen Stil** errichten (zum Beispiel 52°24'35,5"N 13°6'4,0"O). Sie waren ursprünglich für die Dienerschaft des Prinzen bestimmt. Da diese Häuser in Klein Glienicke liegen

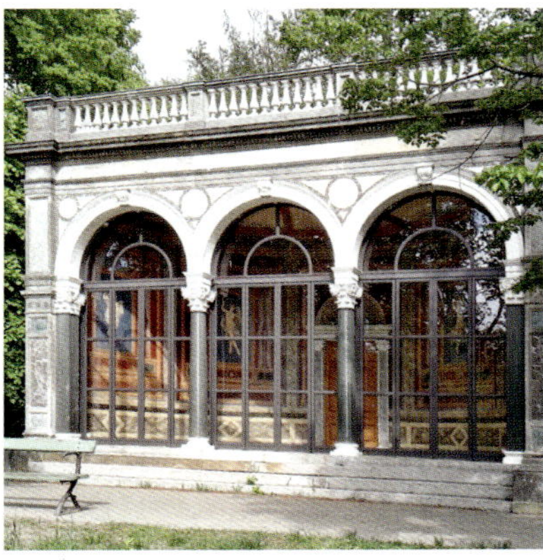

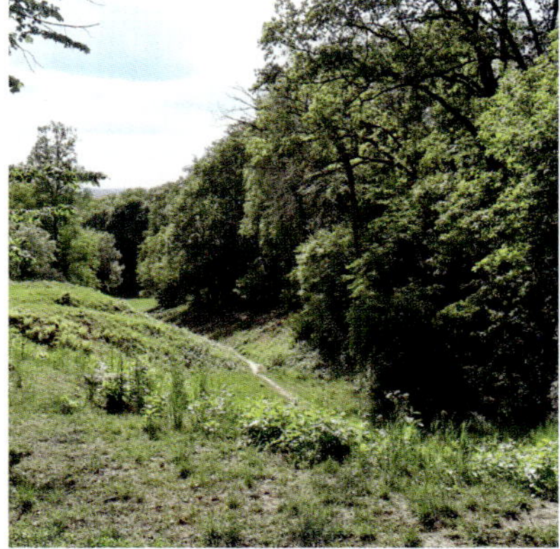

Loggia Alexandra, »Schlucht«

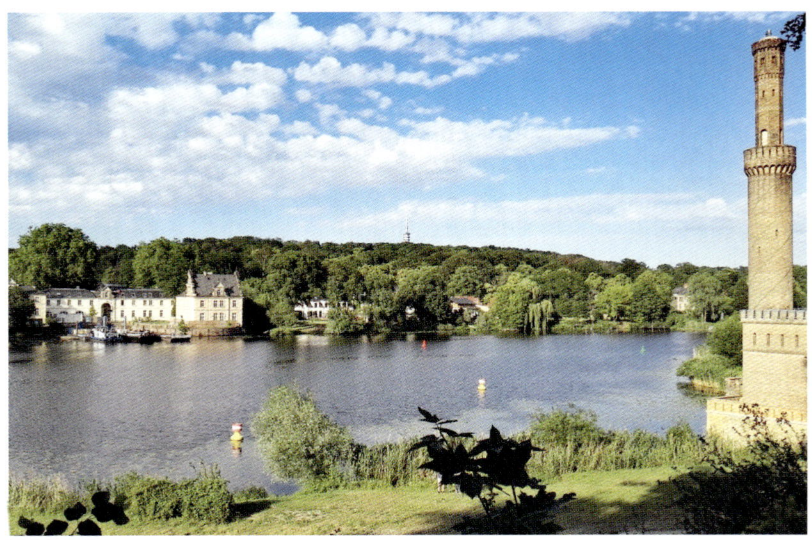

Böttcherberg vom Babelsberg aus gesehen

und dieses Territorium zu DDR-Zeiten Sperrgebiet war, wurden einige der Häuser durch den Bau der Grenzanlagen zerstört. Heute sind nur noch vier von ihnen erhalten.

Auch an der **Klein Glienicker Kapelle** in der Wilhelm-Leuschner-Straße 1a (52°24'40,8"N 13°5'57,9"O) am westlichen Rand des Böttcherberges ging die innerdeutsche Grenzziehung nicht spurlos vorüber. Die von Reinhold Persius 1880/81 errichtete neogotische Kapelle verfiel zu DDR-Zeiten. Durch die bewunderungswürdige Tätigkeit eines Bauvereins konnte sie 1999 wieder eingeweiht werden.

Will man gleich noch das in unmittelbarer Nähe gelegene **Jagdschloss Glienicke** besichtigen und erkundigt sich bei Passanten danach, sollte man die Frage sehr genau formulieren, denn es gibt neben dem Jagdschloss Glienicke auch noch das Schloss Glienicke – und die beiden liegen nur etwa 350 Meter Luftlinie auseinander. Das Jagdschloss Glienicke (52°24'39"N 13°5'50"O) befindet sich etwa in der Verlängerung der Böttcherberg-Schlucht. Es wurde 1682–93 für Friedrich Wilhelm, den Großen Kurfürsten, errichtet. Seit 2007 wird es als Sozialpädagogisches Fortbildungsinstitut Berlin-Brandenburg genutzt. Das Gebäude kann deshalb innen nicht besichtigt werden.

Schloss und Park gehörten – im Gegensatz zur Kapelle – immer zu Berlin. In der Nachkriegszeit diente beides mehrmals als Filmkulisse, unter anderem für die 1958 gedrehte Zweitverfilmung von »**Mädchen in Uniform**«. Die Autorin der zugrunde liegenden Handlung war Zögling im Kaiserin-Augusta-Stift (→ 9 Pfingstberg) und verarbeitete in der Geschichte autobiografische Erlebnisse.

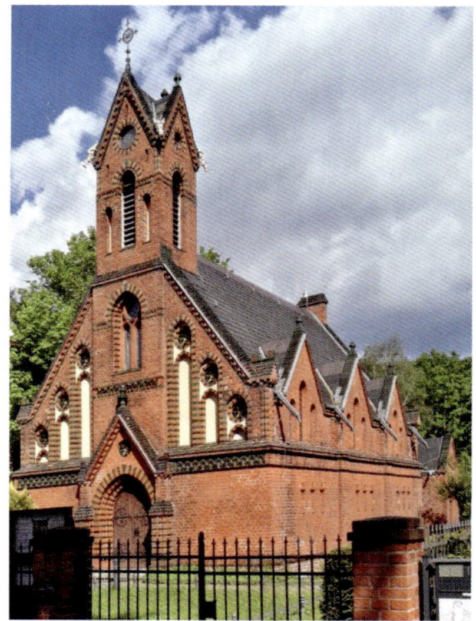
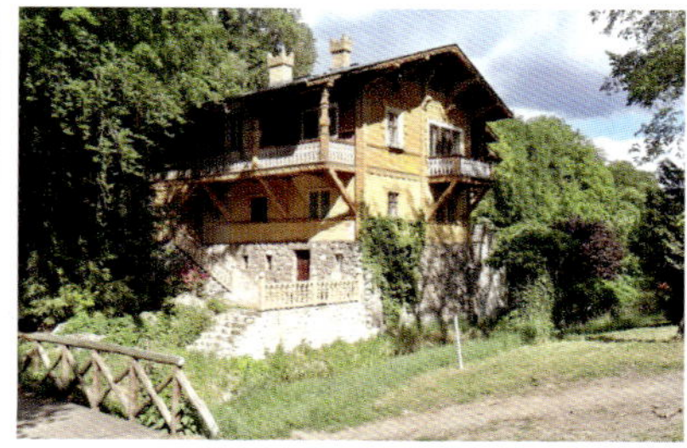
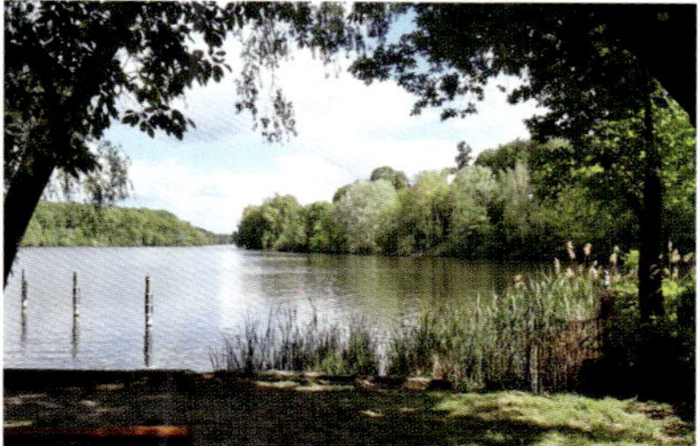

Klein Glienicker Kapelle, Schweizerhaus, Admiral-Scheer-Blick

Für den südlichen Zugang zum Park um den Böttcherberg hatte Ludwig Persius 1844 ein Torhaus, das **Griebnitztor**, erbaut. Dieses wurde im Zusammenhang mit der Errichtung der DDR-Grenzanlagen abgerissen. An gleicher Stelle in der Wannseestraße 15 (52°24'34,8"N 13°6'19,2"O) ist nun ein an die frühere Gestalt angelehnter Neubau entstanden.

Auf dem Weg zum Babelsberg kann man einen kurzen Abschnitt des Europäischen Fernwanderweges E 11 nutzen. Dabei kommt man an einer wenig bekannten Stelle vorbei, dem **Admiral-Scheer-Blick** (52°24'29,4"N 13°6'17,4"O). Von dieser kleinen öffentlichen Grünfläche an der Wannseestraße / Ecke Waldmüllerstraße hat man einen reizvollen Blick auf den Griebnitzsee. Ob hier Ähnlichkeiten mit einem Blick auf den Skagerrak, dem Teil der Nordsee zwischen Dänemark und Norwegen, bestehen, konnte noch nicht überprüft werden.

Reinhard Scheer war ein deutscher Marineoffizier. Im Ersten Weltkrieg kommandierte er in der Seeschlacht vor dem Skagerrak als Admiral die kaiserliche Hochseeflotte.

Der Böttcherberg wurde früher als Weinberg genutzt. Der Name des Hügels leitet sich von einem ehemaligen Besitzer, Christian Böttcher, ab.

→ Wanderstrecke bis zum Babelsberg: 1,8 Kilometer

12 Babelsberg ★★

Babelsberg Nord

⌖ 52°24'11,4"N 13°5'36,5"O

77,4 Meter

Weit über die Grenzen Potsdams hinaus sind das Studio Babelsberg, der Park Babelsberg, sicher auch der Stadtteil Babelsberg (seit 1939) und vielleicht auch der Fußballverein SV Babelsberg 03 bekannt. Aber gibt es tatsächlich eine Erhebung, die Babelsberg heißt? Es gibt sie.

Der Babelsberg ist im Wesentlichen das hügelige Gelände im nördlichen Bereich des Babelsberger Parks, der ab 1833 angelegt wurde. Wenn hier von einem hügeligen Gelände die Rede ist, kann man schon erahnen, dass es mehrere Hügelspitzen gibt. Davon besitzen einige Namen wie Victoriahöhe, Friedrich-Wilhelm-Höhe, Lennéhöhe, Fürstenhöhe, Luisenhöhe, Erinnerungsvasenanhöhe und Augustablick.

Bei dieser Vielzahl fragt man sich unwillkürlich: Welche dieser vielen Anhöhen ist denn nun der Babelsberg? Schaut man in die Literatur, findet man merkwürdigerweise zwei Antworten auf diese Frage. In den allermeisten Fällen wird die Friedrich-Wilhelm-Höhe als höchste Stelle genannt und demnach mit dem Babelsberg gleichgesetzt. Es gibt aber auch einige wenige Publikationen, in denen die Victoriahöhe synonym für den Babelsberg steht. Was ist nun richtig?

Die sicher etwas überraschende Antwort lautet: Beides – man muss jedoch den Zeitpunkt mit angeben. Der Grund dafür ist folgender. Der höchste Punkt ist eindeutig auf der Höhe mit der Siegessäule zu finden. Doch deren Name wechselte im Laufe der Zeit mehrfach. Mindestens seit der ersten Hälfte des 20. Jahrhunderts hieß sie »Friedrich-Wilhelm-Höhe«. Im Zusammenhang mit den Restaurierungsarbeiten des Parks um die Jahrtausendwende erhielt sie dann aber (nicht zum ersten Mal) den Namen »Victoriahöhe«. Die Bezeichnung »Friedrich-Wilhelm-Höhe« sollte aber erhalten bleiben. Deshalb wurde sie auf die Höhe mit dem Achterbecken verschoben. Diese ist nur etwa 120 Meter Luftlinie entfernt und zehn Zentimeter tiefer. Eine Senke trennt jedoch deutlich beide Höhen. Gegenwärtig ist also die Victoriahöhe mit der Siegessäule der Babelsberg.

Da es neben dem Kurfürsten Friedrich Wilhelm insgesamt vier Friedrich-Wilhelm-Könige gab und auch noch Kaiser Friedrich III. als Kronprinz Friedrich Wilhelm genannt wurde, stellt sich zwangsläufig die Frage, wer der Namensgeber der Friedrich-Wilhelm-Höhe ist. Sehr wahrscheinlich handelte es sich um König Friedrich Wilhelm III. Dass die Victoriahöhe nach der Dame auf der Siegessäule benannt ist, dürfte hingegen unstrittig sein.

Um noch einmal auf die Vielzahl der Höhen zurückzukommen: In der Sage »Der Babelsberg« ist nur von drei Kuppen des Babelsberges die Rede, von denen am Ende der Geschichte sogar noch eine durch die Wichtelmännchen zum

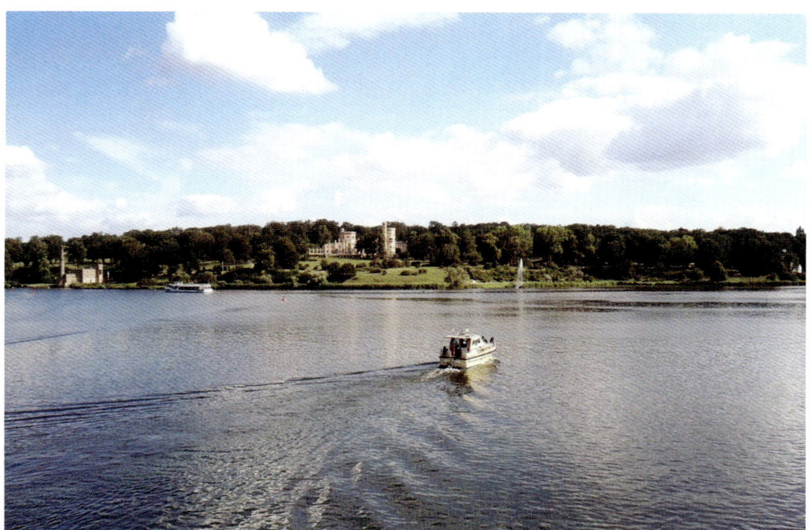

Babelsberg von der Glienicker Brücke aus gesehen

Einsturz gebracht wird. Wie die beiden übriggebliebenen Kuppen heißen, wird leider nicht berichtet.

Preußen führte drei sogenannte Reichseinigungskriege, 1864 den Deutsch-Dänischen Krieg, 1866 den Deutschen Krieg gegen Österreich und 1870/71 den Deutsch-Französischen Krieg. Nach dem Sieg über Österreich 1866 erhielt die heutige **Victoriahöhe** (52°24'11,3"N 13°5'36,0"O) die Siegessäule, die wiederum 1871 nach dem Sieg über Frankreich umgewidmet wurde.

Die Siegesgöttin und das Kapitell wurden von Christian Daniel Rauch geschaffen. Es heißt, die Siegesgöttin blicke zur Garnisonkirche, in der damals König Friedrich II. begraben lag. Das Gelände um die Siegessäule – und besonders auch das Bodenmosaik – verfielen nach 1945. Ab 1995 erfolgten erste Instandsetzungsarbeiten. Inzwischen ist von den Schäden fast nichts mehr zu sehen, nur am Sockel der Säule sind noch Fehlstellen zu erkennen. Dort befanden sich neben dem Eisernen Kreuz vergrößerte Nachbildungen der Medaillen, die in

Die **Friedenssäule** auf dem heutigen Mehringlatz (früher Belle-Alliance-Platz) in Berlin-Kreuzberg mit der Viktoria wurde ebenfalls von Christian Daniel Rauch geschaffen, und zwar schon 1840–43 als Erinnerung an die Befreiungskriege 1813–15. Für die Schäfte beider Säulen wurde ein Teil des Großen Markgrafensteins, einem Findling aus den Rauenschen Bergen bei Fürstenwalde/Spree, genutzt, aus dem auch die Granitschale vor dem Alten Museum im Berliner Lustgarten geschliffen wurde.

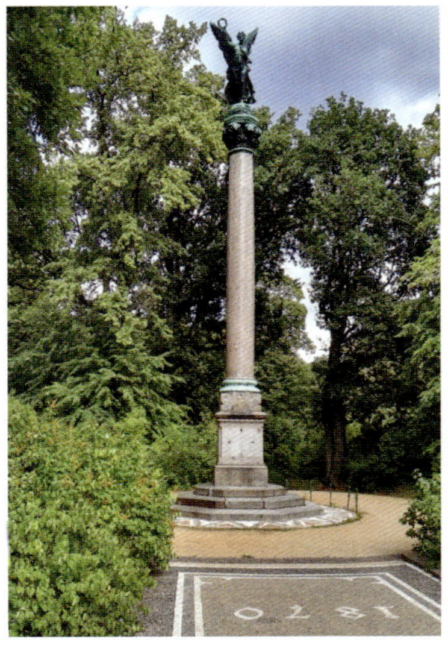

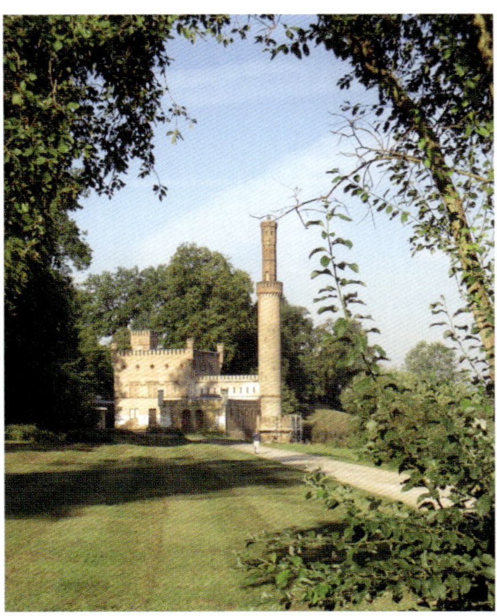

Victoriahöhe mit Siegessäule, Dampfmaschinenhaus

den Kriegen als Auszeichnungen verliehen worden waren, beziehungsweise vergrößerte Nachbildungen von Gedenkmünzen. Die Sockelverzierungen wurden schon Anfang der 1920er Jahre abgeschlagen. Ob sie danach rekonstruiert und nach 1945 erneut beseitigt wurden, ist nicht klar.

Die ausdrücklich von Kaiser Wilhelm I. vorgegebene Jahreszahl 1870 im Bodenmosaik gibt ein kleines Rätsel auf. Da der siegreich gegen Frankreich geführte Krieg offiziell erst im Mai 1871 endete, hätte man die Jahreszahl 1871 erwartet. Möglicherweise sah Wilhelm aber den Sieg in der Schlacht von Sedan am 2. September 1870 als kriegsentscheidend an.

Die zweithöchste Stelle des Babelsberges ist die heutige **Friedrich-Wilhelm-Höhe** (52°24'15,5"N 13°5'37,4"O). Hermann Fürst von Pückler-Muskau ließ hier in einem Halbrondell eine Linde anpflanzen und schuf eine Fußweganbindung. Seit Ende der 1970er Jahre steht hier eine der vielen Kopien der gotischen Steinbank vom Flatowturmrondell, der sogenannten Wilhelmsbank. Deshalb taucht in älteren Publikationen auch die Bezeichnung **Wilhelmshöhe** auf.

Wenige Meter östlich davon befindet sich ein Hochbehälter, der aus zwei kreisrunden Becken besteht, die aneinanderstoßen. Von oben gesehen bilden die Becken somit eine Acht. Deshalb hat sich der Name **Achterbecken** eingebürgert (52°24'16,2"N 13°5'41,7"O). Dieser Behälter hat die gleiche Funktion wie das Hochbassin auf dem → 2 Ruinenberg für den Park Sanssouci beziehungsweise das Becken im Belvedere auf dem → 9 Pfingstberg für den Neuen Garten. In allen Fällen geht es um die Wasserversorgung von tiefer gelegenen Parkbereichen.

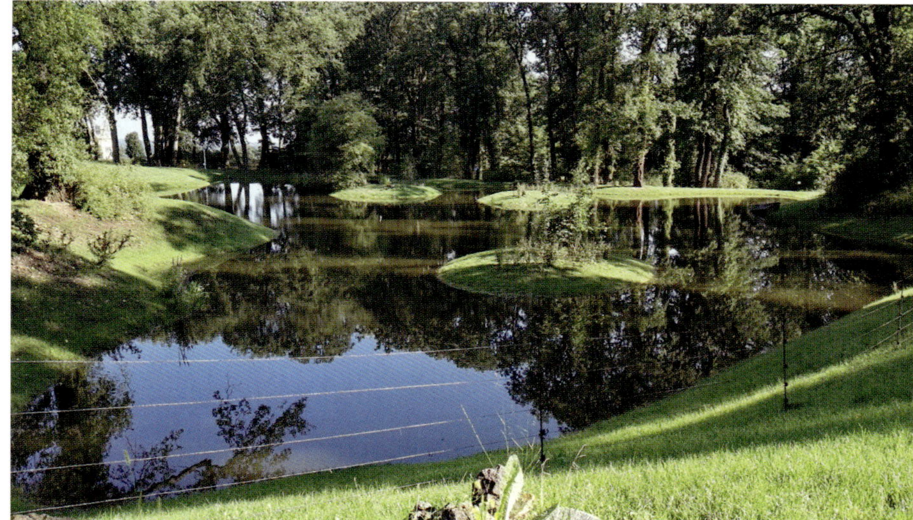

Schwarzes Meer

Mit dem Achterbecken werden die Bewässerung und die Wasserkünste im Babelsberger Park ermöglicht.

Um das Wasser aus der Glienicker Lake in den Hochbehälter zu pumpen, wurde für das Pumpwerk und die dazugehörige Dampfmaschine 1843–45 von Ludwig Persius ein **Dampfmaschinenhaus** erbaut (52°24'31,1"N 13°5'46,8"O), wobei diesmal der Schornstein in Gestalt eines schlanken Turmes einer normannischen Burg ausgeführt wurde.

Die Wasserspiele im Babelsberger Park waren seit dem Ende der Monarchie 1918 nicht mehr in Betrieb. Nachdem der **Geysir** (52°24'34,9"N 13°5'25,7"O) seit 2006 wieder in die Höhe schießt und das sogenannte **Schwarze Meer** (52°24'20,0"N 13°5'40,7"O) im Mai 2016 geflutet wurde, konnten nach fast 100-jähriger Unterbrechung im August 2016 mehrere Brunnen, Wasserfälle und ein künstlicher Bachlauf mit Quelle in Schlossnähe wieder in Betrieb genommen werden. Der Geysir übertrifft mit seiner Höhe von mehr als 40 Metern sogar die Fontäne vor den Weinbergterrassen im Park Sanssouci. Woher der Begriff »Schwarzes Meer« stammt, ist nicht ganz klar. Möglicherweise hat die schattige Lage durch die in unmittelbarer Nähe stehenden Bäume den Ausschlag gegeben.

Wenn auch die Bezeichnung **Lennéhöhe** (52°24'17,6"N 13°5'15,3"O) nicht so bekannt sein dürfte, das auf ihr stehende Bauwerk, die Gerichtslaube, ist es umso mehr. Wie aber kommt eine **Gerichtslaube** auf den Babelsberg? Der Vorgängerbau des »Roten Rathauses« in Berlin hatte als Anbau eine Gerichtslaube.

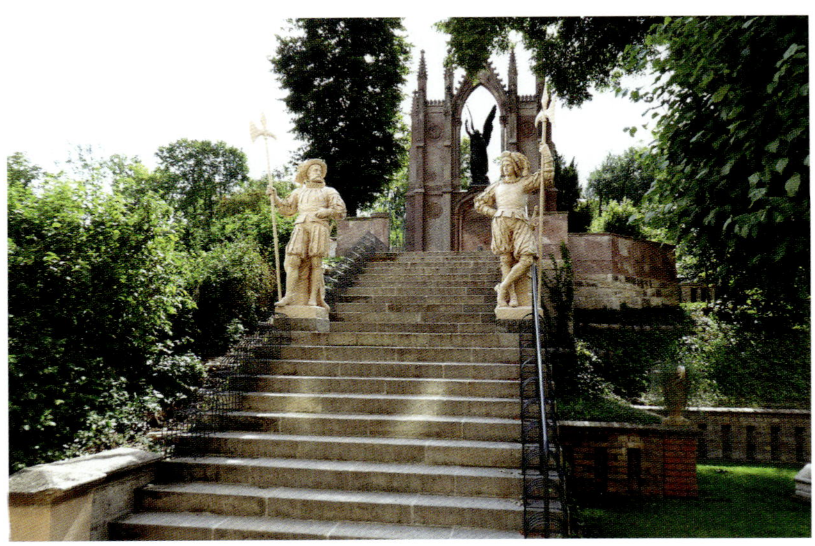

Michaelsdenkmal

Bevor das neue Rathaus zwischen 1861 und 1871 errichtet werden konnte, musste das alte abgerissen werden. Damit stand die Frage, was mit der Gerichtslaube werden sollte, deren ältester Teil aus der Zeit zwischen 1270 und 1290 stammt. In den über mehrere Jahre geführten Streit wurde schließlich sogar Wilhelm I. hineingezogen. Er bot sich deshalb an, die Abrissteile der Stadt Berlin abzukaufen. Als die Gerichtslaube im März 1871 dann abgerissen wurde, erhielt Wilhelm die Reste sogar geschenkt.

1871/72 wurde die Gerichtslaube dann nach Entwürfen von Heinrich Strack durch Reinhold Persius am heutigen Standort unter Verwendung von Originalteilen neu errichtet. Dabei wurde an der östlichen Seite ein Metallausleger mit einer gefesselten Figur angebracht. Auf der Tafel stand möglicherweise eine Widmung des Berliner Magistrats oder eine Erläuterung zu diesem Bauwerk.

Geht man aufmerksam um die Gerichtslaube herum, sieht man an der Außenseite des südwestlichen Pfeilers in etwa drei Metern Höhe eine seltsame Figur – einen Vogel mit einem grinsenden Menschengesicht und Eselsohren. Da an der ursprünglichen Gerichtslaube dieser Pfeiler als Pranger genutzt wurde, diente diese Figur vermutlich der zusätzlichen Verspottung der Verurteilten, die hier öffentlich zur Schau gestellt wurden. Der in diesem Zusammenhang genannte Begriff »**Kaak**« wurde wohl von niederländischen Einwanderern mitgebracht. Damit ist der Pranger oder die Schandsäule gemeint, also genau genommen nicht die Spottfigur. Diese besteht aus gebranntem Ton und ist schon stark verwittert. Auf dem Säulenknauf des Mittelpfeilers sind menschliche Torheiten dargestellt, die nicht selten Ausgangspunkt dafür waren, um an so einem Pranger zu landen.

Im Rahmen der 750-Jahr-Feier von Berlin erfolgte 1987 im Nikolaiviertel ein weiterer **Neubau der Gerichtslaube**. Der Ort, das Aussehen und das Material sind jedoch nicht original.

Unweit des Schwarzen Meeres befindet sich die **Fürstenhöhe** (52°24'19,5"N 13°5'34,3"O), benannt nach Fürst Pückler. Hier steht auf einem Treppensockel eine Bank aus ursprünglich rotem Sandstein, deren rötlicher Schimmer noch zu erahnen ist. Der Blick nach Norden über die Havelgewässer und den dahinterliegenden Teil des Königswaldes ist ein besonders schönes Beispiel dafür, wie die Gartenanlage bewusst wie eine in die Tiefe gehende Theaterkulisse angelegt wurde.

Weniger bekannt ist die **Luisenhöhe** (52°24'8,0"N 13°5'37,8"O). Von diesem runden Aussichtsplatz mit einer geschnittenen Linde auf der Platzmitte hat man heute nur noch einen eingeschränkten Blick nach Babelsberg. Wilhelm I. hat diese Stelle in Erinnerung an seine Mutter, Königin Luise, so bezeichnet.

Woran soll die **Erinnerungsvasenanhöhe** (52°24'25,5"N 13°5'25,3"O) erinnern, auf der heute nur noch ein Sockel ohne Vase steht? Ursprünglich war die namensgebende Vase anlässlich des 90. Geburtstages Kaiser Wilhelms I. am 22. März 1887 auf dem Opernplatz in Berlin aufgestellt worden, wurde aber 1928 in den Park Babelsberg versetzt. 1941 war die Vase noch vorhanden – heute leider nicht mehr.

Schließlich sei noch auf den Augustablick (52°24'11,4"N 13°5'23,6"O) verwiesen, der nach Kaiserin Augusta, der Gemahlin Wilhelms I. benannt ist. Auf der Anhöhe stand bis zum Ende des Zweiten Weltkriegs ein Borkenhäuschen. Heute befinden sich hier mehrere Sitzbänke.

Von den vielen Bauwerken auf dem Babelsberg ist das **Schloss Babelsberg** (52°24'27,5"N 13°5'36"O) fraglos das bekannteste. Karl Friedrich Schinkel ließ es 1834/35 als Sommersitz für den Prinzen Wilhelm im neogotischen Stil errichten. 1844–49 wurde es in südwestlicher Richtung durch Ludwig Persius und Strack erweitert.

Nach einer wechselvollen Geschichte beherbergte es zu DDR-Zeiten bis 1990 das Museum für Ur- und Frühgeschichte Potsdam. Durch die unmittelbare Nähe zu den Grenzanlagen wurde vor allem das Umfeld sehr stark in Mitleidenschaft gezogen. Seit Sommer 2016 sind nach umfangreichen Sanierungsarbeiten die Fassade und die umgebenden Terrassenanlagen wieder fertiggestellt. Die Sanierung des Schlossinneren wird noch einige Jahre in Anspruch nehmen.

Besonders schön ist der Blick vom Schloss über das Bowlinggreen zur Glienicker Brücke mit der Blutbuche und der nachgepflanzten **Pücklerpappel**.

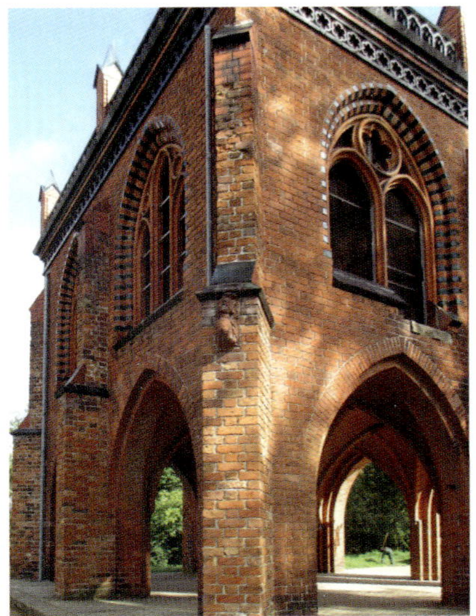

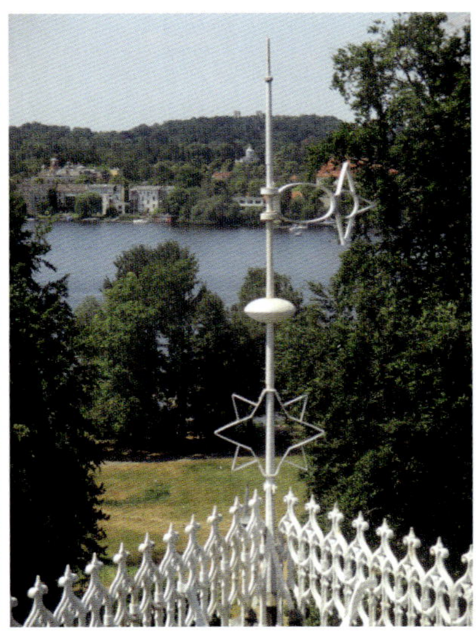

Gerichtslaube mit Kaak und Spottfigur, dynastische Achse

1996 wurde eine Kanadische Pappel an der Stelle eingesetzt, an der sich die von Pückler als Solitärbaum gepflanzte Pappel 100 Jahre lang – bis 1953 – befunden hatte. Diese hochaufgeastete Pappel steht ganz bewusst an dieser Stelle, weil durch sie das Landschaftsbild und vor allem der Blick aus den Fenstern des Schlosses effektvoll gegliedert werden. Die über 150 Jahre alte Blutbuche wurde wahrscheinlich von Pückler gepflanzt, war aber in der letzten Zeit von Pilz- und Schwammbefall betroffen. Deshalb wurde der Baum im Februar 2018 gefällt und im April des selben Jahres durch eine neue Blutbuche ersetzt.

Weniger ins Auge fällt das **Michaelsdenkmal**, das 1853 nach einem Entwurf von Strack etwas versteckt hinter dem Schloss aufgestellt wurde. In einer neogotischen Brunnenwand ist der drachentötende Erzengel Michael zu bewundern. Die Inschrift darunter lautet: *Zu Ehren der siegreichen Opérations Armée am Rhein im Iahre 1849*. Damit wollte sich König Friedrich Wilhelm IV. bei seinen Bruder Wilhelm für die Niederschlagung der Revolution von 1848/49 in Baden und in der Pfalz bedanken (→ 6 Winzerberg). 2019/20 wurde dieses Denkmal restauriert. Dabei wurden an der nach oben führenden Treppe wieder zwei lebensgroße Landsknechtsskulpturen aufgestellt. Sie gehörten zur ursprünglichen Denkmalsanlage, fehlten aber seit dem Ende des Zweiten Weltkriegs. Falls sich der eine oder andere an dieser Stelle fragt, wieso Gestalten aus dem 16. Jahrhundert in einem Denkmal aus dem 19. Jahrhundert auftauchen, dem sei erklärt, dass die damalige Sehnsucht nach nationaler Einheit durch eine idealisierte Sicht auf das Mittelalter zum Ausdruck gebracht wurde.

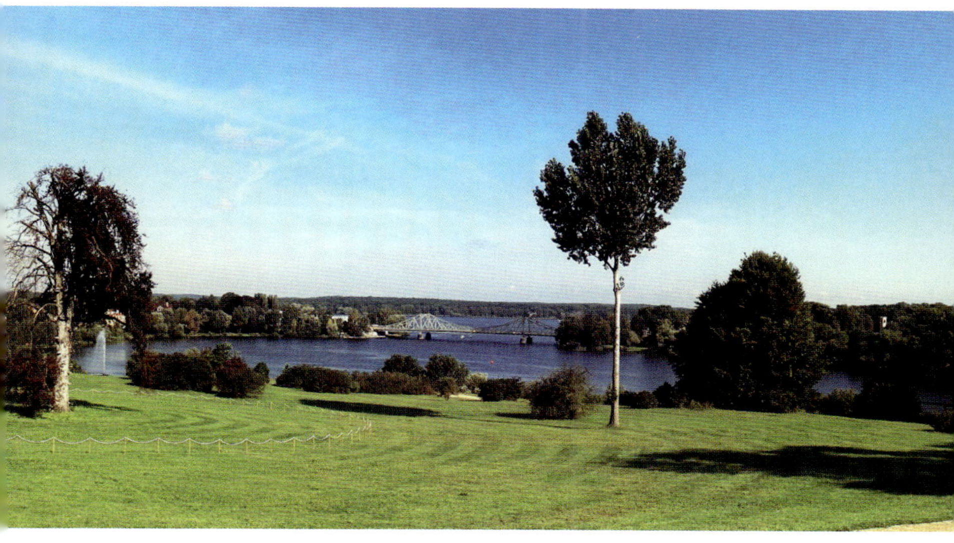

Blick von der Schlossterrasse auf ehemalige Blutbuche und Pücklerpappel[8]

Wenn auch die ehemaligen DDR-Grenzanlagen, die den Babelsberger Park brutal zerschnitten hatten, fast vollständig abgebaut sind, findet man doch noch vereinzelte Reste von ihnen. Östlich des Schlosses steht direkt am Wegesrand bis heute eine Säule mit Anschlussbuchsen für die Sprecheinrichtung der Grenzposten (52°24'28,9"N 13°5'49,8"O). Interessant wäre es, einmal zu testen, wer sich meldet, wenn man die Anlage heute benutzen würde.

Der südwestliche Ausläufer des Babelsberges wird von dem weithin sichtbaren **Flatowturm** bestimmt (52°24'11,2"N 13°5'11,6"O). Er wurde 1853–56 nach dem Vorbild des Eschenheimer Tors in Frankfurt am Main von Strack entworfen. Der Name leitet sich von der prinzlichen Herrschaft Flatow in Westpreußen ab (heute polnisch Złotów), deren Einnahmen den Bau ermöglichten.

Vom Turm hat man eine großartige Aussicht. Auf den sechs Etagen kann man originalgetreu restaurierte königliche Räume und eine Dauerausstellung über Park und Turm besichtigen. Der Hügel, auf dem der Flatowturm steht, hat eine Höhe von 59 Metern.

Der Turm steht exakt auf einer Linie, die in nordwestlicher Richtung über das Marmorpalais bis zum Belvedere auf dem → 9 Pfingstberg verläuft. Diese Linie wird auch **dynastische Achse** genannt, weil das Marmorpalais unter Friedrich Wilhelm II., das Belvedere unter Friedrich Wilhelm IV. und der Flatowturm unter Wilhelm (I.) erbaut wurde, also Prinz Wilhelm mit seinem Großvater und seinem älteren Bruder verbindet. In südöstlicher Richtung verläuft diese Achse exakt weiter bis zu einer Blutbuche (52°24'3,7"N 13°5'26,3"O) am (verlandeten)

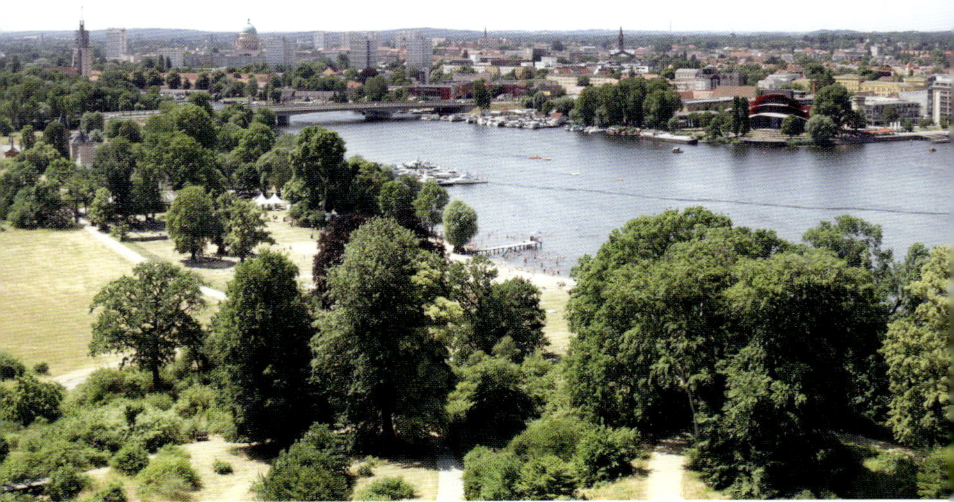

Blick vom Flatowturm zur nördlichen Innenstadt und zur Berliner Vorstadt

Großen See. Ein Sturm im Dezember 2013 entwurzelte die etwa 150 Jahre alte Blutbuche. Sie wurde durch eine – natürlich noch kleine – Neuanpflanzung ersetzt. Danach wird die Sichtachse noch mit einem leichten Knick bis zum Jagdschloss Stern weitergeführt. Sie ist jedoch durch die Flutlichtmasten des Karl-Liebknecht-Stadions und ein Hochhaus des in den 1970er Jahren erbauten Wohngebiets »Am Stern« gestört.

Auf dem und vom Babelsberg gibt es neben diesen beiden genannten **Sichtachsen** noch eine Vielzahl weiterer. An dieser Stelle soll nur noch die **Lange Sicht** erwähnt werden. Sie beginnt südöstlich von der Luisenhöhe bei 52°24'4,8"N 13°5'42,2"O und verläuft in südwestliche Richtung. Ursprünglich hatte sie eine Länge von über 8,3 Kilometern und reichte bis zum → 28 Schäfereiberg im Wildpark. Heute endet sie schon nach reichlich 900 Metern an der Parkgrenze. Nach weiteren 300 Metern wird die Sicht auf den Schäfereiberg endgültig durch Pappeln (52°23'48,0"N 13°4'45,8"O) am Humboldtring hinter dem Parkhaus versperrt, das den Abschluss einer Neubauwohnanlage, der sogenannten Nutheschlange, bildet.

Der Babelsberg erstreckt sich in östlicher Richtung etwas über den Park hinaus. Dort befindet sich der Forschungscampus des Instituts für Astrophysik Potsdam (AIP) mit dem historischen Ensemble der **Sternwarte Babelsberg**. Diese entstand an dieser Stelle durch Übersiedlung der Berliner Sternwarte 1911–13. Das ehemalige Hauptgebäude mit den drei Kuppeln ist das heutige Humboldthaus (52°24'17,9"N 13°6'15,0"O). In der großen Kuppel befindet sich aus der

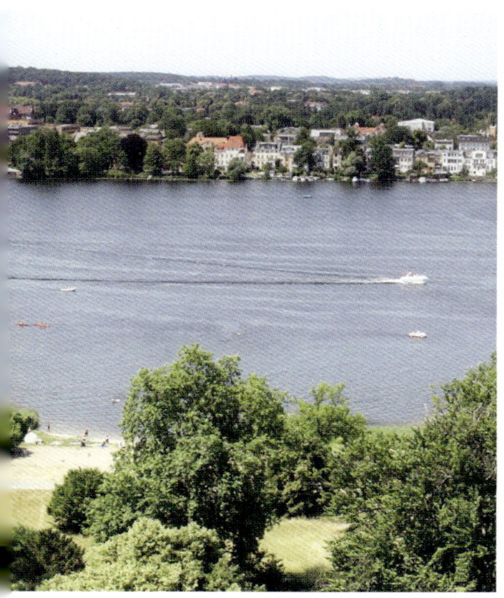

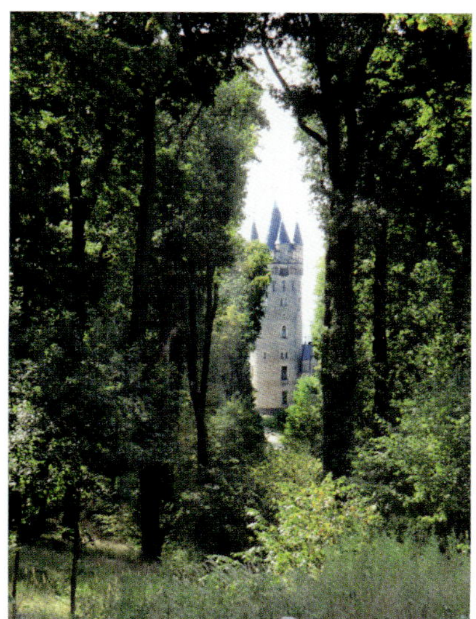

Flatowturm

Anfangszeit der 65-Zentimeter-Refraktor, in der kleineren Ostkuppel steht ein Spiegelteleskop jüngeren Datums.

Am nordöstlichen Rand des Babelsberges ist noch eine weniger bekannte Kostbarkeit zu finden. An der Villa Sarre in der Spitzweggasse 6 (52°24'16,4"N 13°6'25,2"O) befindet sich ein äußerst sehenswerter zwölf Meter langer **Löwenfries**. Der erste Besitzer der Villa, Friedrich Sarre, war Leiter der Islamischen Abteilung im Kaiser-Friedrich-Museum Berlin (heute: Bode-Museum) und brachte den Keramikfries von einer seiner Orientreisen mit.

Zur Herleitung des Namens Babelsberg gibt es verschiedene Auffassungen. Trotzdem schreibt Ernst Fidicin sehr bestimmt: »Babelsberg hieß, wie dies urkundlich und kartographisch feststeht, Boberow-Berg. Das bedeutet wörtlich Bibersberg.«[9] Sehr ausführlich äußert sich Louis Schneider, der Gründer des Potsdamer Geschichtsvereins, zur Etymologie des Namens Babelsberg. Er verweist darauf, dass unter anderem auch die Bezeichnungen Baberstberg oder Baberg üblich waren. Neben der Ableitung aus dem slawischen Wort »bobr« für Biber nennt er auch eine mögliche Herleitung von der slawischen Gottheit Baba, wonach der Hügel dann als ein bevorzugter Aufenthaltsort der Göttin gedeutet werden könnte. Spätestens, als das Gelände in den Besitz des Prinzen Wilhelm überging, wurde es Babelsberg genannt.

→ Wanderstrecke bis zum Kanonenberg: 900 Meter

13 Kanonenberg ★

⌖ 52°24'30"N 13°5'21"O

Babelsberg Nord

Auf der Wandkarte im Besucherzentrum an der Historischen Mühle und auf einem steinernen Wegweiser im Park Babelsberg in der Nähe des Kleinen Schlosses ist der Name »Kanonenberg« vermerkt. Trotzdem handelt es sich hier nicht um einen Berg, ja nicht einmal um einen Hügel – denn es gibt keine Kuppe!

Der Kanonenberg ist ein Hangbereich am nordwestlichen Abhang des Babelsberges, genauer gesagt der Erinnerungsvasenanhöhe zwischen dem Uferweg und dem zweiten Querweg. Deshalb gibt die angegebene Koordinate auch nicht die höchste Stelle an, sondern verweist auf einen Punkt innerhalb dieses Gebietes. Aber wie kam es zu diesem Namen? Am Havelufer in Höhe des heutigen Kanonenberggebietes ließ Peter Joseph Lenné eine Landungsstelle für Boote – später **Lennébucht** genannt – ausgraben (52°24'32,4"N 13°5'23,1"O). Bei der Ankunft königlicher Schiffe, aber auch bei festlichen Anlässen sollen aus Kanonen, die auf dem erhöhten Bereich standen, Salutschüsse abgefeuert worden sein.

Wenn wohl auch nicht namensgebend, so ist folgende Episode doch sehr interessant. Bei einem Manöver unter König Friedrich Wilhelm III. wurde am 18. Mai 1821 in der Nähe des späteren Aufstellungsortes des Bildstöckls eine Pontonbrücke über die Havel geschlagen. In dem Manöverbericht heißt es dazu: »Der Feind hat die Glienicker Brücke und die Nuthe-Brücken zerstört. Das Korps soll mittels einer Ponton-Brücke, die hinter den Babelsbergen geschlagen werden soll, die Havel passieren. [...] Der Oberst-Lieut. v. Bardeleben markirt die Plätze, wo das Geschütz zur Deckung des Ueberganges aufgefahren werden soll. Auf den Babelsberg kommen 12 Fuß- und 4 reitende Kanonen. [...] Um ½ 9 Uhr gehen die Pontons aus der Bucht hervor und die Brücke wird geschlagen, während die 12 Fuß- und 4 reitenden Geschütze auf der ganzen Fronte ein heftiges Feuer beginnen.«[10] Prinz Wilhelm, der an diesem Manöver beteiligt war und sich übrigens über den Ausblick von der Höhe begeistert äußerte, erlebte also schon zwölf Jahre vor dem Erwerb dieses Geländes, dass auf dem späteren Kanonenberggelände Kanonen in Aktion traten.

Wenige Meter vom Kanonenberggebiet entfernt steht am Havelufer das sogenannte **Bildstöckl** (52°24'29,9"N 13°5'16,2"O). Es handelt sich dabei um eine Betsäule, die der damalige Prinz Wilhelm 1849 vom Großherzog Leopold von Baden geschenkt bekam. Bis zur Umsetzung aus dem badischen Muggensturm befand sich im Schrein vermutlich ein Heiligenbild. Seit der Aufstellung dieser Säule in Babelsberg enthielt der Schrein eine Gedenktafel. Mit dem Bau der Grenzanlagen im Jahr 1961 wurde der Bildstock entfernt. Das erhalten geblie-

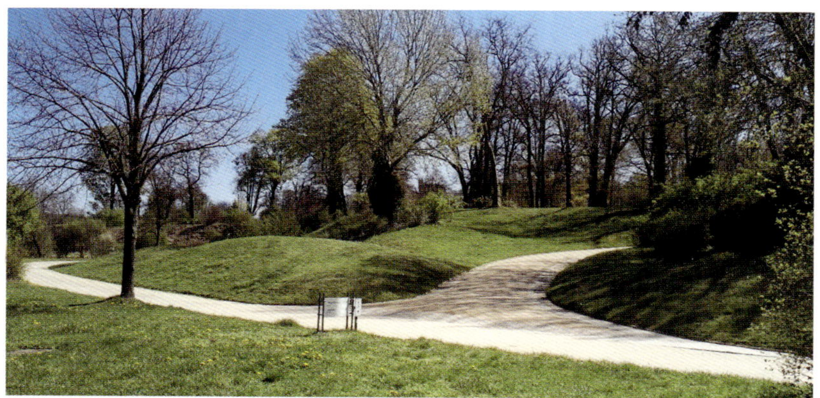

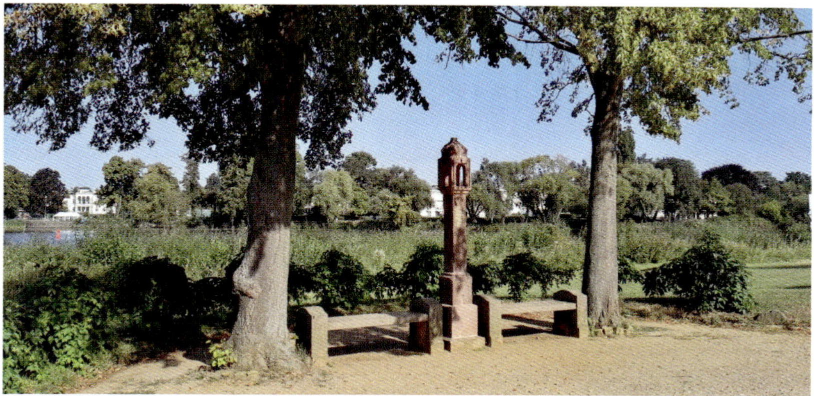

Kanonenberg, Bildstöckl[11]

bene Fragment konnte nach einer größeren Restaurierung 1996 wieder aufgestellt werden. Der Schrein ist seitdem leer. An der Vorderseite ist der Name des Stifters und das Entstehungsjahr eingemeißelt: HAИS SHИEBF 17Ƨ0 – wobei N und 2 spiegelbildlich gedreht wurden (gelesen als: Hans Schnebf 1720).

Der östlich des Bildstöckls zur Ebene des Pleasureground hinaufführende Weg wird **Kanonenbergserpentine** genannt (52°24'29,5"N 13°5'18,8"O). Diese wurde unter Hermann Fürst von Pückler-Muskau angelegt. Durch die geschwungene Wegführung wurde zum einen der Anstieg des Weges verringert und zum anderen ergaben sich mehrere Blickrichtungen in die Umgebung. Östlich des Kanonenbergareals befindet sich die mit einem Metallgitter überdachte **Rosentreppe** (52°24'30,7"N 13°5'24,4"O), die zur Lennébucht hinunterführt.

→ Wanderstrecke bis zum Mühlenberg: 1,4 Kilometer

14 Mühlenberg / Babelsberger Park

Babelsberg Nord

52°23'53,9"N 13°4'57,0"O

33,6 Meter

Südöstlich des Kindermannsees befindet sich ein flacher Hügel. Wenn nicht an dessen höchster Stelle ein Mühlstein liegen würde, käme man kaum auf den Gedanken, dass es sich hier um einen der Potsdamer Mühlenberge handelt.

Um 1760 wurde hier eine Bockwindmühle errichtet. Die Einbeziehung des Standortes in den Parkbereich um 1855 bedeutete vermutlich das Aus für den Mühlenbetrieb. Spätestens 1878 stand hier nachweislich keine Mühle mehr.

Der Mühlstein stammt aber nicht von hier, sondern lag lange Zeit am Anfang der Babelsberger Mühlenstraße (vor Haus Nr. 1 oder 2) und wurde Ende der 1960er Jahre auf den Mühenberg gelegt, um dessen frühere Funktion deutlich zu machen.

Der Mühlenstandort befand sich interessanterweise auf der »**Drei-Kirchen-Achse**« von Garnison-, St. Nikolai- und Heiligengeistkirche. Der Hügel wurde dazu vermutlich künstlich aufgeschüttet. Anstelle der im April 1945 zerstörten und 1974 gesprengten Heiligengeistkirche ragt heute stellvertretend der futuristisch anmutende Turm der Seniorenresidenz Heilig Geist Park in den Himmel. Der Turm der Garnisonkirche befindet sich derzeit im Wiederaufbau, sodass momentan der Bezug des Mühlenberges zu der unvollständigen Kirchenlinie nur zu erahnen ist – und auch das nur in der laubarmen Zeit.

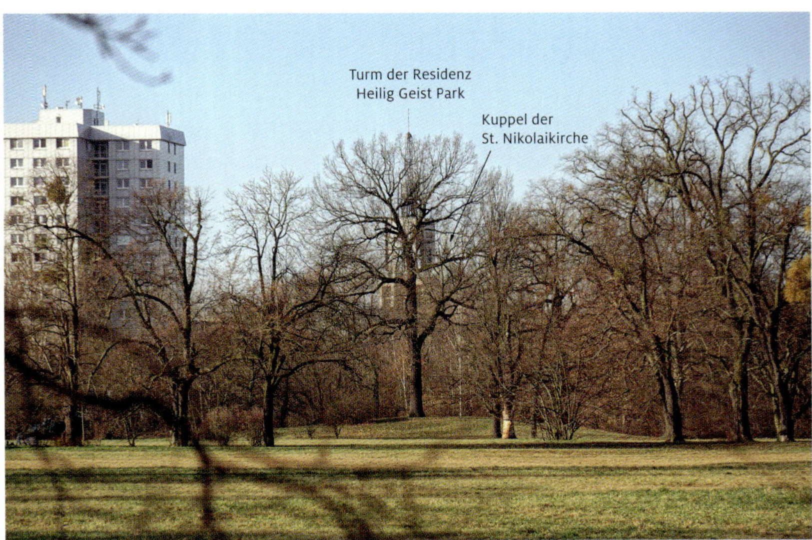

Rudimentäre Kirchenlinie

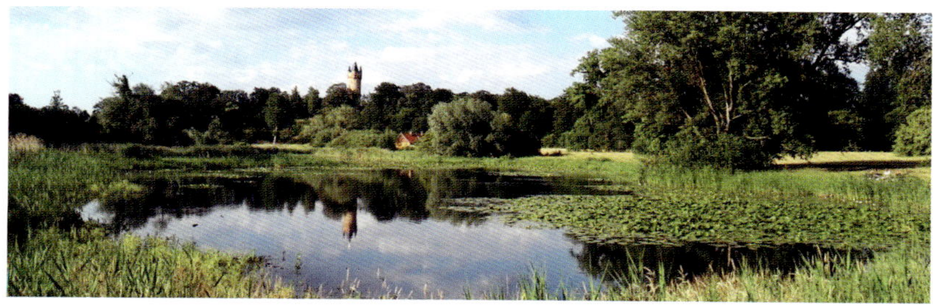

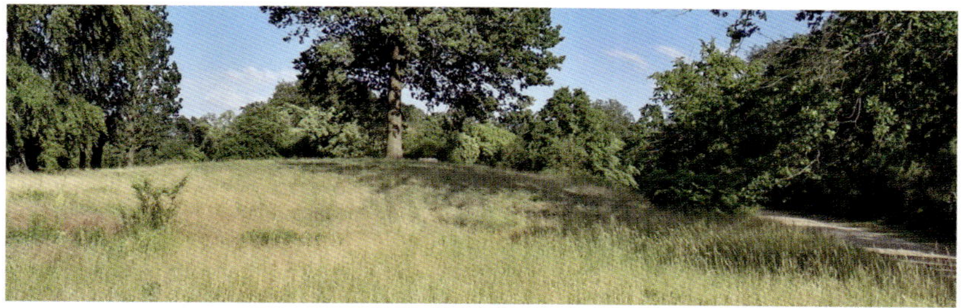

Kindermannsee mit Flatowturm, Mühlenberg mit Mühlstein

Den in unmittelbarer Nähe des Mühlenberges liegenden See hat der Hofgärtner Otto Ferdinand Kindermann, ein Schüler von Hermann Fürst von Pückler-Muskau, zwischen 1887 und 1888 ausheben lassen. Der Name **Kindermannsee** wurde erst Anfang der 1970er Jahre festgelegt. Damit sollten O. F. Kindermann und sein Vater Christoph Ferdinand Kindermann, der ebenfalls Hofgärtner war, gewürdigt werden.

Der durch den See führende Damm soll Anfang des 20. Jahrhunderts von einem Garteninspektor aufgeschüttet worden sein, um damit seinen Arbeitsweg zur Gärtnerei zu verkürzen. Da der See vom Grundwasser gespeist wird – weshalb kein Anschluss an das künstliche Wassersystem des Parks erforderlich ist –, wird der Damm bei hohem Grundwasserstand überschwemmt.

Wenige Meter vom Mühlenberg entfernt befindet sich ein Aha. Dabei handelt es sich um ein Gestaltungsmittel der Gartenkunst, durch das eine Parkgrenze von Weitem möglichst unsichtbar bleiben soll. Häufig wird dazu ein Wassergraben angelegt, auf dessen Sohle sich noch ein Zaun oder eine Mauer befindet. Hinter dem 120 Meter langen **Aha-Graben** (52°23'55,6"N 13°4'51,2"O) nordwestlich des Mühlenberges befindet sich aber deutlich erkennbar ein Zaun, sodass der Überraschungsruf »Aha – hier ist ja eine Parkgrenze!« beim Nähertreten nicht so recht von den Lippen kommen will.

→ Wanderstrecke bis zum Hinzenberg: 2,8 Kilometer

15 Hinzenberg

⌖ 52°23'27,2"N 13°3'21,9"O

Nördliche Innenstadt

Mit der Bezeichnung Hinzenberg verbinden die meisten Potsdamer den Namen einer Kleingartensparte. Ein Berg ist dort weit und breit aber nicht zu sehen. Der Hinzenberg ist auch kein Berg, sondern ein dreieckiges Landstück südlich des Lustgartens zwischen der Bahnlinie Magdeburg–Berlin und der Havel. Deshalb geben die genannten Koordinaten auch nicht den höchsten Punkt an, sondern eine Stelle auf dem Platz vor der Hinzenbergklause.

Vergleicht man Karten vom 18. Jahrhundert bis heute, so ist zu erkennen, dass sich die Uferlinie dieses Geländes immer wieder verändert hat. Anfangs fehlte dieses Landstück völlig. Später gab es zwei kleinere Inseln oder Sandbänke, die sich dann zu einer Insel verbanden. Danach wurde aus dieser eine ständig wachsende Halbinsel und schließlich kam es zu der heutigen dreieckförmigen Fläche. Der Bereich ist also ständig gewachsen, ganz sicher durch künstliche Aufschüttungen (möglicherweise schon beim Bau des Eisenbahndammes der Strecke in Richtung Magdeburg um 1846), aber davor gewiss auch durch natürliche Schwemmsandablagerungen.

Interessant ist, dass der Name »Hinzenberg« schon auf einer Brouillonkarte aus dem Jahr 1839 zu finden ist. Ein im selben Jahr entstandenes Gemälde mit dem Titel »Blick auf Potsdam vom Brauhausberg« von Eduard Freyhoff lässt aber

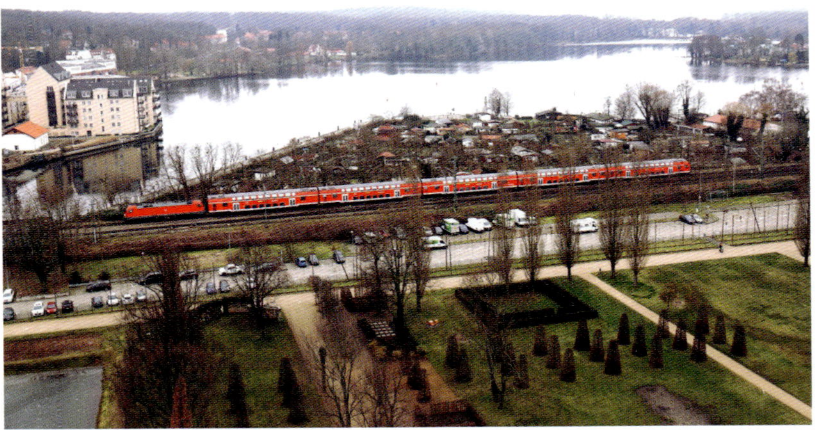

Hinzenberg vom Hotel Mercure aus gesehen

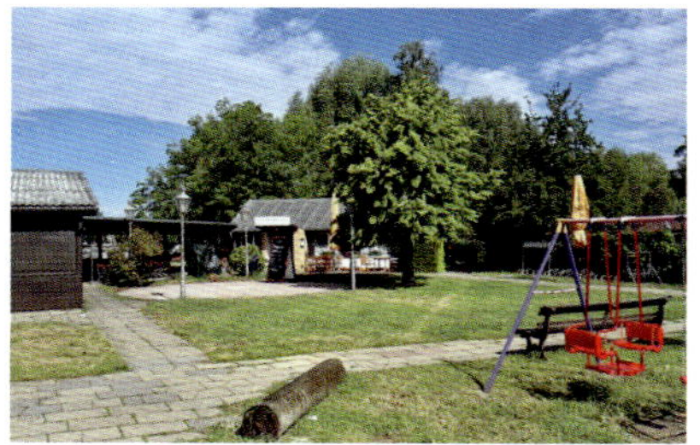

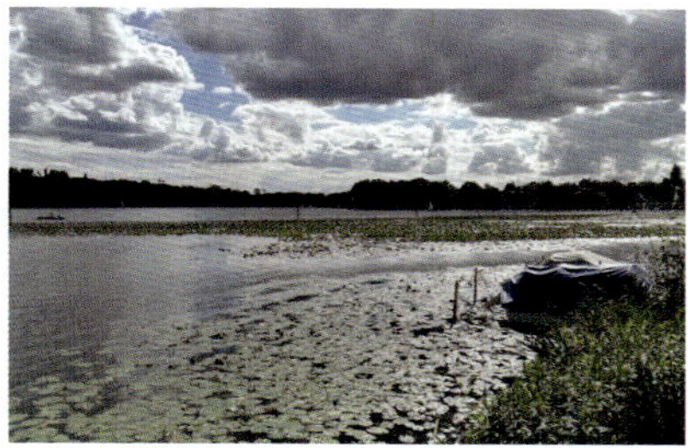

Hinzenbergklause, Seerosenflächen

deutlich erkennen, dass dieses Gelände – obwohl »Berg« genannt – nur eine flache grüne Fläche war. Woher kommt also die Bezeichnung? Der erste Teil des Wortes leitet sich vom Namen des ehemaligen Eigentümers ab, der im 18. Jahrhundert in der Kiezstraße ansässigen Fischerfamilie Hintze.

In der ersten Hälfte des 19. Jahrhunderts wurden bisher gemeinsam genutzte landwirtschaftliche Flächen im Rahmen der Stein-Hardenberg'schen-Reformen für eine private Nutzung aufgeteilt. Eine Landkarte, die in diesem Zusammenhang erstellt wurde, nannte man **Brouillonkarte** (franz. brouillon = erster Entwurf).

Aber warum »Berg«? Der Historiker Karl Heinrich Schäfer schreibt, dass Fischer oder Schiffer gern eine vom Wasser aus sichtbare Erdaufschwemmung oder Insel als Berg bezeichnen. Ergänzend kann man hinzufügen: Fischer oder Schiffer wissen, dass jede auch noch so kleine Fläche, die aus dem Wasser ragt, die Spitze einer unter der Wasseroberfläche befindlichen Erhebung ist, deren Form sie genau kennen sollten, weil sie für die Bootsfahrt eine Gefahr darstellen könnte.

Also meinten diejenigen, die den Namen »Hinzenberg« geprägt haben: Der unter der Wasseroberfläche liegende Hügel, der sich immer deutlicher aus der Havel erhob und somit ständig größer wurde, gehört Hintze – ist also Hintzens Berg oder kurz Hin(t)zenberg.

1902 entstand hier eine Kleingarten- und Laubenkolonie, die heute als Verein Am Hinzenberg e. V. besteht. Das Vereinshaus, das gleichzeitig eine öffentliche Gaststätte ist, trägt den Namen »**Hinzenbergklause**«.

Nicht unerwähnt sollen die beiden sehr sehenswerten größeren Seerosenflächen vor der Uferlinie des Hinzenberggeländes bleiben.

→ Wanderstrecke bis zum Brauhausberg: 2,2 Kilometer

Südliches Stadtgebiet

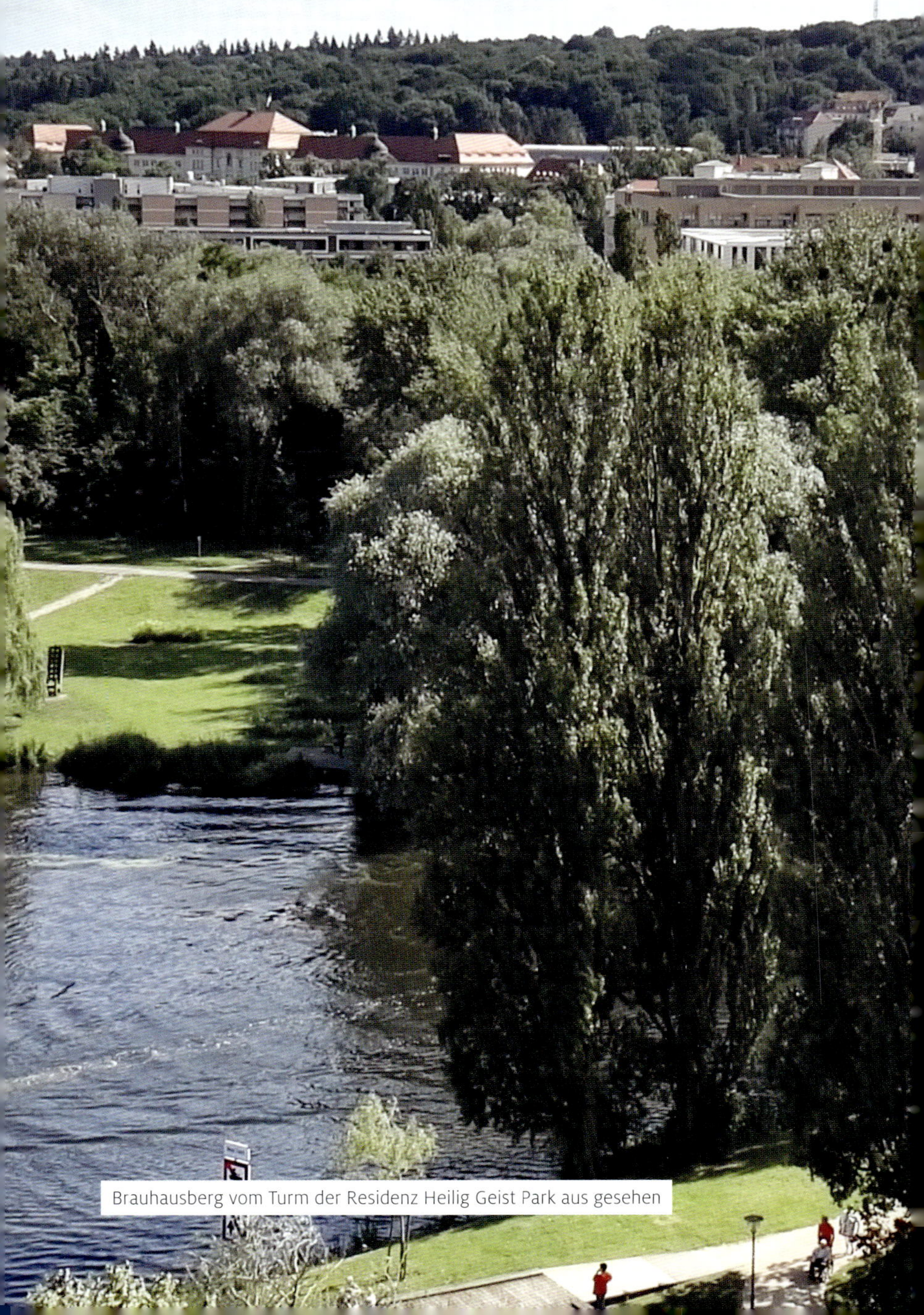

Brauhausberg vom Turm der Residenz Heilig Geist Park aus gesehen

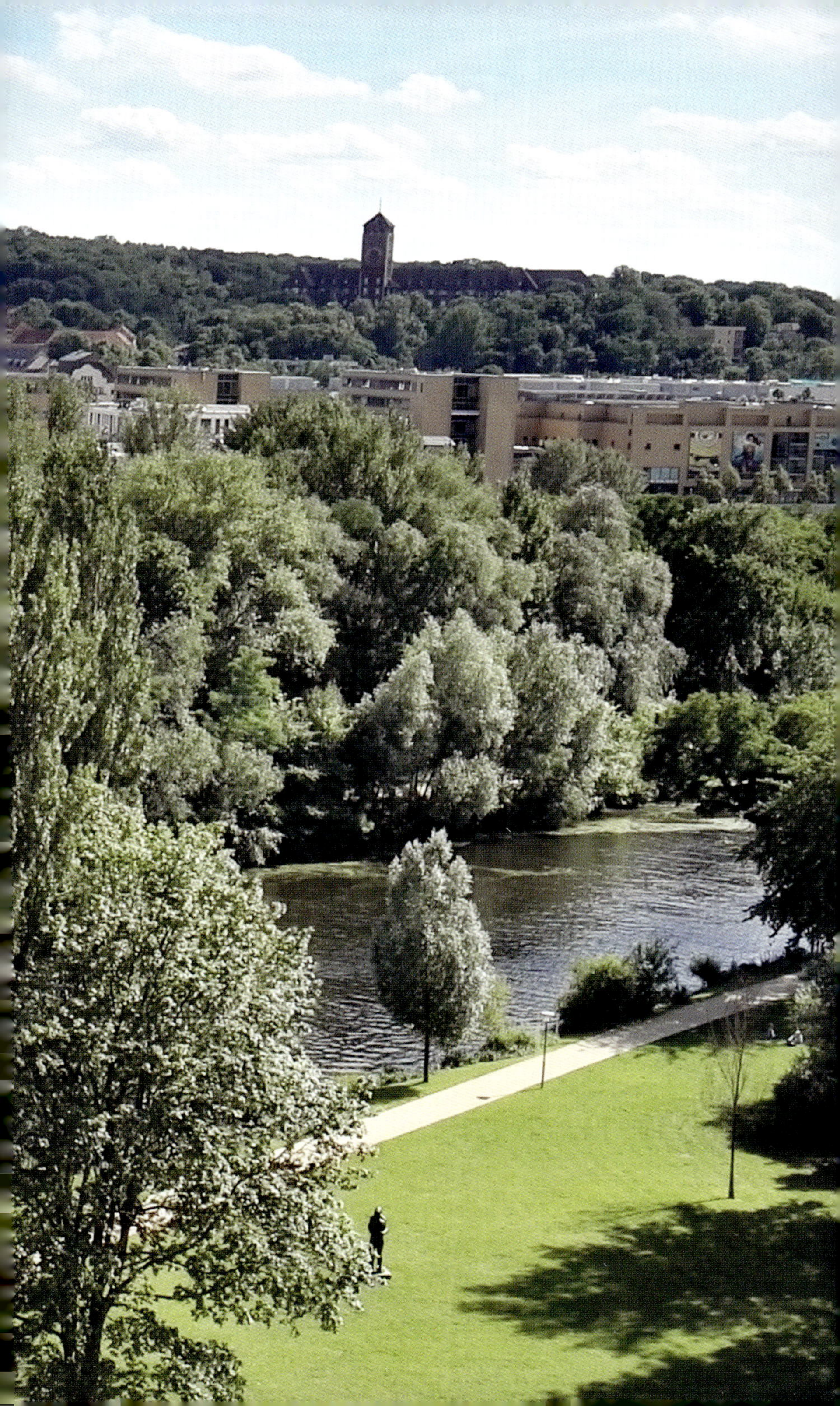

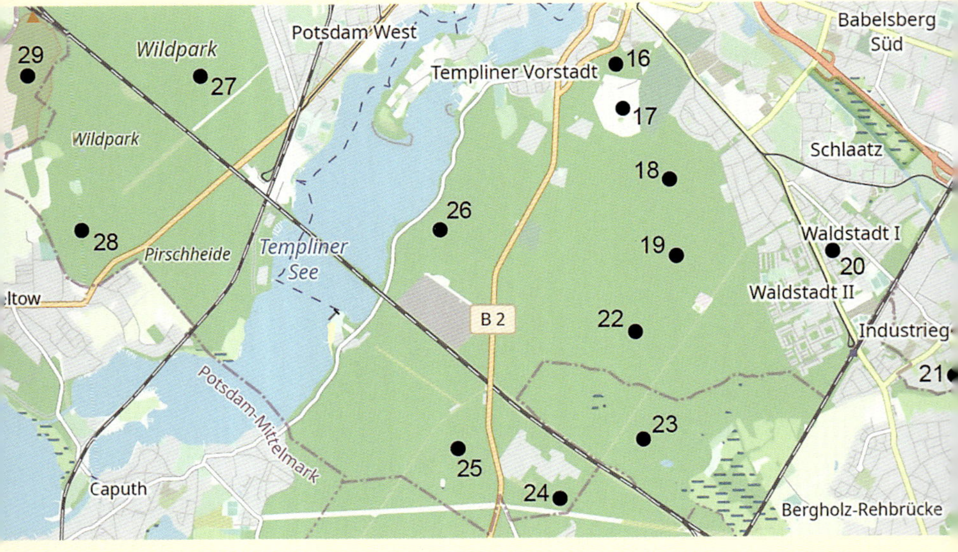

16 Brauhausberg
17 Telegrafenberg
18 Schanzenberg
19 Kahle Berge
20 Schulberg
21 Kaninchenberg / Industriegelände
22 Kleiner Ravensberg
23 Großer Ravensberg
24 Rollberg
25 Saugartenberg
26 Kieskutenberg
27 Kellerberg / Wildpark
28 Schäfereiberg
29 Großer Entenfängerberg

16 Brauhausberg ★★

Teltower Vorstadt

⌖ 52°23'4,5"N 13°3'47,7"O
88 Meter

Dominierend auf dem Brauhausberg sind zwei weithin sichtbare Bauwerke, ein rotes Backsteingebäude mit Turm und ein Gittermast.

Das markante Gebäude (52°23'15"N 13°3'47"O), das 1899–1902 unter Kaiser Wilhelm II. entstand, hat einen wechselvolle Geschichte. Als neue **Kriegsschule** erbaut, war hier später bis 1945 das Reichs- beziehungsweise Heeresarchiv untergebracht. Nach dem Zweiten Weltkrieg wurde das Gebäude zunächst von der sowjetischen Militäradministration genutzt. Nachdem anschließend darin kurzzeitig die Abteilung Finanzen und Steuerwesen der Landesregierung untergebracht war, wurde das Gebäude ab 1949 bis 1989 zum Sitz der SED-Landes- beziehungsweise Bezirksleitung – und deshalb im Volksmund »Kreml« genannt. Die Umrisse des am Turm früher angebrachten SED-Parteisymbols sind noch immer schemenhaft zu sehen. Nach der politischen Wende war es 1991–2013 Sitz des Brandenburger Landtags. 2015 wurde das Gebäude an ein privates Immobilien-Konsortium verkauft, das darin Luxuswohnungen einrichten will. Vom Dezember 2015 bis zum September 2018 wurde es vorübergehend als Flüchtlingsunterkunft genutzt – eine faszinierende Nutzungsgeschichte für ein Gebäude.

Neben dem »Kreml« bestimmt ein 75 Meter hoher **Funkmast** (52°23'7,5"N 13°3'53,8"O) das Bild des Brauhausberges. Dieser wurde 1973 errichtet und von der Polizei für den Analogfunk genutzt. Im Spätsommer 2016 wurde die entsprechende Technik abgebaut, da der Analogfunk durch den Digitalfunk abgelöst wurde. Aktuell wird der Funkmast von einem Mobilfunkanbieter genutzt.

Der höchste Punkt des Brauhausberges befindet sich auf dem eingezäunten Gelände des **Trinkwasserhochbehälters** (52°23'3,6"N 13°3'48,7"O) des Wasserwerkes in der Leipziger Straße. Die Anlage wurde 1900 in Betrieb genommen. Das am nördlichen Rand befindliche kleine Gebäude wird von älteren Anwohnern noch immer ganz pragmatisch Wasserhäuschen genannt (52°23'4,5"N 13°3'40,0"O). Der heutige Hochbehälter besteht aus zwei baugleichen Kammern mit einem Fassungsvermögen von je 4.500 Kubikmetern.

Wandert man auf dem »Kammweg« etwa 300 Meter in die südwestliche Richtung, kommt man zu einer runden Nebenkuppe (52°23'1,6"N 13°3'33,2"O) mit einem Durchmesser von etwa zwölf Metern. Um die 79 Meter hohe Kuppe stehen Eichen. Hier liegen zwei bogenförmige **Sandsteinblöcke**, die deutlich erkennbar künstlich behauen wurden (Länge 180 Zentimeter; Breite 66 Zentimeter; Höhe 35 Zentimeter). Beide Steine sind – entgegen dem äußeren Anschein – fast identisch, nur dass sie in gegensätzliche Richtungen umgekippt wurden.

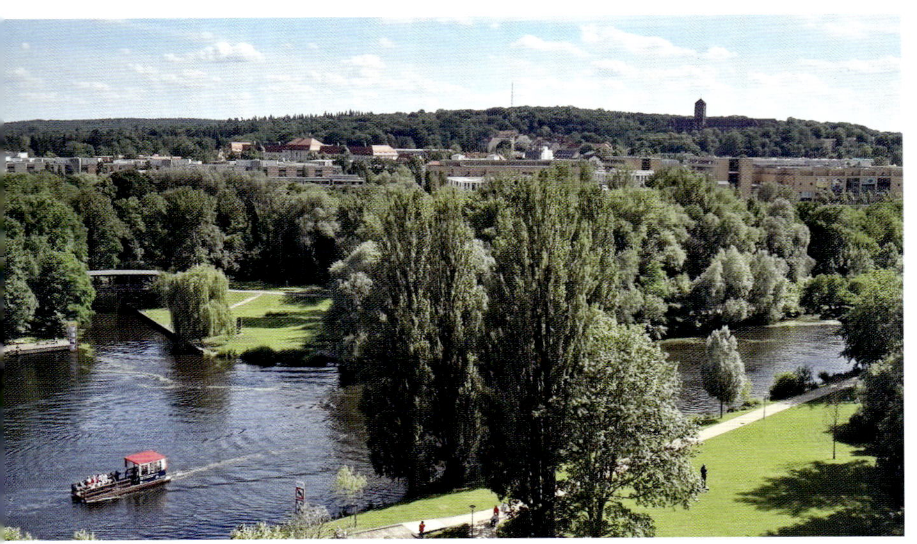

Brauhausberg vom Turm der Residenz Heilig Geist Park aus gesehen

Nach Aussagen von alten Potsdamern handelt es sich hier um Reste einer Sitzbank, von der früher ein schöner Ausblick über die Havel auf Potsdam möglich war. Dafür spricht einiges, so zum Beispiel das sauber eingeschliffene Band und die (Dübel-)Löcher. Es bleiben aber auch Fragen, wie die Entstehungszeit, das genaue Aussehen der vermutlichen Bank und der Zeitpunkt der Zerstörung.

Auf einem der beiden Steine sind unter anderem ein Kreuz, der Name »ERNST THÄLMANN« und eine kindliche Gesichtszeichnung eingemeißelt. Diese »Verzierungen« stammen von Kindern der ehemaligen Finkenweg-Grundschule (heute Comenius-Schule) aus den 1950er Jahren.

Auf dem südlichen Abhang der Nebenkuppe standen einst die Stühle für 1.200 Besucher des 1911 eröffneten **Naturtheaters**. Um den ehemaligen Bühnenplatz zu erahnen, der in einen Graben des ehemaligen Schießstandes »Sternschanze« hineinragt, muss man jedoch sehr viel Phantasie aufbringen (52°22'57,9"N 13°3'33,0"O).

Der Brauhausberg war schon seit dem 18. Jahrhundert bekannt und beliebt für seine schönen Ausblicke. Viele Maler haben sich hier inspirieren lassen. Durch den Bau der Kriegsschule wurde jedoch ein Großteil des Geländes für die Öffentlichkeit unzugänglich. Um den Bauplatz einzuebnen, wurden etwa 25.000 Kubikmeter Erde bewegt. Dadurch verringerte sich auch die Höhe des Brauhausberges.

Etwa um die gleiche Zeit wurden der Kaiser-Friedrich-Blick und der Kaiser-Wilhelm-Blick angelegt – möglicherweise als »Ersatz« für den Verlust des Ausblicks durch den Bau der Kriegsschule. Auf den **Kaiser-Friedrich-Blick** wird

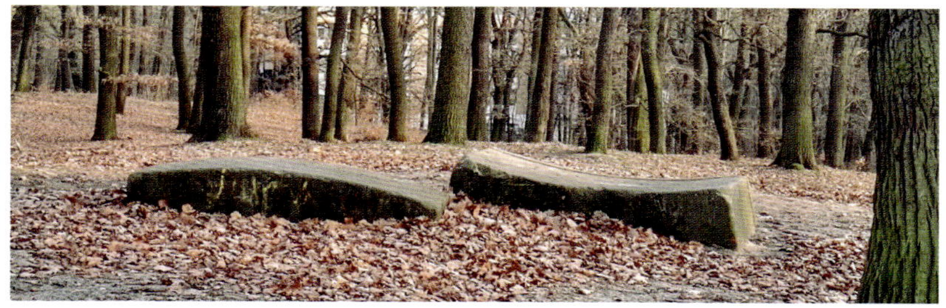

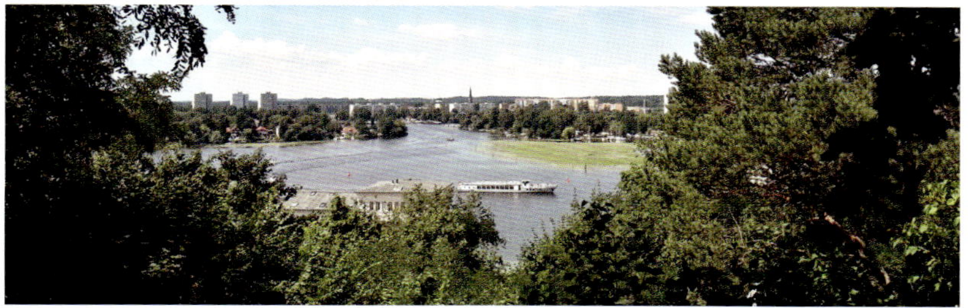

Nebenkuppe mit zwei Sandsteinblöcken (Foto vom Autor), Aussicht vom Kaiser-Friedrich-Blick

man durch einen Wegweiser an der Straße »Brauhausberg« beim Treppenaufgang zum »Kreml« hingewiesen. Dieser schöne Ausblick, der von manchen auch Havelblick genannt wird, befindet sich an der Verlängerung der Straße »Am Havelblick« zum Finkenweg (52°23'15,4"N 13°3'37,9"O). Der Potsdamer Verschönerungsverein ließ dort 1902 eine neobarocke Betonbank aufstellen. Davor befindet sich ein Bodenmosaik in Form einer Windrose. Auf einer am Boden neben der Bank befindlichen Plakette ist der Hersteller der Bank angegeben: Cementbau-Gesellschaft Johannes Mueller Marx&Co. Berlin SO. An der Rückwand fällt eine helle Fläche auf. Dort befand sich ursprünglich eine Gedenktafel mit der Inschrift »Kaiser Friedrich-Blick. Potsdamer Verschönerungs-Verein«.

Der Ausblick geht in die westliche Richtung. Von links beginnend sind zu sehen der Kellerberg im Wildpark, der Großen Entenfängerberg, der Reiherberg und der Ehrenpfortenberg. Etwa in der Mitte des Blickhorizonts steht das Neue Palais, in dem Kaiser Friedrich III. 1831 geboren wurde, lebte und 1888 verstarb. Rechts davon folgen noch der Kahle Berg, der Klausberg und der Ruinenberg.

In der laubarmen Zeit lohnt es sich, den Weg noch weiter bis zum Finkenweg zu laufen. Dabei kommt man an einer schönen klassizistischen **Sandsteinbank** vorbei (52°23'14,5"N 13°3'36,3"O), die möglicherweise aus den ersten Jahrzehnten des 19. Jahrhunderts stammt, als hier im Auftrag von König Friedrich Wilhelm III. Promenaden angelegt und Ruhebänke aufgestellt wurden.

Der Kaiser-Friedrich-Blick wurde in das touristische **Wegeleitsystem** aufgenommen, das anlässlich der BUGA 2001 in Potsdam eingeführt wurde. Die

Wegweiser haben unterschiedliche Grundfarben. Auf Ziele, die zum UNESCO-Welterbe gehören, wird mit lichtgrauen Schildern verwiesen, während die capriblauen Schilder zu Objekten führen, die zwar nicht zum UNESCO-Welterbe zählen, aber dennoch sehenswert sind.

Auf dem Weg vom Wegweiser zum Kaiser-Friedrich-Blick kommt man noch am **Kaiser-Wilhelm-Blick** (52°23'18,2"N 13°3'44,2"O) vorbei, der nach Wilhelm I. benannt ist. Diese Anlage entstand ebenfalls um 1902 und wurde 2008 wiederhergestellt. Der dort befindliche Findling stammt von einem Denkmal. In der laubarmen Zeit ist der Ausblick am günstigsten, wobei die dominante Kuppel der evangelischen St. Nikolaikirche zu keiner Jahreszeit zu übersehen ist. Der schlanke Turm der katholischen Kirche St. Peter und Paul, der sich links dahinter versteckt, schon eher.

An der Einmündung der Albert-Einstein-Straße in die Straße »Brauhausberg« wurden 1993 durch die Brandenburger Wandervereine ein Findling und eine Informationstafel aufgestellt (52°23'19,7"N 13°3'54,2"O), weil sich hier die **Europäischen Fernwanderwege E 10 und E 11** kreuzen (Höhe 41,6 Meter).

Der E 10 verläuft im ehemaligen DDR-Gebiet in etwa in Nord-Süd-Richtung. Auf dem Wanderwegweiser steht: Potsdam – Rügen 600 Kilometer und Potsdam – Südtirol 1.700 Kilometer. Dabei werden in südlicher Richtung von den Potsdamer Bergen der Telegrafenberg, der Kleine und der Große Ravensberg frequentiert. In nördlicher Richtung führt der E 10 über den Kleinen Entenfängerberg. Der E 11 verläuft im ehemaligen DDR-Gebiet in etwa in Ost-West-Richtung mit den Angaben Potsdam – Holland 1.050 Kilometer und Potsdam – Masuren 1.000 Kilometer. In westlicher Richtung führt der E 11 am Kieskutenberg vorbei. In östlicher Richtung werden der Babelsberg und der Böttcherberg tangiert.

In Veröffentlichungen wird häufig ein **Belvedere** auf dem Brauhausberg erwähnt. Es ist immer noch vielen alten Potsdamern bekannt, aber es existiert nicht mehr. Friedrich Wilhelm III. hatte es 1803 für seine Gemahlin, Königin Luise, errichten lassen. 1945 wurde das Belvedere jedoch zerstört und die Ruine 1958 abgetragen. Der Standort (52°23'17,0"N 13°3'41,1"O) befand sich im Gelände der späteren Kriegsschule, nahe der Straße »Am Havelblick«, unmittelbar in Höhe des Wendekreises. Auf dem leicht erhöhten ebenen Gelände wachsen heute Robinien und Ahorn.

Ein ähnliches Schicksal wie das Belvedere widerfuhr der beliebten Ausflugsgaststätte »**Wackermanns Höhe**«. Auch diese Lokalität ist so manchem alten Potsdamer vom Namen her noch ein Begriff – hier wurde das Potsdamer Stangenbier ausgeschenkt –, aber auch hier gilt: Sie existiert nicht mehr. Sie stand unterhalb des Belvederes (52°23'19,0"N 13°3'41,0"O). Das Gartenlokal, ein hölzerner Flachbau, wurde 1923 geschlossen und noch vor dem Zweiten Weltkrieg abgerissen. Es befand sich westlich des heute noch vorhandenen Gebäu-

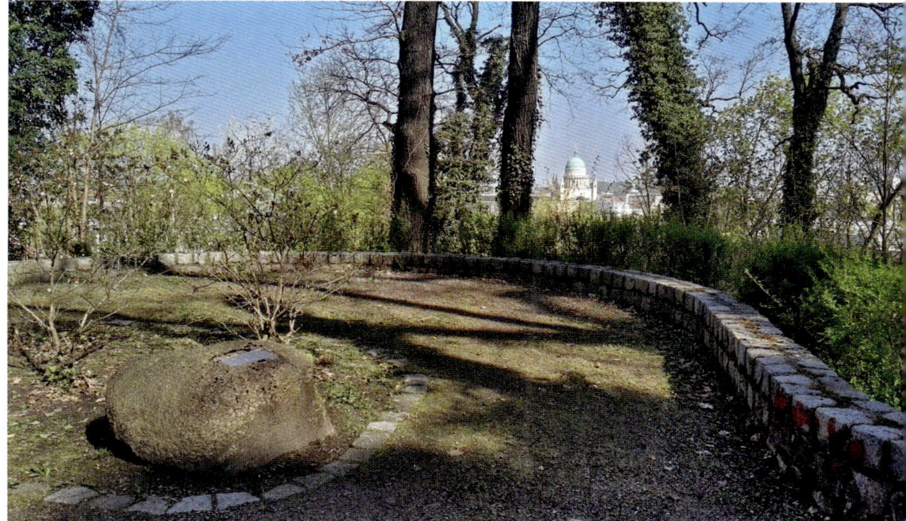

Kaiser-Wilhelm-Blick

des Am Havelblick 5. Dieses war ein späterer Anbau, in dem sich wohl die Küche und Gästezimmer befanden. Der Rundturm (Treppenaufgang) wurde später angebaut. Ab 1923 wurde das Gebäude dann viele Jahre als Mietshaus genutzt. 2016–18 erfolgte der Umbau zu einem modernisierten Wohnhaus. Der Turm, mit einem angedeuteten Zinnenkranz, wird teilweise durch die großen Kastanienbäume verdeckt, die 1908 um die Terrasse des Gartenlokals angepflanzt wurden.

Durch die Ansiedlung von Brauereien auf dem Brauhausberg wurde der Hügel schrittweise unterhöhlt, um **Lager- und Eiskeller** anzulegen. Darin konnte das Bier bei gleichbleibender Temperatur gären. Für die Kühlung wurden bis zum Sommer Eisblöcke aus der Havel eingelagert. Im Laufe der Zeit entstand ein großflächiges Netz von unterirdischen Gewölben, von denen heute noch ein Großteil existiert. Durch die intensiven Bauarbeiten am Brauhausberg wird manchmal ein Teil der Keller sichtbar, einige drohen auch einzustürzen beziehungsweise werden verschüttet oder sogar abgetragen.

Das zu DDR-Zeiten beliebte **Terrassenrestaurant »Minsk«** (52°23'19"N 13°3'51"O) wurde 2003 geschlossen und verfiel zusehends. Nach einem jahrelangen Streit, bei dem es um Abriss oder Erhalt ging, wird das, was von dem Gebäude noch übrig war, von der Hasso-Plattner-Stiftung saniert, um anschließend darin ein Museum für DDR-Kunst einzurichten. Unter der Terrasse befand sich ein etwa 200 Quadratmeter großer **Luftschutzbunker** mit 300 Plätzen. Er wurde Anfang der 1960er Jahre erbaut und soll nach den Umbaumaßnahmen auch nicht abgerissen werden, sondern die Energiezentrale des Museums beherbergen.

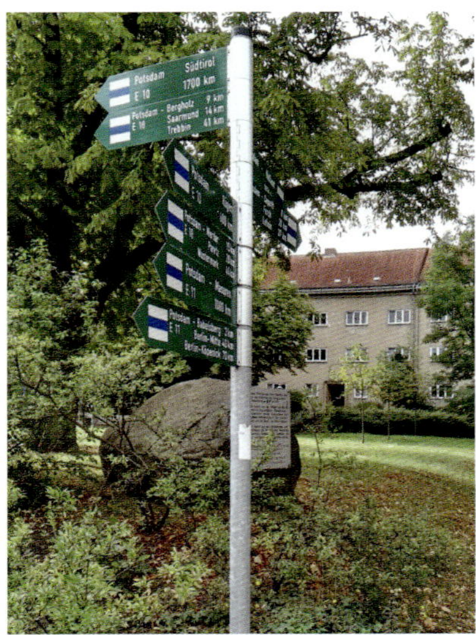

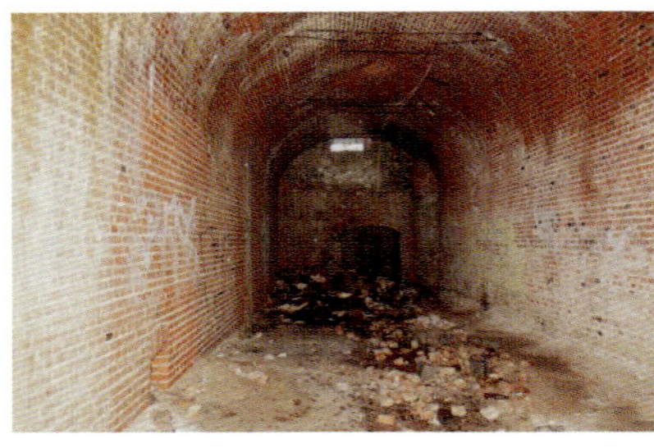
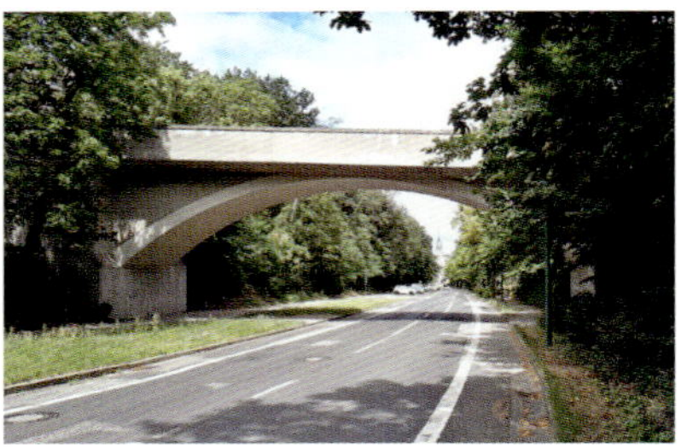

Kreuzung der Europäischen Fernwanderwege E 10 und E 11, ehemaliger Eiskeller unter dem Brauhausberg, Brücke nach Wald-Potsdam mit ehemaliger Straßenbahntrasse

Über die Straße »Brauhausberg« führt eine auffällige Brücke (52°23'11,2"N 13°3'48,4"O). Am östlichen Brückenpfeiler ist der Text *DER + BAU + DIESER + BRUECKE + EROEFFNETE / IM + JAHRE + 1928 + DIE + ERSCHLIESSUNG / DES + STADTTEILES + WALDPOTSDAM* eingemeißelt.

Was hat es mit diesem Stadtteil auf sich? Ab Mitte der 1920er Jahre sollte im Süden von Potsdam ein neues Wohngebiet, **Wald-Potsdam** genannt, entstehen. In diesem Zusammenhang war der Bau einer Straßenbahnlinie bis Caputh geplant. Dafür wurde zur Entlastung der Leipziger Straße 1928–30 die neue Straße »Brauhausberg« angelegt. Um eine akzeptable Steigung zu erhalten, wurde ein etwa 14 Meter tiefer Geländeeinschnitt notwendig. Da der Zufahrtsweg von der damaligen Luckenwalder Straße (heute Albert-Einstein-Straße) zum damaligen Reichsarchiv (der ursprünglichen Kriegsschule) erhalten bleiben sollte, wurde der Bau der schon erwähnten Brücke erforderlich. Die Weltwirtschaftskrise und der Zweite Weltkrieg brachten dieses Großprojekt jedoch sehr bald zum Stillstand. Heute erinnern nur noch die Brücke, einige Musterhäuser am Finkenweg und der etwa fünf Meter breite Randstreifen neben der Straße »Brauhausberg« an dieses Vorhaben. Letzteres ist die ehemalige Straßenbahntrasse. Die Straßenbahn fuhr aber nie bis Caputh, sondern endete am damaligen neuen Schützenhaus »Ravensburg« (52°22'45,6"N 13°3'17,5"O).

Am westlichen Hang des Brauhausberges steht an der Kreuzung Templiner Straße / Michendorfer Chaussee ein ehemaliges **Chausseehaus** (52°23'0,3"N

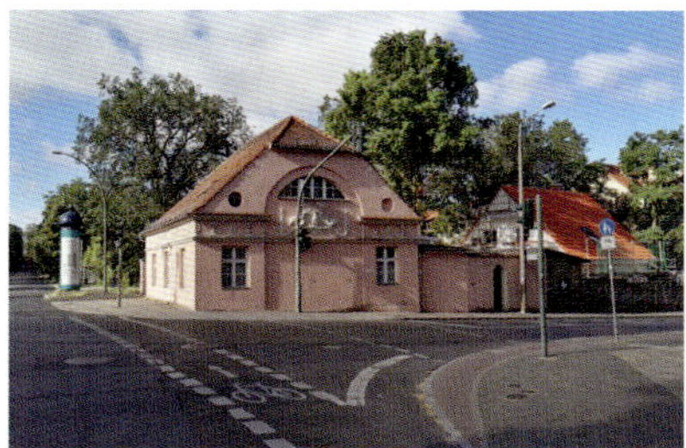

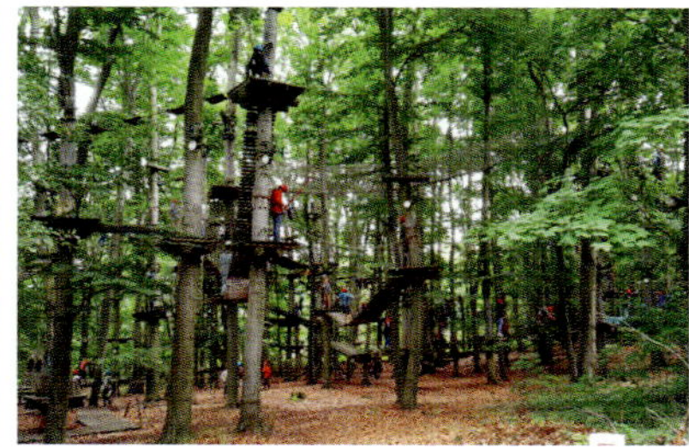

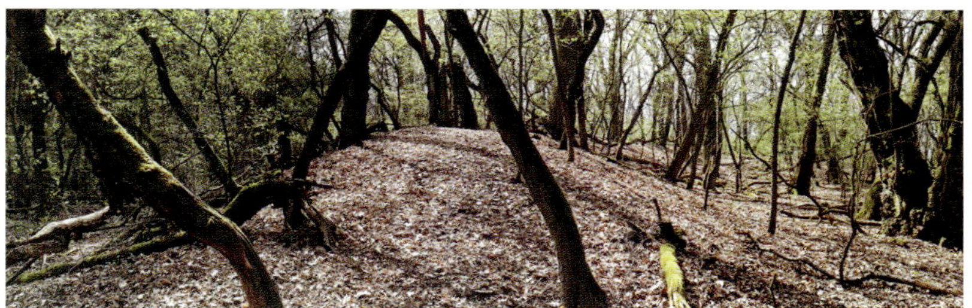

Chausseehaus, Abenteuerpark, Brustwehr der ehemaligen Wasserschanze

13°3'16,3"O). Es wurde um 1803 erbaut. Im östlichen Teil des Brauhausberges befindet sich an der Albert-Einstein-Straße ein **Abenteuerpark** mit Kletterwald und Hochseilgarten (52°23'2,6"N 13°4'2,5"O). Nach Aussage der Betreiber handelt es sich dabei um einen der größten und abwechslungsreichsten Kletterwälder Deutschlands. Er wird durchaus nicht nur von Kindern genutzt.

Das Dienst- und Wohnhaus eines Chausseewärters, der eine Art Maut und bisweilen auch Zoll erhob, wurde **Chausseehaus** genannt.

Im Zuge der Befreiungskriege wurde 1813 ein Schanzengürtel mit insgesamt 14 provisorischen **Feldschanzen** angelegt. Diese Verteidigungslinie zog sich zwischen Havel und Nuthe südlich und östlich um den Brauhausberg herum. Damit sollte der erwartete Vormarsch Napoleons auf Berlin verzögert werden. Dies wurde jedoch nicht notwendig, weil es dem preußischen Armeekorps unter General von Bülow gelang, diesen zu vereiteln. Die meisten Schanzen wurden auf Befehl Friedrich Wilhelms III. wieder eingeebnet. Die Hauptschanze befand sich auf der Erhebung, die heute → 17 Telegrafenberg heißt. Mit etwas Phantasie kann man heute noch zwei Schanzen erkennen, die Wasserschanze (52°22'47,4"N 13°2'30,8"O) und die Schanze IX (52°22'50,7"N 13°2'53,2"O).

Es ist nicht bekannt, ob es neben dem Potsdamer Brauhausberg noch eine zweite Erhebung gleichen Namens gibt. Klar ist indes, woher der Name stammt.

Für die Erklärung begibt man sich am besten an die tiefste Stelle der Leipziger Straße (52°23'19,3"N 13°3'34,7"O). Havelseitig befindet sich die historische **Speicherstadt** – oder genauer gesagt, die Reste davon. Von den ehemaligen Getreidespeichern sind noch drei vorhanden. Das älteste Gebäude, welches unmittelbar an der Leipziger Straße steht (nach heutiger Nummerierung 9–9C), wurde 1688 als Kornmagazin erbaut. 1716 ließ es König Friedrich Wilhelm I. zur Königlichen Bierbrauerei umrüsten. Das war die Geburtsstunde der Bierherstellung hier am Brauhausberg. 1799 wurde das imposante Gebäude wieder in einen Getreidespeicher zurückverwandelt. Das markante Aussehen mit Zinnenkranz und Turm ist den romantischen Neigungen König Friedrich Wilhelms IV. zu verdanken. In seinem Auftrag gestaltete Ludwig Persius 1844 das Gebäude um, das deshalb auch als **Persiusspeicher** bezeichnet wird.

Der Produktion des Getreidesaftes tat dies alles keinen Abbruch. 1829 gründeten **W. Adelung und A. Hoffmann** eine nach ihnen benannte Privatbrauerei, welche sie auf der anderen Straßenseite, in der Leipziger Straße 60, aufbauten. Ob die beiden Potsdamer die »Väter« des beliebten **Potsdamer Stangenbieres** waren oder ob sie nur mit einer neuen Rezeptur eine schon vorhandene Tradition fortsetzten – darüber gehen die Meinungen auseinander.

Zu DDR-Zeiten nutzte die Bezirksfilmdirektion das ehemalige Brauereigebäude als Archiv. Deshalb ist es auch unter dem kurzen Namen **»Archiv«** bekannt und wird seit den 1990er Jahren als alternatives Wohn- und Kulturzentrum genutzt. Im Rahmen der Sanierung der Außenfassade verschwand vorübergehend auch die Fassadenplastik des **Gambrinus**. Auf die Rückkehr warten nicht nur die Bierfreunde ganz gespannt. Die etwas geheimnisvoll anmutende Symbolik oberhalb des (noch fehlenden) Gambrinus' verweist nicht in die graue Vorzeit, sondern ist ganz einfach das Logo des Vereins »Archiv e. V.«.

Die Leipziger Straße blieb nicht der einzige Brauereistandort am Brauhausberg. Nach 1850 gründeten die **Gebrüder Hoffmann** in der Luckenwalder Straße 16 eine eigene Brauerei. Nachdem die Anlage nicht wenige Namens- und Besitzerwechsel sowie mehrere politische Systeme überstanden hatte, wurden hier am Brauhausberg im Oktober 1990 endgültig alle Bierhähne zugedreht. Damit endete eine 274-jährige Brautradition am Brauhausberg. Die unter Denkmalschutz stehenden Fabrikgebäude wurden saniert und zu Wohnungen umgebaut.

Die »Stange« wurde mindestens bis in die 1930er Jahre am Brauhausberg gebraut. Die danach entstandene Durststrecke endete erst 2003, als das Stangenbier seine Auferstehung erlebte – jetzt durch die Braumanufaktur GmbH im Forsthaus Templin. Auf dem Weg vom → 25 Saugartenberg zum → 26 Kieskutenberg bietet sich deshalb ein Abstecher an.

→ Wanderstrecke bis zum Telegrafenberg: 600 Meter

17 Telegrafenberg ★★

Teltower Vorstadt

52°22'50,5"N 13°3'49,1"O

96 Meter[12]

Mit dem Namen Telegrafenberg dürften die allermeisten Potsdamer mehrere Forschungsinstitute verbinden, die sich im oberen Bereich dieser Erhebung befinden. Der Grundstein für die Ansiedlung der wissenschaftlichen Einrichtungen wurde 1874 gelegt, als mit der Errichtung eines Wirtschaftshofes begonnen wurde. So mancher Potsdamer erinnert sich bestimmt noch an das Zentralinstitut für Physik der Erde (ZIPE), das Zentralinstitut für Astrophysik (ZIAP) und die Einrichtungen des Meteorologischen Dienstes der DDR (MD).

Heute befindet sich auf der Höhe des Telegrafenberges der **Wissenschaftspark »Albert Einstein«**, in dem das Deutsche GeoForschungsZentrum (GFZ), die Forschungsstelle Potsdam des Alfred-Wegener-Instituts für Polar- und Meeresforschung (AWI) und das Potsdam-Institut für Klimafolgenforschung (PIK) vereint sind.

Außerdem ist das Institut für Astrophysik (AIP), dessen Hauptsitz sich in Babelsberg befindet, mit einigen Gebäuden präsent. Hinzu kommen noch Messstationen des Deutschen Wetterdienstes (DWD), dessen Regionalzentrale in der Michendorfer Chaussee 23 angesiedelt ist.

Eine private Besichtigung des parkmäßig angelegten Geländes ist seit einigen Jahren tagsüber möglich. Da das Gelände eingezäunt ist, kann der Zutritt jedoch nur durch den Haupteingang am Ende der Albert-Einstein-Straße erfolgen (52°22'58,8"N 13°3'59,3"O).

Von dort führt ein Rundweg mit 14 Stationen über das Gelände. Ein Plan dieses Rundwegs ist beim Pförtner erhältlich. An allen Stationen sind Informationstafeln aufgestellt, von denen nachfolgend die interessantesten kurz beschrieben werden. Die angegebenen Koordinaten beziehen sich auf die Standorte der Informationstafeln.

Station 3 (52°22'56,5"N 13°3'51,4"O): Die sechs Häuser B bis G, die den Hauptsitz des GeoForschungsZentrums bilden, stehen in einer Senke, die den Brauhausberg und den Telegrafenberg trennt. Die höchsten Stellen von Brauhausberg (88 Meter) und Telegrafenberg (96 Meter) liegen nur etwa 480 Meter auseinander. Die Senke weist an ihrer tiefsten Stelle eine Höhe von etwa 75 Metern auf.

Eng mit dem GeoForschungsZentrum ist die »**Potsdamer Kartoffel**« verbunden. Es handelt sich hierbei jedoch nicht um das bekannte Grundnahrungsmittel, sondern um ein Modell unserer Erde. Dass die Erde keine Kugel ist, sondern durch die Fliehkräfte eher die Form eines Ellipsoids hat, der am Äquator etwas breiter ist, gehört sicher schon zum Allgemeinwissen. Aber auch diese Be-

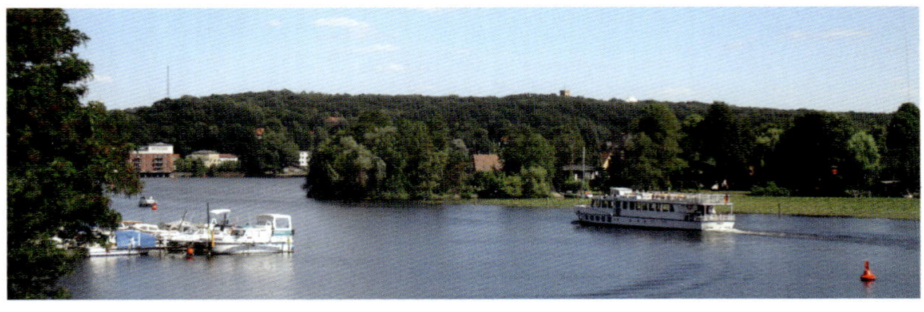

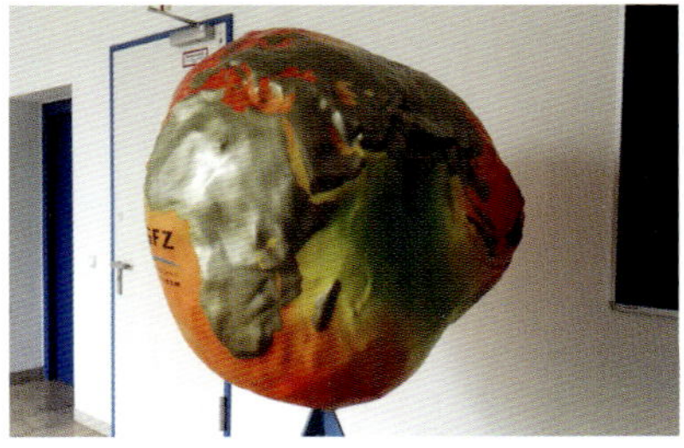

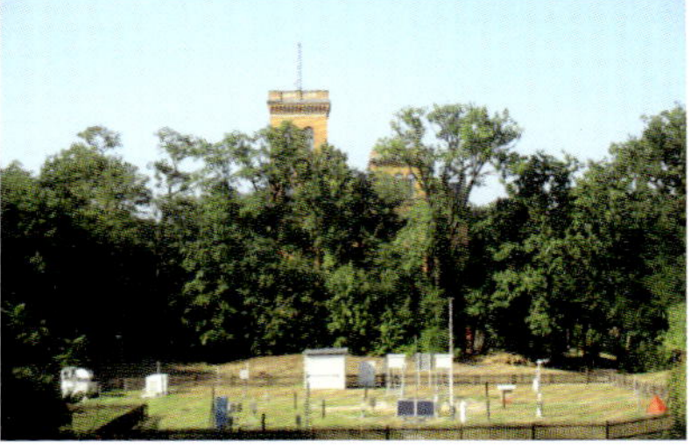

Telegrafenberg von der Eisenbahnbrücke an der Neustädter Havelbucht aus gesehen, »Potsdamer Kartoffel«, Messwiese mit Süringhaus

schreibung trifft die Wirklichkeit nicht exakt. Die unterschiedlichen Höhen der Erdoberfläche sind dafür aber nicht die Ursache, sondern die unregelmäßigen Dichteverhältnisse im Erdinneren und die daraus resultierende, nicht überall gleich starke Gravitationskraft.

Selbst wenn die Weltmeere die Erdoberfläche vollständig bedecken würden und dabei völlig wellen- und gezeitenfrei wären, würde die Wasseroberfläche Beulen und Dellen aufweisen. Die Abweichungen von einem Ellipsoid betragen in etwa ± 100 Meter. Im Modell werden sie 13.000-fach überhöht dargestellt. Dieser Körper erinnert somit an eine Kartoffel. Da die Mitarbeiter des GFZ auf dem Telegrafenberg diese Oberfläche ziemlich genau berechnet haben, spricht man von der Potsdamer Kartoffel. Für die Höhenmessung von Bergen ist dies von Bedeutung, da der Meeresspiegel als Nullpunkt dient.

Im Eingangsbereich des Vortragsgebäudes (Haus H) befindet sich ein 3D-Modell, und beim Haupteingang (Haus G) ist eine dreiteilige Schautafel zu sehen. Beides kann zu den »üblichen« Bürozeiten besichtigt werden.

Station 4 (52°22'55,6"N 13°3'47,3"O): Der 32 Meter hohe Turm des **Süringhauses** überragt die Baumwipfel und bildet zusammen mit der Kuppel des Großen Refraktors die typische Silhouette des Telegrafenberges. Benannt ist das ehemalige Hauptgebäude des Meteorologischen Observatoriums nach einem der früheren Direktoren, Reinhard Süring. Auf dem Turm stehen Messgeräte des Deutschen

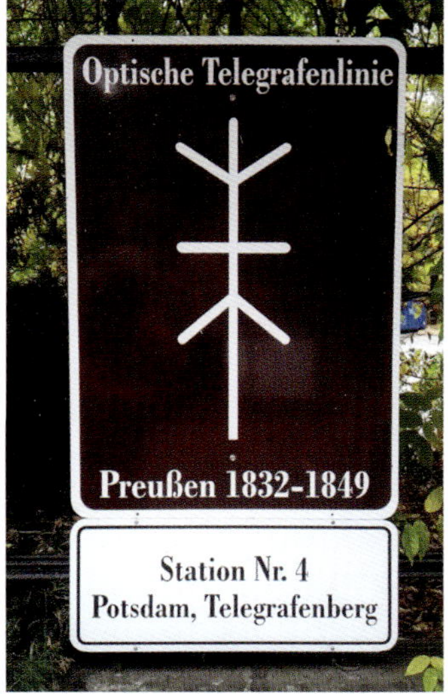

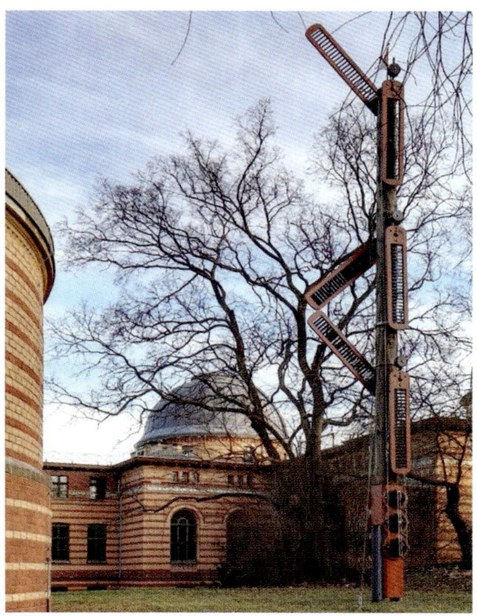

Hinweis auf ehemalige Telegrafenstation Nr. 4, Nachbau des optischen Telegrafen

Wetterdienstes, unter anderem für die Wind-, Sonnenscheindauer- und Sichtweitenmessung. Die beiden weithin erkennbaren Masten dienen der Ermittlung der Windgeschwindigkeit. Heute wird das Süringhaus vorwiegend vom Institut für Klimafolgenforschung genutzt.

Station 5 (52°22'52,5"N 13°3'44,8"O): Die **Messwiese** neben dem Süringhaus wird ebenfalls vom Deutschen Wetterdienst betreut. Hier werden seit dem 1. Januar 1893 ununterbrochen Temperatur, Luftfeuchtigkeit, Niederschlagsmenge und Schneehöhe bestimmt. Die Werte, die für einige Größen täglich mehrfach ermittelt werden, gehen in eine der längsten Klima-Messreihen der Welt ein. Die Messplattform auf dem Turm des Süringhauses und die Messwiese bilden die Säkularstation Potsdam Telegrafenberg (von lat. saeculum = Jahrhundert).

Station 7 (52°22'50,8"N 13°3'49,6"O): Hier ist der Nachbau eines **optischen Telegrafen** zu sehen. Was hat es damit auf sich? Nach den Befreiungskriegen gegen Napoleon I. kamen die Gebiete entlang des Rheins 1815 unter preußische Verwaltung. Der Verwaltungssitz dieser sogenannten Rheinprovinz befand sich in Koblenz. Deshalb wurden jetzt vermehrt Depeschen zwischen dem »Mutterland« und dem neuen exterritorialen Landesteil hin- und hergeschickt. Dafür benötigten berittene Boten etwa drei bis vier Tage. König Friedrich Wilhelm III. wies deshalb 1832 den Bau einer königlich-preußischen **optischen Telegrafenlinie**

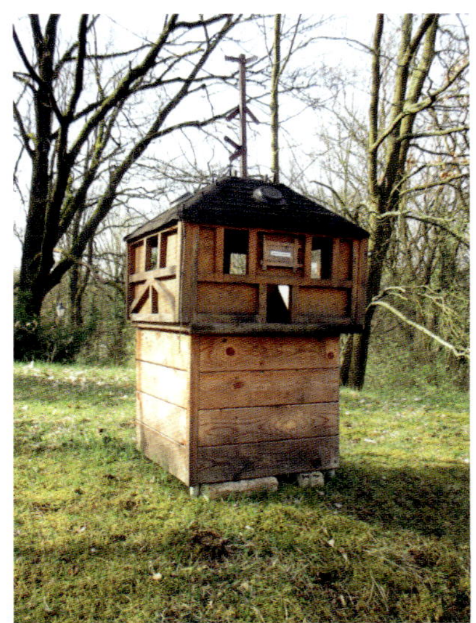
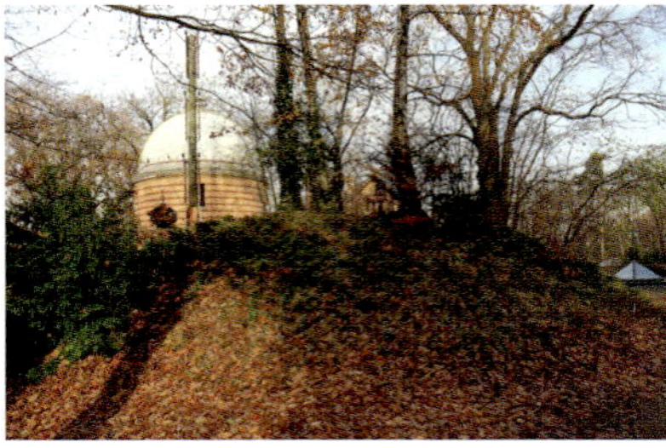
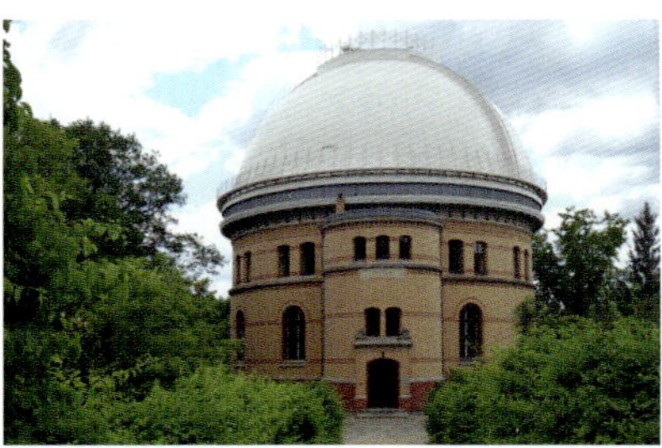

Modell des Telegrafenhäuschens, Rest der ehemaligen Hauptschanze mit dem optischen Telegrafen, Großer Refraktor

von Berlin nach Koblenz an. Dazu wurde auch in Potsdam eine Telegrafenstation errichtet. Ob der dafür ausgewählte Hügel zu diesem Zeitpunkt noch dem Brauhausberg zugerechnet wurde oder einfach nur eine namenlose Erhebung war, soll an dieser Stelle nicht entschieden werden. Feststeht jedenfalls, dass ab 1839 für diese Bergkuppe in der Potsdam-Literatur der Name »Telegraphenberg« auftauchte. 1867 wird diese Bezeichnung erstmals in einer Karte verwendet und ist seitdem offizieller geografischer Name der Erhebung.

Die Telegrafenlinie bestand aus 62 Stationen und hatte eine Länge von etwa 590 Kilometern. Der mittlere Abstand zwischen zwei Stationen betrug somit knapp zehn Kilometer. Hier in Potsdam wurde die Station 4 errichtet. Station 3 befand sich auf dem Schäferberg in Berlin-Wannsee und Station 5 auf dem Glindower Fuchsberg.

Jede Station besaß einen Flügeltelegrafen. Das war ein 6,30 Meter hoher Mast mit sechs Flügeln. Da jeder Flügel jeweils vier Positionen einnehmen konnte (mit den Winkeln 0°, 45°, 90° und 135°), ließen sich (ohne Nullstellung) $4^6 - 1 =$ 4.095 Kombinationen bilden. Somit konnten zusätzlich zur Codierung der Buchstaben, Ziffern und Sonderzeichen auch ganze Wörter und sogar vollständige Sätze mit einer einzigen Flügelkombination verschlüsselt werden.

Jede Station verfügte über zwei Fernrohre zur Beobachtung der benachbarten Telegrafenstationen. Die visuell erkannte Stellung der Flügel wurde nachgebildet und auf diese Art und Weise weitergereicht. Die Geschwindigkeit der nur

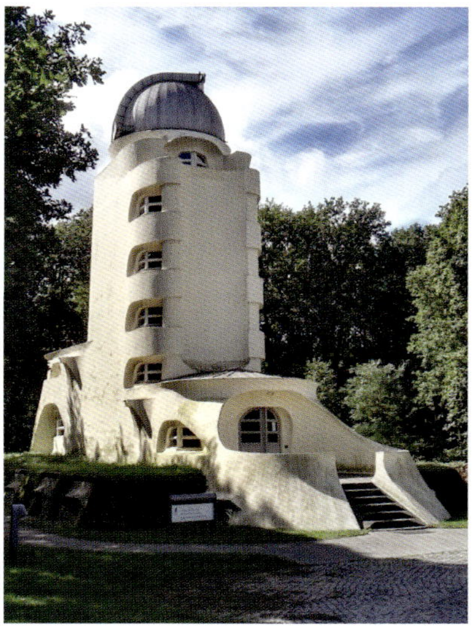
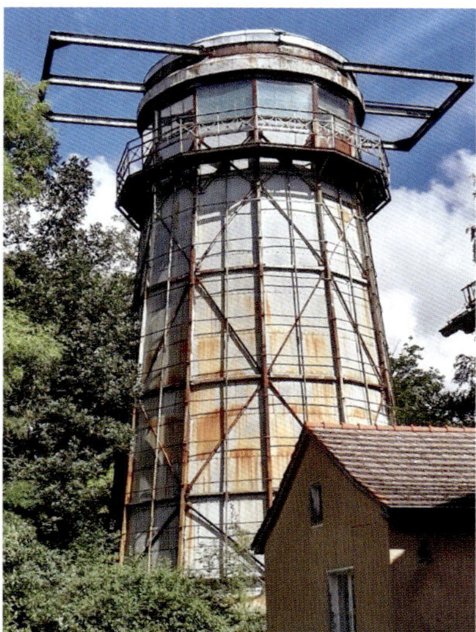
Einsteinturm, Helmertturm

bei Tageslicht möglichen Nachrichtenübertragung war sehr stark witterungsabhängig und unterlag deshalb größeren Schwankungen. Folgendes dokumentiertes Beispiel kann aber eine gewisse Vorstellung vermitteln. So wurden für eine Depesche bestehend aus 210 Wörtern von der Einlieferung im Telegrafenbüro Berlin bis zur Übergabe des dechiffrierten Textes an den Kurier in Köln 13 Stunden benötigt. Rechnet man diese Angabe auf die gesamte Strecke von Berlin bis Koblenz hoch, ergibt sich eine Zeitspanne von gut 15 Stunden.

Der Abschnitt Berlin-Köln wurde schon 1849 wieder eingestellt. Durch Einführung der elektrischen Telegrafie wurde das optisch-mechanische System überholt. Die Anlage in Potsdam wurde somit gerade einmal 17 Jahre genutzt.

Seit 2009 befindet sich ein funktionstüchtiger Nachbau des Flügeltelegrafen ungefähr an der ursprünglichen Stelle. Jedoch stand der Telegrafenmast damals auf einem Gebäude und nicht – wie aktuell – zu ebener Erde. Das Aussehen des Stationsgebäudes ist heute nicht mehr genau rekonstruierbar. Vielleicht sah es so ähnlich aus wie das verkleinerte Modell, das sich neben dem Telegrafenmast befindet.

Der Hügel, auf dem der Flügeltelegraf steht, ist der kleine Rest einer 1813 errichteten militärischen Feldschanze. Es handelt sich dabei um die in → 16 Brauhausberg erwähnte zentrale **Hauptschanze**. Hier befindet sich mit 96 Metern die höchste Stelle des Telegrafenberges. Die amtlicherseits angegebene Höhe von 93,5 Metern wurde am Fuß dieser künstlichen Aufschüttung gemessen.

Aus der Beschreibung eines Spazierganges über den Brauhausberg Ende der 1830er Jahre, bei dem der Blick auf den Telegrafenmasten noch möglich war, stammt nachfolgendes hübsches Zitat, das nicht unerwähnt bleiben soll: »Auf der nahen Höhe nach Süden sehen wir des Telegraphen seltsame Zeichen und seiner Arme stummes Wort.«[13]

Station 8 (52°22'48,0"N 13°3'50,8"O): Das **Michelsonhaus** war das erste Forschungsgebäude, das auf dem Telegrafenberg errichtet wurde. Eine der drei markanten Kuppeln wird heute noch zur Sonnenbeobachtung genutzt. Im Keller des Gebäudes führte der Physiker Albert A. Michelson 1881 erstmals sein berühmt gewordenes Experiment durch, dessen unerwarteter Ausgang zu einer Grundlage für Albert Einsteins Spezieller Relativitätstheorie wurde.

Station 9 (52°22'47,6"N 13°3'51,0"O): Neben dem Turm des Süringhauses gehört die Kuppel des **Großen Refraktors** zur bekannten Silhouette des Telegrafenberges. Im Großen Refraktor, der 1899 im Beisein von Kaiser Wilhelm II. eingeweiht wurde, befindet sich das viertgrößte Linsenteleskop der Welt, bestehend aus zwei fest miteinander verbundenen Fernrohren. Das Objektiv des größeren Rohres hat einen Durchmesser von 80 Zentimetern. 1968 wurde der wissenschaftliche Forschungsbetrieb eingestellt. Eine Besichtigung ist im Rahmen regelmäßiger populärwissenschaftlicher Führungen und von Beobachtungsnächten dafür heute noch möglich, die vom Institut für Astrophysik durchgeführt werden.

Station 11 (52°22'44,5"N 13°3'49,6"O): Das wohl bekannteste Gebäude des Telegrafenberges ist der **Einsteinturm**. Das 1919–24 von Erich Mendelsohn erbaute expressionistische Bauwerk gilt als eines der originellsten Bauten des 20. Jahrhunderts. Der Turm dient der Untersuchung des Sonnenlichts. Seitlich vor dem Einsteinturm befindet sich ein Schaukasten mit einem verkleinerten Modell, an dem die Funktionsweise sehr verständlich dargestellt ist.

Der Turm wurde hauptsächlich deshalb gebaut, um eine der Schlussfolgerungen aus Einsteins Allgemeiner Relativitätstheorie – die Gravitations-Rotverschiebung – nachzuweisen. Der Nachweis gelang jedoch im Einsteinturm nicht, da dieser Effekt durch andere Erscheinungen überlagert wurde. Einstein hat in dem nach ihm benannten Turm nicht gearbeitet. Er nahm aber an den Kuratoriumssitzungen der Einstein Stiftung teil, die im Arbeitsraum des Einsteinturmes stattfanden. Der Turm steht zwar unter Denkmalschutz, ist jedoch kein Museum, sondern wird immer noch vom Institut für Astrophysik für die wissenschaftliche Arbeit genutzt. Von der Urania werden aber regelmäßig Führungen angeboten.

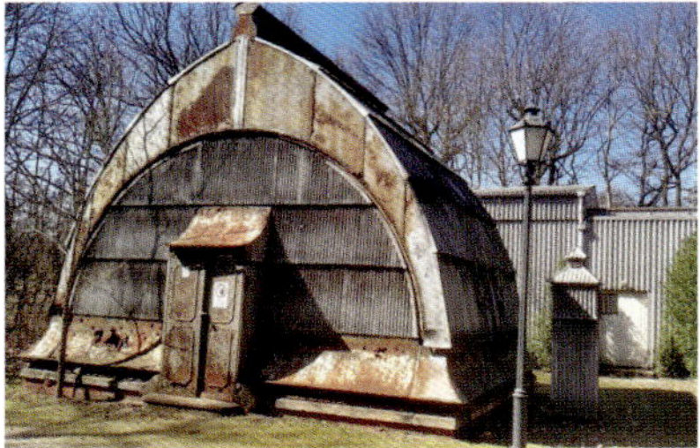

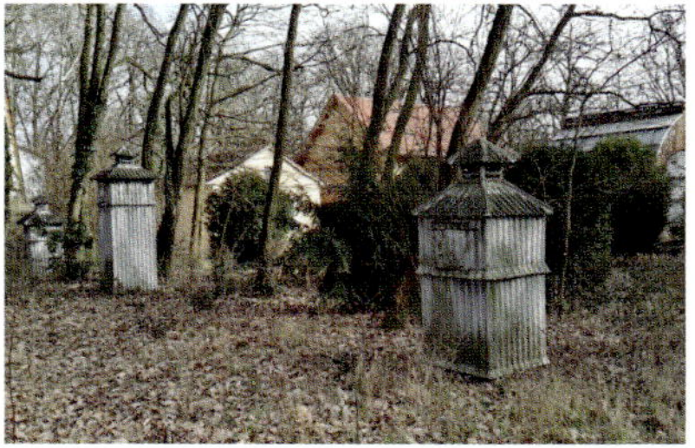

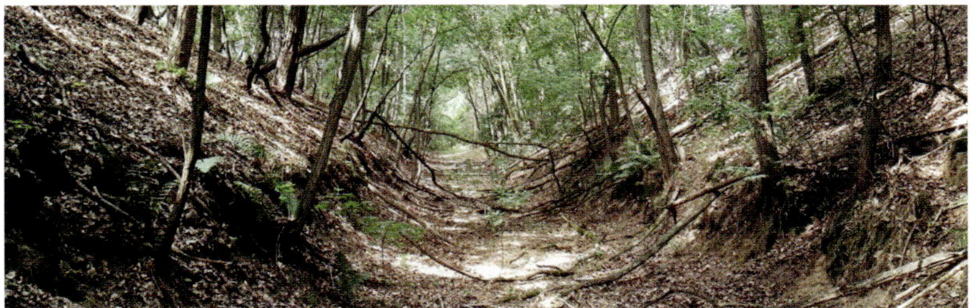

Östliches Meridianhaus, Mirenhäuschen, Schießstand des Garde-Jäger-Bataillons

Station 13 (52°22'49,4"N 13°3'57,2"O): Das Areal um den **Helmertturm** ist in zweierlei Hinsicht optisch auffällig. Zum einen haben die meisten Bauten – im Gegensatz zur sonst hier üblichen Ziegelbauweise – eine Wellblechverkleidung und zum anderen ist deutlich zu sehen, dass das Gelände schon seit Längerem nicht mehr genutzt wird. Das ist umso bedauerlicher, da es in der Vergangenheit vom Helmertturm zu mehreren Potsdamer Erhebungen sehr interessante Bezüge gab, die teilweise heute noch erlebbar sind.

1889–93 entstand hier das Observatorium für Winkelmessung. Das markanteste Gebäude ist der 15 Meter hohe Helmertturm, der 1892/93 errichtet und später nach einem vormaligen Direktor, Friedrich Robert Helmert, benannt wurde. Der Turm mit seiner drehbaren Kuppel wurde ursprünglich für die Vermessung der Erde genutzt. Für die preußische Landesvermessung stellte dieser Turm den Nullpunkt dar, nach 1950 sogar für den gesamtdeutschen Raum.

Auf dem Helmertturm standen verschiedene tragbare Messinstrumente. Die heute noch waagerecht herausragenden Metallträger sind Schienen, auf denen die beiden Kuppelhälften nach außen gefahren werden konnten. Um Messinstrumente zu kalibrieren, wurden zwei turmartige Bauwerke, Mirenhäuser, angepeilt, und zwar das etwa 6,6 Kilometer entfernte Mirenhaus Süd auf dem Kleinen Ravensberg und das etwa 2,2 Kilometer entfernte Mirenhaus Nord auf einer namenlosen Anhöhe im Königswald (→ 69 Zedlitzberg). In → 22 Kleiner Ravensberg wird auf die beiden heute noch existierenden Mirenhäuser etwas genauer eingegangen.

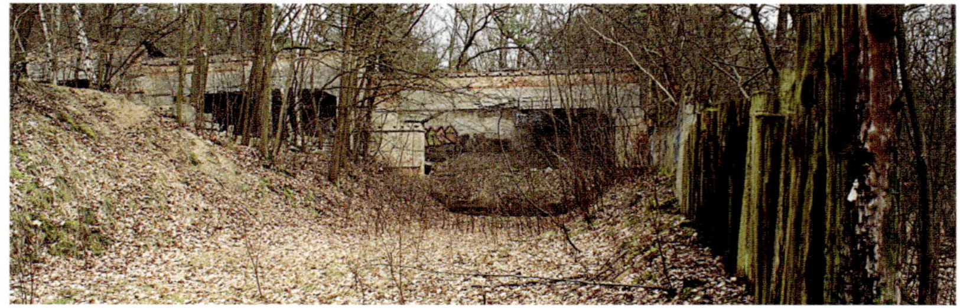

Kugelfang des Pistolenschießstandes

Als die von der Spitze des Helmertturmes erfolgte Landesvermessung durch modernere Technik abgelöst wurde, erhielt der Turm eine andere Nutzung. 1966 wurde hier eine automatische Kamera für die Satellitenbeobachtung installiert, die anfangs für fotografische Beobachtungen und ab 1974 für Entfernungsmessungen mithilfe eines nachträglich angebauten Laseraufsatzes genutzt wurde. Um Entfernungen der Satelliten exakt ermitteln zu können, wurden Referenzmessungen zu Objekten mit bekannter Entfernung und Position durchgeführt. Dazu wurde eine Blechtafel anvisiert, die anfangs am Feuerwachturm, dann am Mirenhaus Süd – beides auf dem Kleinen Ravensberg – und schließlich ab 1981 am Polizeifunkmast des → 16 Brauhausberges angebracht war. Damit gab es einen erneuten Bezug vom Helmertturm zu Potsdamer Bergen. Die Satellitenbeobachtung auf dem Helmertturm wurde 1993 eingestellt und die Zielplattform entfernt. Eine neue Satelliten-Laserradarstation befindet sich seit 2003 in einem kuppelbekrönten Turm hinter dem Haus B des GeoForschungsZentrums (52°22'58,8"N 13°3'41,2"O). Etwa Mitte der 1990er Jahre wurde der Helmertturm komplett von der Elektroenergieversorgung getrennt. Seitdem rostet er vor sich hin.[14]

In der unmittelbaren Umgebung des Turmes befindet sich ein Ensemble von mehreren Bauten. Besonders erwähnenswert sind der Zentralbau (Haus A 9), das östliche Meridianhaus (Haus A 10) sowie mehrere kleine Mirenhäuschen. Im Meridianhaus, das einem Spitztonnendach ähnelt, wurde früher der Zeitpunkt gemessen, bei dem ein Fixstern den Himmelsmeridian passiert. Danach wurden dann hochgenaue Pendeluhren gestellt, die sich im Keller des Zentralbaus befanden, der deshalb häufig auch als Uhrenhaus bezeichnet wurde. Hier wurde auf diese Weise also gewissermaßen die in ganz Preußen gültige Einheitszeit kreiert.

Die kleinen Bauten, die an auf dem Boden stehende Taubenschläge erinnern, werden Mirenhäuschen genannt. In ihnen wurden Lichtquellen aufgestellt, um damit die Teleskope in den (ursprünglich zwei) Meridianhäusern und einem weiteren, nicht mehr vorhandenen Haus zu kalibrieren.

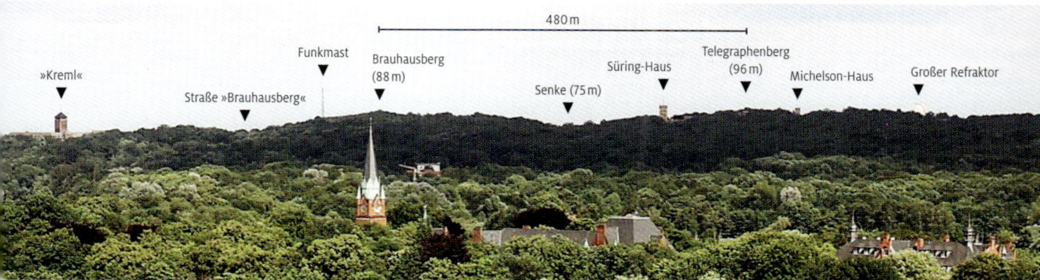

Horizontlinie Brauhausberg – Senke – Telegrafenberg

Ohne Station: Auf dem Gelände des Wissenschaftsparks befindet sich ein **Tiefbrunnen**, auf den jedoch an keiner Station hingewiesen wird. Der 40 Meter tiefe Brunnenschacht mit einem Durchmesser von gut fünf Metern verbirgt sich unter einem Brunnenhaus (52°22'57,4"N 13°3'58,5"O), das auf dem Wirtschaftshof steht. 191 Stufen führen nach unten. Neben der Wasserversorgung wurde er auch für verschiedene Messungen genutzt. Dazu wurde eine vom Brunnenschacht abzweigende Kammer angelegt. Heute erfolgt die Wasserversorgung aus dem Potsdamer Stadtnetz.

Neben dem Wissenschaftspark hat der Telegrafenberg aber auch noch weitere interessante Anlaufpunkte. Am südwestlichen Rand des Telegrafenberges befinden sich in einem Gebiet von über 20 Hektar 15 ehemalige Schießstände, die sogenannten **Jägerschießstände**, die unter anderem vom Garde-Jäger-Bataillon der Preußischen Armee genutzt wurden. Die Schussbahnen hatten eine Länge von 250 Metern bis 600 Metern (Mitte des Geländes etwa bei 52°22'27"N 13°3'32"O).

Am südwestlichen Ende dieses Gebietes fallen massive Mauern auf (52°22'19,5"N 13°3'28,3"O). Es handelt sich dabei um Kugelfänge für drei 25-Meter-Bahnen eines **Pistolenschießstandes**. Die Anlage befand sich in der Zuständigkeit der Volkspolizei der DDR und wurde vermutlich erst Anfang der 1950er Jahre errichtet.

Wie schon erwähnt, werden die Kuppen des Brauhausberges und des Telegrafenberges durch eine Senke getrennt, die besonders deutlich vom Dach des 14-stöckigen »Hauses der Athleten«, das zur Sportschule Potsdams gehört, zu sehen ist (52°22'54,3"N 13°1'18,3"O). Nach einer vorherigen schriftlichen Anmeldung bei der Leitung des Hauses ist ein begleiteter Ausblick möglich. Aber auch vom westlichen Ufer des Templiner Sees, zum Beispiel in Höhe des ehemaligen Ausflugslokals »Seekrug« (52°22'26,3"N 13°0'54,1"O), kann man – wenn auch nicht ganz so eindrücklich – die Senke erkennen.

→ Wanderstrecke bis zum Schanzenberg: 1,5 Kilometer

18 Schanzenberg

Forst Potsdam Süd

52°22'26,8"N 13°4'16,0"O

74,7 Meter

In manchen Karten aus der ersten Hälfte des 19. Jahrhunderts findet man südöstlich des Telegrafenberges einen Schanzenberg eingetragen. Der betreffende Hügel wurde jedoch nur zwischen 1810 und 1813 so genannt, weil an seiner Nordseite 1810 eine militärische **Feldschanze** errichtet wurde, vermutlich um die Verteidigung gegen einen angreifenden Feind zu üben.

Heute ist die nach Süden offene, sichelförmige Anlage in der freien Natur nur noch schwach zu erkennen (Scheitelpunkt der Brustwehr bei 52°22'29,8"N 13°4'13,0"O). Das Saugartengestell verläuft über den Hügel.

Gestell ist ein Wirtschaftsweg in der Forstwirtschaft.

→ Wanderstrecke bis zu den Kahle Bergen: 800 Meter

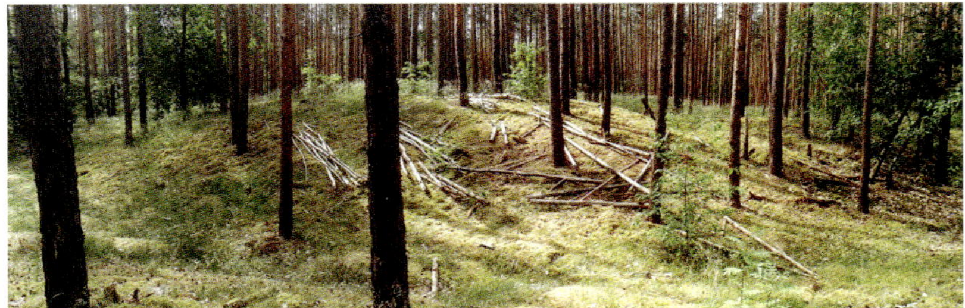

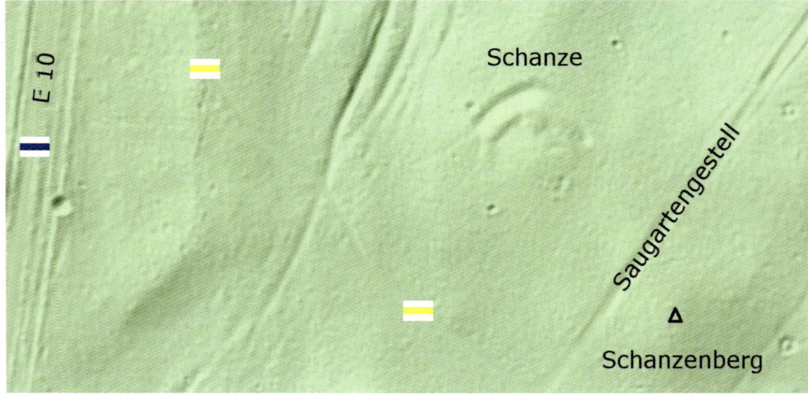

Brustwehr der ehemaligen Schanze, Schanze im digitalen Geländemodell[15]

19 Kahle Berge

Forst Potsdam Süd

52°22'6,5"N 13°4'19,6"O
86,7 Meter

Im Waldgebiet nordöstlich des Kleinen Ravensberges befinden sich mehrere kleine Hügel. Sie werden zusammenfassend als Kahle Berge bezeichnet. Das Gebiet ist heute aber alles andere als kahl. Hier wachsen vorrangig Kiefern, aber auch Birken, Eichen und Buchen.

Hin und wieder stößt man auf rote Zylinder, die aus der Erde ragen. Es handelt sich dabei um **Grundwassermessstellen**. An der Anzahl der oben herausragenden Anschlüsse kann man erkennen, wie viele Grundwasserhorizonte an dieser Stelle überprüft werden – teilweise sind es sogar vier (52°22'11,7"N 13°3'57,6"O).

Am südöstlichen Rand befindet sich in der Waldstadt II der etwa zwölf Meter hohe künstliche **Kletterturm »Kahleberg«** (52°21'50,9"N 13°5'6,3"O). Er wurde 2007 durch die Potsdamer Sektion des Deutschen Alpenvereins errichtet.

→ Wanderstrecke bis zum Schulberg: 1,8 Kilometer

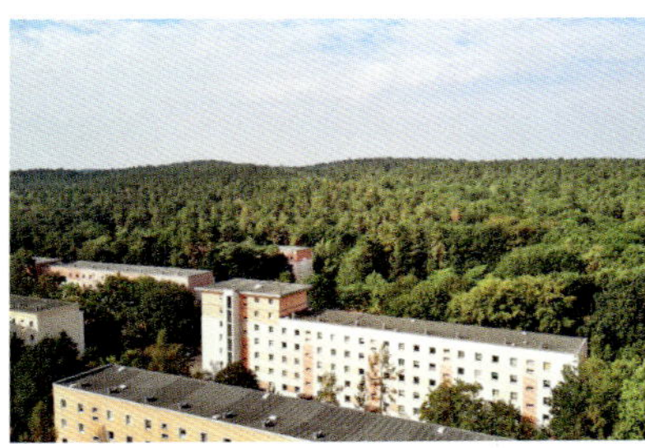

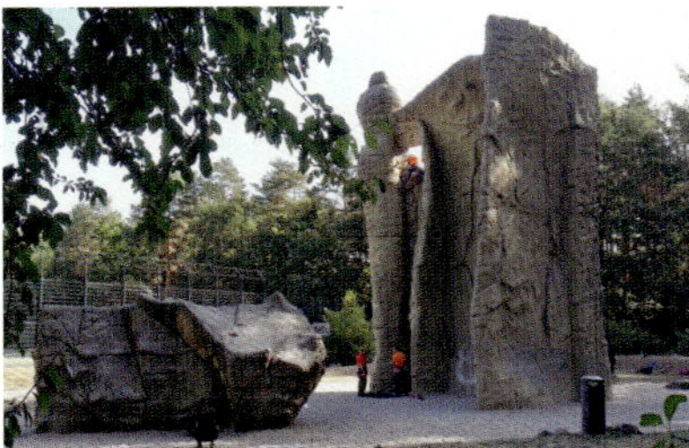

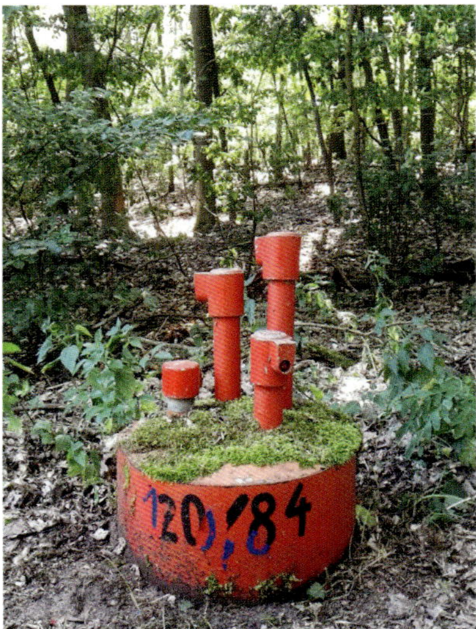

Kahle Berge vom Hochhaus »Zum Jagenstein 6« aus gesehen, Kletterturm, Grundwassermessstelle

20 Schulberg

Waldstadt I

52°22'1,5"N 13°5'42,5"O

40,2 Meter

Der Hügel neben der Waldstadt-Grundschule (früher 27. Polytechnische Oberschule »Friedrich Wolf«) wurde – zumindest vor der politischen Wende – von den damaligen Schülern Schulberg genannt.

Im mittleren Bereich befindet sich ein Bunker, dessen Eingänge in den 1990er Jahren zugeschüttet und somit unzugänglich gemacht wurden. Heute weist nur noch ein Warnschild, das durch Sträucher etwas verdeckt ist, darauf hin (52°22'6,1"N 13°5'38,5"O).

Südlich des Schulberges steht an der Kreuzung Friedrich-Wolf-Straße/Johannes-R.-Becher-Straße ein Keiler aus Kunststein (52°21'59,6"N 13°5'41,3"O). Der Caputher Künstler Horst Misch, von dem etliche Plastiken im öffentlichen Raum Potsdams zu bewundern sind, hat ihn 1987 zum Leben erweckt. Sicher haben die meisten Kinder der Waldstadt I schon einmal mit bangem Herzen davorgestanden. Die dahinter befindliche Wohngebietsgaststätte »Zum Keiler« ist leider seit 2018 geschlossen.

→ Wanderstrecke bis zum Kaninchenberg: 2,1 Kilometer

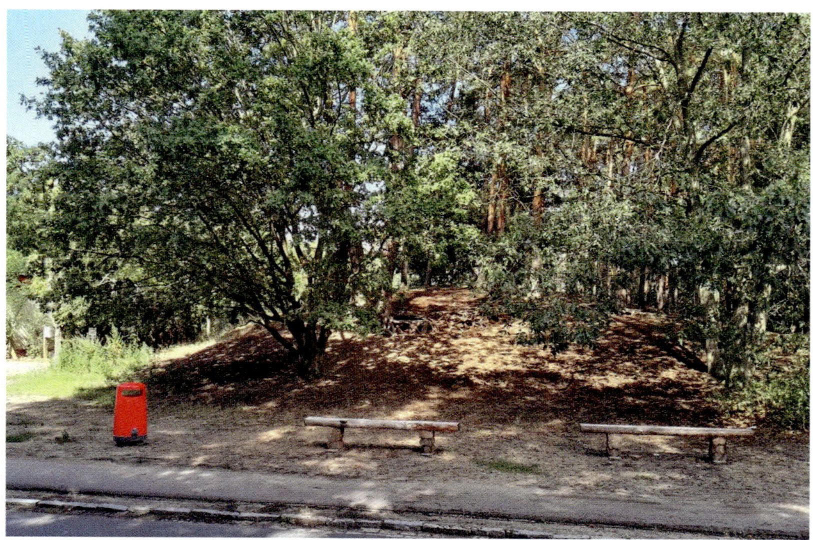

Schulberg von der Friedrich-Wolf-Straße aus gesehen

21 Kaninchenberg / Industriegelände

Industriegelände

52°21'22,8"N 13°6'48,0"O

39 Meter

Im Industriegelände Potsdam Süd liegt ein kleines, schwach hügeliges Waldstück, der Kaninchenberg. Hier befindet sich einer der ältesten Fundplätze von Hinterlassenschaften der ersten Bewohner dieser Gegend. Die Funde, die hier aufgesammelt wurden, werden der Mittleren Steinzeit zugeordnet. Die heute noch deutlich erkennbaren Gräben sind aber jüngeren Datums. Es handelt sich bei diesen um Schützengräben, die am Ende des Zweiten Weltkriegs angelegt wurden.

Nicht unerwähnt soll noch eine geologische Besonderheit bleiben – die sogenannten **Binnendünen**. Außer in der Parforceheide sind sie in Potsdam auch hier am Kaninchenberg zu finden. Diese zu schützende Bodenform zeichnet sich durch eine spezielle Flora und Fauna aus. Interessant ist, dass unter den Säugetieren besonders die Wildkaninchen den lockeren Boden lieben – womit auch der Name des Hügels geklärt sein dürfte. Heute liegt das Gebiet innerhalb eines eingezäunten Lagerplatzes des städtischen Bauhofs und ist somit nicht begehbar. Der Kaninchenberg soll aber als bewaldete Freifläche zur Entwicklung von Biotopstrukturen erhalten bleiben.

→ Wanderstrecke bis zum Kleinen Ravensberg: 4,5 Kilometer

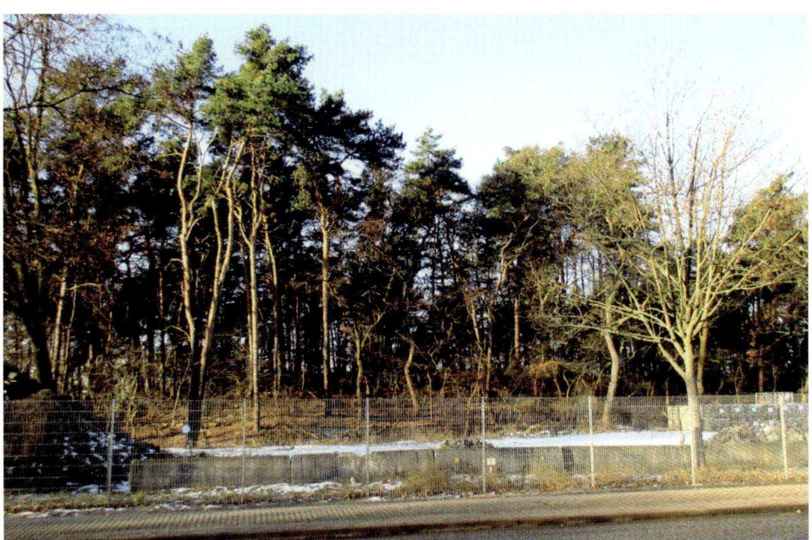

Kaninchenberg von der Straße »Verkehrshof« aus gesehen

22 Kleiner Ravensberg ★★

Forst Potsdam Süd

52°21'38,3"N 13°3'57,2"O

116 Meter[16]

Das Naherholungsgebiet Ravensberge ist sicher den allermeisten Potsdamern ein Begriff. Gewiss hat sich auch herumgesprochen, dass es den Großen und den Kleinen Ravensberg gibt. Vielleicht ist aber nicht ganz so bekannt, dass der Kleine Ravensberg der höchste Berg Potsdams ist. Moment – werden jetzt vielleicht einige sagen. Wenn es auch einen Großen Ravensberg gibt, wie kann dann der Kleine Ravensberg der höchste Berg Potsdams sein?

Dafür gibt es zwei Gründe: Erstens liegt der Große Ravensberg schon außerhalb der Potsdamer Stadtgrenzen (in der Gemeinde Nuthetal, Ortsteil Bergholz-Rehbrücke). Zweitens ist der Kleine Ravensberg knapp acht Meter höher als der Große Ravensberg. Als Grund für diesen überraschenden Umstand wird meistens angegeben, dass der Große Ravensberg eine größere Ausdehnung hat und damit eine größere Sandmenge umschließt als der Kleine Ravensberg mit seiner etwas spitzeren Form. Vielleicht waren aber auch in der Zeit, als die Bergnamen vergeben wurden, die Messungen noch nicht so exakt möglich.

Ein Bauwerk ist von sehr vielen Stellen aus zu sehen und dominiert die Silhouette des Kleinen Ravensberges – der **Feuerwachturm** (52°21'41,6"N 13°3'59,9"O). Der 36 Meter hohe Turm besteht in seiner heutigen Form seit 1978. Er ist inzwischen nicht mehr mit Personal besetzt. Die Überwachung erfolgt durch eine Digitalkamera, die das umliegende Waldgebiet kontinuierlich alle sechs bis acht Minuten abtastet und selbstständig mögliche Rauchentwicklungen analysiert. Wenn der Algorithmus »glaubt«, einen Brand erkannt zu haben, wird ein Signal an die Waldbrandzentrale in Bad Belzig gesendet, in der dann Forstmitarbeiter die Situation am Monitor überprüfen. Es könnten ja auch Staubwolken, Reflexionen auf der Autobahn oder Flugzeugabgase einen Brand vortäuschen. Der genaue Standort des möglichen Brandes wird durch Überkreuzpeilung von mindestens zwei Feuerwachtürmen bestimmt. Die nächste Kamera befindet sich auf dem Wietkikenberg bei Ferch (heute Ortsteil von Schwielowsee).

Der Feuerwachturm steht aber nicht an der höchsten Stelle des Kleinen Ravensberges. Hier befindet sich »nur« der Punkt mit der amtlich angegebenen Höhe von 114,2 Metern. Wenn man von hier auf dem Weg weiter in westlicher Richtung läuft, sieht man erst einmal linker Hand eine nach unten verlaufende Waldschneise (52°21'40,5"N 13°4'0,2"O). Durch diese ist am Horizont in einer Entfernung von etwa 15 Kilometern der 170 Meter hohe Schornstein des stillgelegten Heizwerkes Genshagen im heutigen Industriepark »Am Birkengrund« von Ludwigsfelde zu sehen.

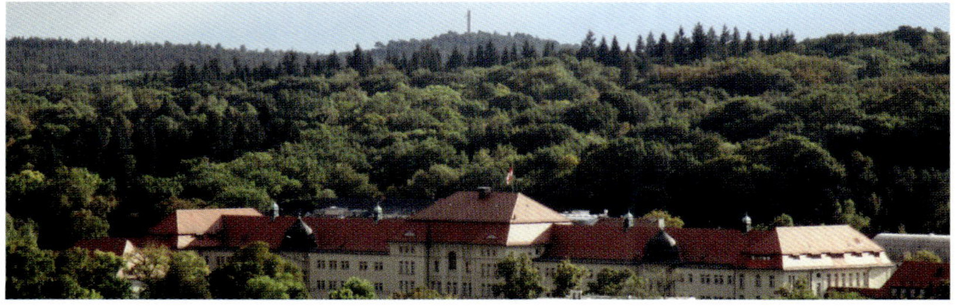

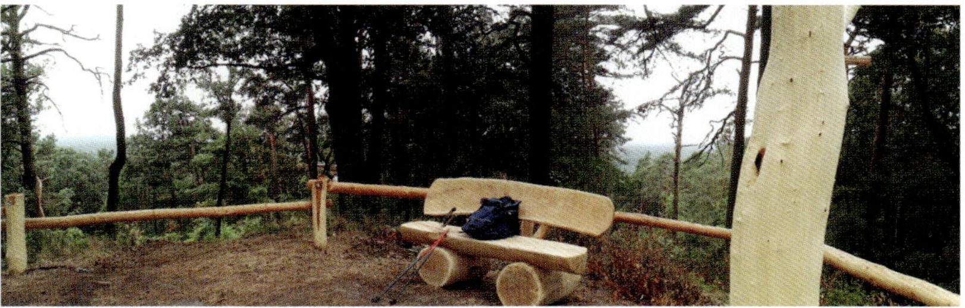

Kleiner Ravensberg vom Turm der Residenz Heilig Geist Park aus gesehen, darunter die höchste Stelle Potsdams mit zwei der vier freigeschnittenen Sichtfenster

Noch ein kleines Stück weiter auf diesem Weg, und man erreicht schließlich den höchsten Punkt des Kleinen Ravensberges. Lange Zeit hatte man von hier so gut wie keine Aussicht. Erst im Mai/Juni 2018 wurde dieser Bereich neu gestaltet. In vier Richtungen wurden **Sichtfenster** freigeschnitten, eine Sitzbank und eine Informationstafel aufgestellt sowie hölzerne Geländer angebracht.

Durch die Baumfenster kann man unter anderem Folgendes sehen:

- in östlicher Richtung das Kirchsteigfeld mit der Versöhnungskirche;
- in südlicher Richtung den Großen Ravensberg mit seinem Funkmast;
- in südwestlicher Richtung den Wietkikenberg mit seinem Turm;
- in nordwestlicher Richtung den 130 Meter hohen Schornstein in der Nähe des Werderaner Bahnhofs und den Wachtelberg in Phöben mit seinem Sendemast.

Neben dem Feuerwachturm ist auf dem Kleinen Ravensberg noch ein zweites, sehr interessantes Bauwerk zu finden. Geht man von der höchsten Stelle nicht den offiziellen Weg, der Teil des Europäischen Fernwanderweges E 10 ist, nach unten, sondern übersteigt eine der neuen Geländerstangen in südwestlicher Richtung, steht man nach wenigen Metern vor einer Ruine, dem sogenannten **Mirenhaus Süd** (52°21'38,1"N 13°3'55,1"O).

Was hat es damit auf sich? Schon in → 17 Telegrafenberg wurde angedeutet, dass für das Kalibrieren der Messinstrumente, die früher einmal auf dem Helmertturm standen, das turmartige Mirenhaus Süd hier auf dem Kleinen Ravens-

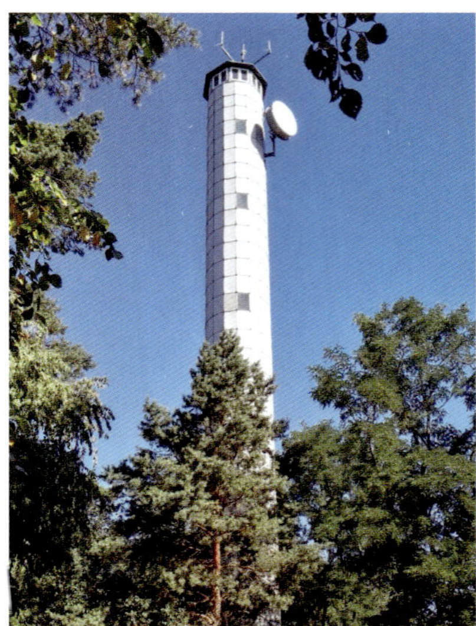
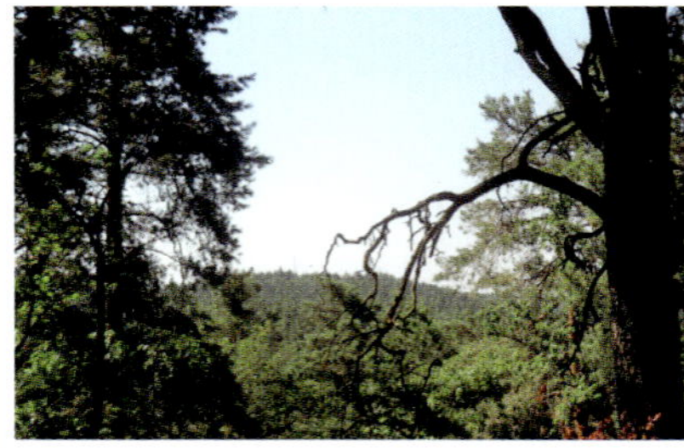
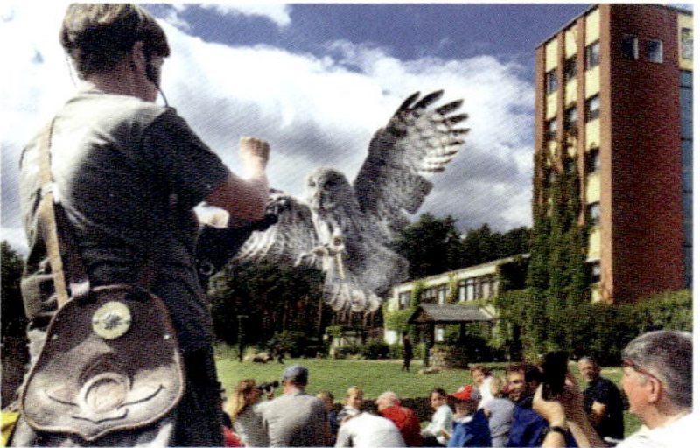

Feuerwachturm, Blick zum Großen Ravensberg mit Sendemast, Bartkauz »Ole« während einer Flugvorführung im Falkenhof

berg und das baugleiche Mirenhaus Nord (52°26'23,3"N 13°3'55,6"O) auf einem namenlosen Hügel im Königswald genutzt wurden (→ 69 Zedlitzberg).

Um vom Helmertturm aus Winkelmessungen zur Vermessung der Erde durchführen zu können, wurden für die Messgeräte verlässliche Referenzpunkte benötigt, deren Position über lange Zeiträume als konstant angesehen werden konnten. Dazu wurden die beiden Mirenhäuser gebaut, in denen Glühlämpchen so positioniert waren, dass man sie vom Helmertturm aus anpeilen konnte. Mirenhaus Nord, Helmertturm und Mirenhaus Süd bilden eine (fast) exakte Nord-Süd-Achse. Noch 1933/34 wurde von Messungen mithilfe der beiden Fernmiren berichtet. Für die nachfolgende Zeit ist keine weitere Nutzung der Mirenhäuser bekannt. Der heutige bauliche Zustand ist deshalb nicht überraschend, jedoch sehr bedauerlich. (Mire geht zurück auf lat. mirus = wunderbar, auffallend.)

Am nordöstlichen Hang des Kleinen Ravensberges wurde ab 2003 auf dem Gelände des Meteorologischen Dienstes (später des Deutschen Wetterdienstes) ein **Falkenhof** errichtet (52°21'44,1"N 13°4'32,9"O), der vom Verein Wald-Jagd-Naturerlebnis e. V. betreut wird. Hier sollen die Lebensweise einheimischer Greifvögel und weiterer Tierarten sowie deren Lebensräume interessierten Naturfreunden näher gebracht werden. Dazu werden regelmäßig spannende Flugvorführungen angeboten, die nicht nur von Kindern besucht werden. Gegen einen Zusatzbeitrag kann man sich mit einem Greifvogel fotografieren lassen.

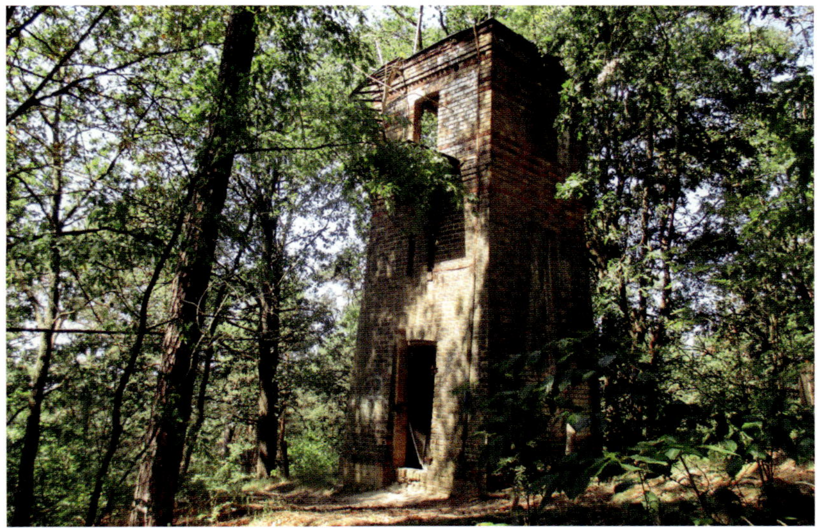

Mirenhaus Süd

Das Hochhaus wird vom Verein genutzt, unter anderem für das Archiv sowie zum Start der Vögel bei der Flugvorführung.

Nach Nordosten schließt sich ein Gelände der Energie und Wasser Potsdam GmbH an, auf dem sich vier **Trinkwasserhochbehälter** befinden, die 1975–77 erbaut wurden.

Ebenfalls am nordöstlichen Hang, unweit des Falkenhofes, befindet sich ein eingezäuntes Gelände mit einem kleinen, ruinösen Bauwerk (52°21'50,8"N 13°4'20,1"O). Es ist der Überrest eines **Beobachtungsbunkers** der Zivilverteidigung der DDR, der 1960/61 erbaut wurde. Die Außenmaße betragen sechs mal fünf Meter, der größere Raum hat eine Fläche von etwa zehn Quadratmetern. Die schießschartenähnlichen Öffnungen sind Sichtschlitze, die mit Panzerglas verschlossen waren. Hier wurden Luftbeobachtungen wegen befürchteter Bedrohungen durchgeführt. Baugleiche Bunker befanden sich auf dem → 28 Schäfereiberg und dem → 63 Kirchberg.

In den Potsdamer Wäldern findet man hin und wieder Plaketten an einzelnen Bäumen, zum Beispiel mit der Beschriftung »04712 Projekt Methusalem / Obf. Potsdam«. Was hat es damit auf sich? So gekennzeichnete Bäume wurden in das sogenannte **Methusalemprojekt** einbezogen, das seit 2004 in der Forst Brandenburg umgesetzt wird. Diese Bäume stehen nicht mehr für die forstwirtschaftliche Nutzung zur Verfügung. Sie »dürfen« natürlich altern und zerfallen und sollen dann als Totholz im Kreislauf des Waldes verbleiben, um somit

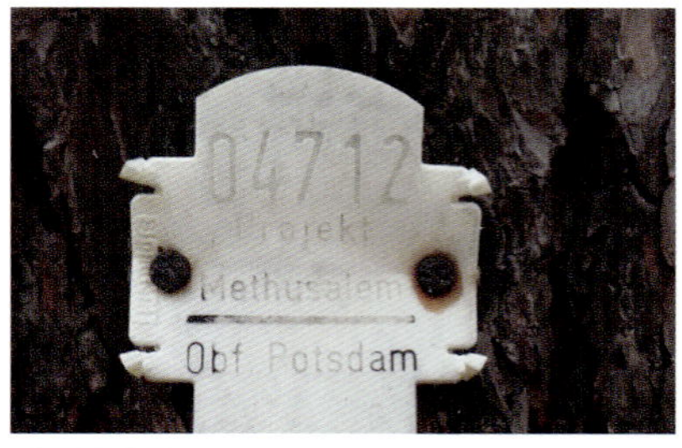

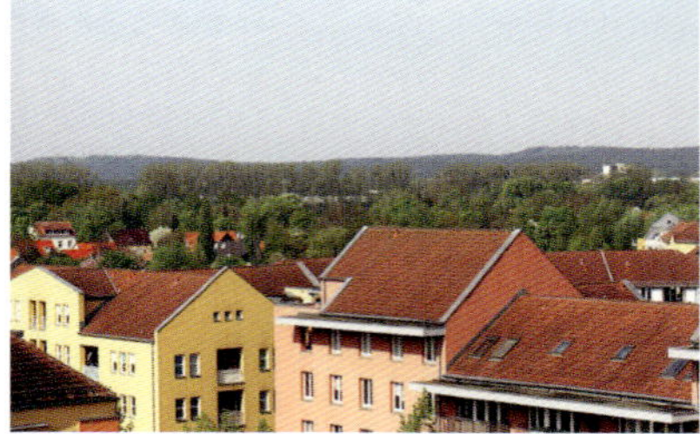
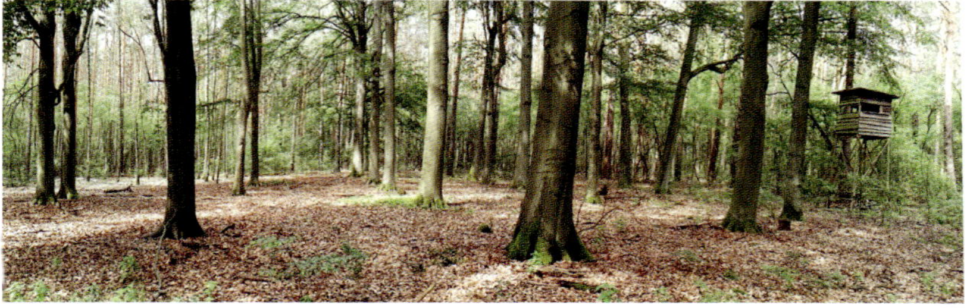

Plakette des Methusalemprojekts, Großer und Kleiner Ravensberg, Mortzfeldt'sches Loch

Lebensraum für kleine Tiere, Insekten und Pflanzen zu bilden. In allen Nadelholzbeständen ab einem Alter von durchschnittlich 80 Jahren und Laubholzbeständen ab durchschnittlich 100 Jahren sollten dafür fünf Bäume je Hektar ausgewählt werden.

Methusalem ist laut biblischem Bericht (1. Mose 5,21–27 im Alten Testament) der älteste Mensch, den es jemals gegeben hat. Er wurde 969 Jahre alt. Deshalb wird der Name häufig als Synonym für etwas sehr Altes verwendet.

Am südöstlichen Hang des Kleinen Ravensberges findet man am Ravensberggestell (zu Gestell → 18 Schanzenberg) als »Teilnehmer« des Methusalemprojekts zum Beispiel eine heute 94-jährige Gemeine Kiefer mit einer Höhe 24,9 Metern (52°21'26,0"N 13°4'16,5"O) und eine etwa 300-jährige Eiche mit einer Höhe von 19,5 Metern (52°21'23,5"N 13°4'11,6"O).

Eine Besonderheit ist noch am westlichen Rand des Kleinen Ravensberges zu finden: die **Mortzfeldt'schen Löcher**. Dabei handelt es sich nicht um ein Feld, auf dem ein Mord geschehen ist, sondern um eine Maßnahme des Landforstmeisters Justus Mortzfeldt. Er vertrat schon im 19. Jahrhundert die inzwischen allgemein anerkannte Auffassung, dass der hohe Nadelbaumanteil Waldbrände und Insektenbefall begünstigen. Deshalb orientierte er wieder auf Mischwälder.

Heute kann man zum Beispiel im wenig entfernten Grunewald auf einer Informationstafel Folgendes lesen:

Nachhaltigkeit! Wussten Sie schon ...?

... dass unser Ziel die Entwicklung naturnaher Mischwälder mit heimischen Laub- und Nadelbäumen ist? Nur so können wir zukunftsfähige, stabile und klimagerechte Wälder sicherstellen.

Ja, Mortzfeldt wusste es bereits. Deshalb wurden auf seine Anregung hin mitten in einem geschlossenen Kiefernbestand westlich des Kleinen Ravensberges 44 kreisförmige Bereiche mit einem Durchmesser von etwa 50 Metern angelegt und in ihnen Rotbuchen (heute 130-jährig) beziehungsweise Stieleichen (heute 122-jährig) angepflanzt. Die Laubbäume sind mitten im Nadelwald ganz auffällig in Reihe gepflanzt. Eine sehr typische Ausprägung findet man in der Forstabteilung 7326, die östlich vom Saugartengestell und südlich vom Lindengestell begrenzt wird. Besonders schön ist die Fläche bei 52°21'41,9"N 13°3'10,3"O.

Da es zwei Ravensberge gibt, den Kleinen mit dem breiteren Feuerwachturm und den Großen mit dem schlanken Funkmast, stellt sich die Frage, von welcher Stelle aus man beide Erhebungen deutlich getrennt sehen kann. Besonders eindrücklich ist dies vom Turm des Versöhnungszentrums im Kirchsteigfeld möglich, doch leider ist dies kein öffentlich zugänglicher Aussichtspunkt. Deshalb sei auf den Weg in Bergholz verwiesen, der an der Kleingartenanlage Am Buschweg e. V. parallel zum Bergholzer Graben verläuft (52°20'28,9"N 13°5'46,4"O). Auch vom – leider nur selten geöffneten – Normannischen Turm auf dem Ruinenberg lassen sich beide Ravensberge gut unterscheiden.

Bleibt die Frage: Woher stammt der Name Ravensberg? Die beiden Berge hießen früher einmal **Rabensberge** (beziehungsweise Rabenberge). Die Änderung in ihren heutigen Namen erfolgte aber nicht »über Nacht«. So steht einerseits schon im Lenné'schen Verschönerungsplan der Umgebung von Potsdam aus dem Jahr 1833 Ravensberg, während andererseits in einem Wanderführer aus dem Jahr 1907 noch von den Rabensbergen die Rede ist.

Aber noch spannender ist, dass »Raven« das niederdeutsche Wort für das hochdeutsche Wort »Raben« ist. Im 19. Jahrhundert erfolgte also ein Wechsel von der hochdeutschen Bezeichnung in die niederdeutsche Form.

Wie kam es dazu? Potsdam liegt an der Sprachgrenze zum Hochdeutschen, befindet sich aber noch im historisch niederdeutschen Sprachgebiet. Man kann also davon ausgehen, dass beide Sprachformen längere Zeit mehr oder weniger nebeneinander im Gebrauch waren. Da Flurnamen in der Regel nicht amtlich festgelegt, sondern eher mündlich verbreitet wurden, kam es vermutlich über einen längeren Zeitraum zu wechselnden Bezeichnungen. Letztlich setzte sich eine durch – und das war bei lokalen Namen meistens die im Volksmund weiter verbreitete Form.

→ Wanderstrecke bis zum Großen Ravensberg: 1,7 Kilometer

23 Großer Ravensberg ★★

Nuthetal Ortsteil Bergholz-Rehbrücke

⌖ 52°21'2,4"N 13°4'1,2"O

⋀ 108,8 Meter

Der Große und der Kleine Ravensberg werden durch eine Senke getrennt, in der die Grenze zwischen Potsdam und der Gemeinde Nuthetal verläuft. Der Große Ravensberg liegt somit schon außerhalb von Potsdam – jedoch nur wenige Hundert Meter. Deshalb gehört er zu den Bergen, die von den Potsdamern gern noch vereinnahmt werden.

Ein Abstecher dahin lohnt sich auf jeden Fall. Über den Europäischen Fernwanderweg E 10, der über beide Gipfel verläuft, hat man vom Kleinen Ravensberg kommend nach etwa 1,7 Kilometern das Ziel erreicht.

Auf dem Gipfel befindet sich die **Waldschule** »Waldhaus Großer Ravensberg«, an deren Eingang auf einem Findling ein bedenkenswerter Spruch von Hermann Löns steht: *Laß Deine Augen offen sein / geschlossen Deinen Mund / und wandle still / so werden Dir / geheime Dinge kund.*

Das Waldhaus, in dem Interessierten der Wald mit seinen Tieren und Pflanzen nahegebracht wird, hat ein vielfältiges Angebot für alle Altersgruppen. In einer Wildtierstation können einheimische Tiere beobachtet werden. Außerdem befinden sich auf dem Gelände ein **Geschiebegarten** und im Waldhaus eine Geschiebeausstellung mit Objekten aus dem südlich von Potsdam gelegenen Naturraum. Von einer hölzernen Aussichtsplattform – kein Aussichtsturm, wie es auf mehreren Hinweistafeln fälschlicherweise heißt – ist ein eingeschränkter Ausblick nach Nordosten in Richtung Berlin und Potsdam-Süd möglich. Die Waldschule wird wie der Falkenhof auf dem → 22 Kleinen Ravensberg vom Verein Wald-Jagd-Natur-Erlebnis e. V. betreut.

Im Gelände der Waldschule fällt ein kleines Bauwerk mit einer Kuppel auf. Wer dabei an ein Miniplanetarium denkt, liegt nicht völlig verkehrt. Im Rahmen einer Kooperation sozialistischer Länder wurde 1970 auf dem Großen Ravensberg eine **Satellitenbeobachtungsstation** errichtet, die bis 1991 genutzt wurde.

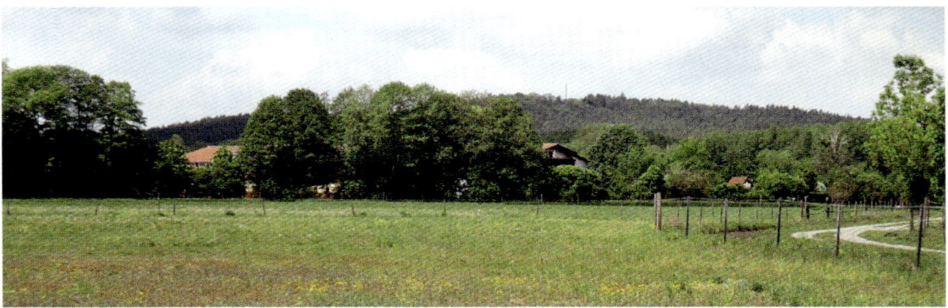

Großer Ravensberg vom Bergholzer Graben aus gesehen

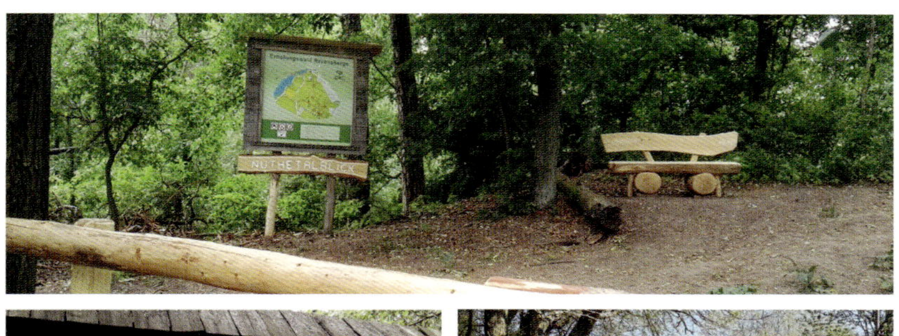

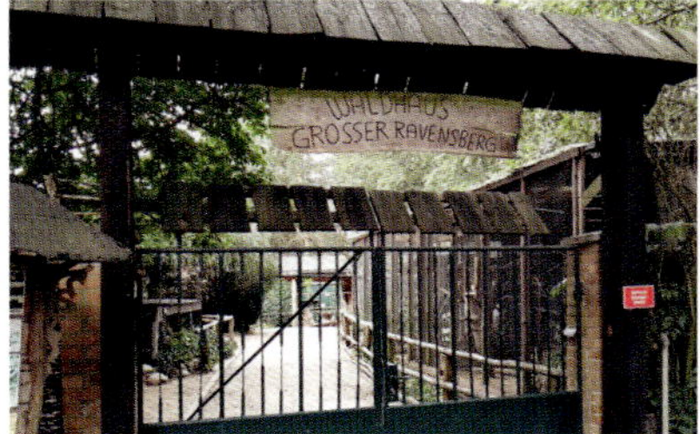

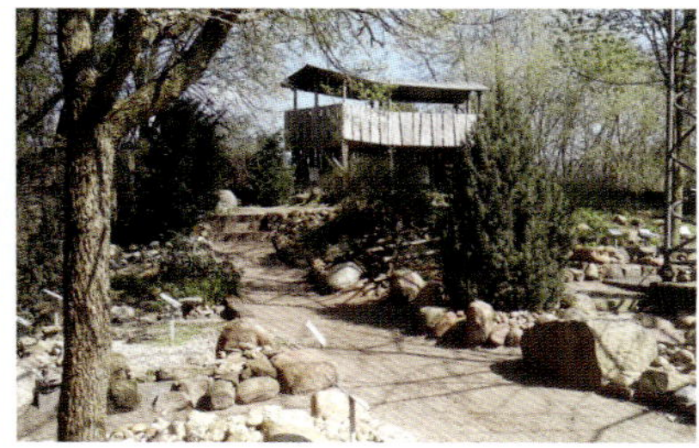

Nuthetalblick, Eingang zur Waldschule mit Tiergehege, Geschiebegarten und Aussichtsplattform

Der ebenfalls auf dem Gelände stehende und weithin sichtbare **Gittermast** wird von Behörden und Organisationen mit Sicherheitsaufgaben genutzt.

Auch außerhalb des Waldschulgeländes gibt es Interessantes zu entdecken. So wurden im Frühjahr 2020 am Europäischen Fernwanderweg E 10 in Richtung Teufelssee mehrere Sichtachsen angelegt. Die erste befindet sich unmittelbar unterhalb der Aussichtsplattform und ermöglicht einen Blick in Richtung Berlin und den südöstlichen Bereich von Potsdam (52°21'2,6"N 13°4'1,4"O). Etwa 85 Meter in Richtung Süden stößt man auf den neu angelegten **Nuthetalblick** (52°21'0"N 13°4'2,8"O) mit drei Sichtachsen, einer Informationstafel und einer Bank. Dabei fallen besonders ins Auge:

- in Richtung Drewitz, Kirchsteigfeld und Rehbrücke: die Heizkraftwerke Potsdam-Süd und Berlin-Lichterfelde;
- in Richtung Bergholz: die Windräder von Großbeeren/Kleinbeeren;
- in Richtung Bergholz und Saarmund: ein Teil der Bahnstrecke zwischen Potsdam-Rehbrücke und Wilhelmshorst sowie die Kirche von Saarmund.

Am Großen Ravensberg wurde ein interessanter Lehrpfad mit mehreren Schautafeln angelegt. Außerdem findet man neben vielen Nistkästen auch Flachkästen für Waldfledermäuse, die an der Unterseite schmale Einflugschlitze besitzen.

In nächster Nähe befinden sich aber noch drei weitere lohnende Ziele. Zuerst sei das Naturschutzgebiet »**Moosfenn**« genannt. Es liegt am nordwestlichen Rand des Großen Ravensberges (52°21'14"N 13°3'37"O) und ist nur etwa 800

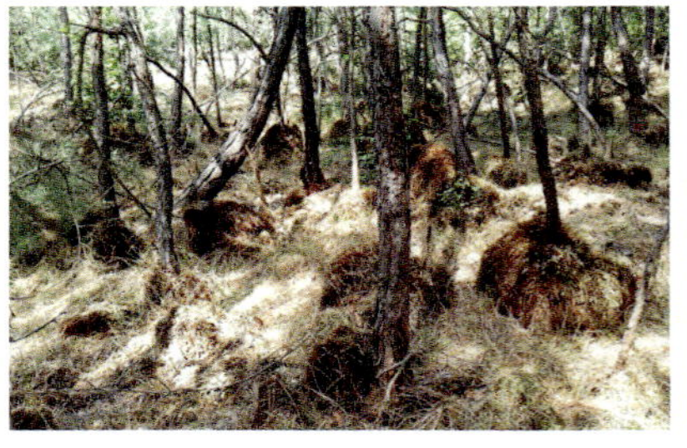

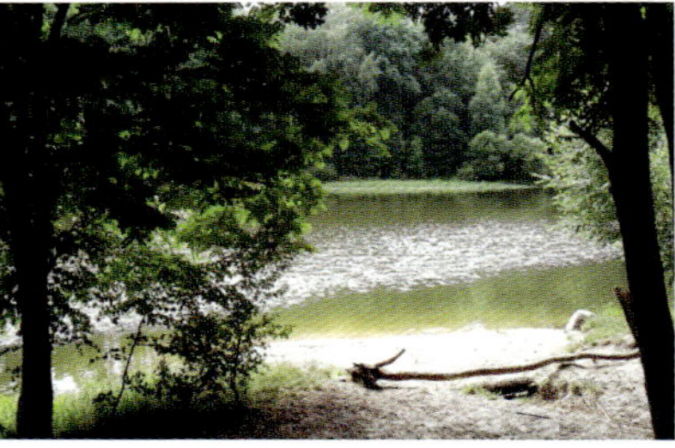

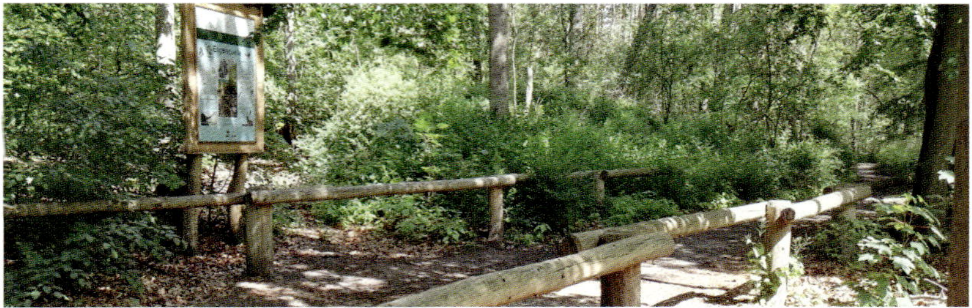

Moosfenn, Teufelssee, Engelsquelle

Meter entfernt. Dieses einzige Hochmoor in der Umgebung von Potsdam wurde schon 1937 unter Schutz gestellt. Besonders markant sind die beiden Moorkieferarten, die in deutlich unterscheidbaren Moorzonen wachsen. Das Moor steht jedoch in der Gefahr auszutrocknen. Man kann davon ausgehen, dass das unter der Schwingdecke befindliche Wasserkissen inzwischen nahezu aufgebraucht ist. Es ist zu hoffen, dass die bemerkenswerte Vegetation dadurch nicht dauerhaft Schaden erleidet.

Am südöstlichen Rand des Großen Ravensberges ist der bekannte **Teufelssee** zu finden (52°20'54"N 13°4'14"O). Man erreicht ihn über den E 10 nach etwa 700 Metern. Der etwa acht Meter tiefe See ist ein beliebtes Ziel von Spaziergängern.

Erst seit Kurzem ist die **Engelsquelle** wieder ins Bewusstsein gerückt (52°21'11,6"N 13°4'44,3"O). 1844 legte Ludwig Ferdinand Hesse für die Springbruchquelle ein Sammelbecken an, das von einer steinernen Bank mit einer Engelsstatue umbaut wurde. Davon ist inzwischen leider nichts mehr zu sehen. Die heute nur noch unregelmäßig sprudelnde Quelle wird vom Schichtwasser der Ravensberge gespeist. Eine aufgestellte Informationstafel vermittelt Interessantes zur Geschichte, Geologie, Hydrologie und zu Flora und Fauna im Quellbereich.

Zur Namensgebung des Berges und zum Größenverhältnis von Großem und Kleinem Ravensberg siehe → 22 Kleiner Ravensberg.

→ Wanderstrecke bis zum Rollberg (bei Nutzung der Bahnüberführung der Michendorfer Chaussee): 3,7 Kilometer

24 Rollberg

Forst Potsdam Süd

52°20'44,3"N 13°3'14,1"O
65,1 Meter

Der Rollberg ist der südlichste Berg Potsdams. Er reicht bis in das Gebiet hinein, das in der Bevölkerung als »**Sago-Gelände**« bekannt ist. Hier wurden in den 1950er Jahren Unterkünfte für die Bauarbeiter errichtet, die den Teil des Berliner Außenringes zwischen Saarmund und Golm bauten – daher die Abkürzung »Sago«. Anschließend wurde das Gelände durch die Grenztruppen der DDR als Versorgungslager genutzt. Bis zur politischen Wende erfolgte hier die Ausbildung der berüchtigten **Diensthunde**, die dann im »Todesstreifen« zum Einsatz kamen. Der heute eingezäunte Bereich ist enger gefasst als das ursprüngliche Sago-Gelände. In dem jetzt zugänglichen Bereich findet man noch Überreste der ehemaligen Nutzung, unter anderem Hürden und hohe Sprungwände (52°20'48,2"N 13°3'7,3"O) für die Hundeausbildung.

In dem stark zerklüfteten westlichen Teil des Rollberges sind noch Spuren der militärischen Nutzung des Sago-Geländes zu erahnen. So wurde hier auch ein **Schießstand** angelegt. Er ist noch an zwei länglichen Gräben mit seitlichen Erdwällen (52°20'46,9"N 13°3'10,0"O und 52°20'43,8"N 13°3'12,6"O) sowie an einem Kugelfang aus Holzbohlen zu erkennen.

Am Rand des Rollberges kann man mitten im Wald auf kleine Bauten stoßen, die ein Stück aus der Erde herausragen. Es handelt sich dabei um Aufbauten eines Bunkers der ehemaligen Ausweichführungsstelle der Bezirksbehörde der Deutschen Volkspolizei Potsdam, der hier Ende der 1970er Jahre gebaut wurde.

Wer oder was früher einmal vom Rollberg gerollt wurde, konnte noch nicht geklärt werden. Von einer ähnlichen Anlage wie auf der Pfaueninsel, dem russischen »Rollberg«, ist nichts bekannt. Dies war eine hölzerne Rampe, von der die Kinder König Friedrich Wilhelms III. in kleinen Wagen herunterrollen konnten.

→ Wanderstrecke bis zum Saugartenberg: 1,3 Kilometer

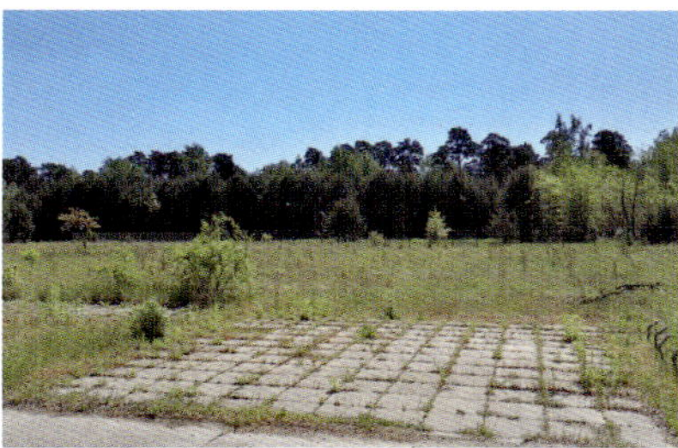

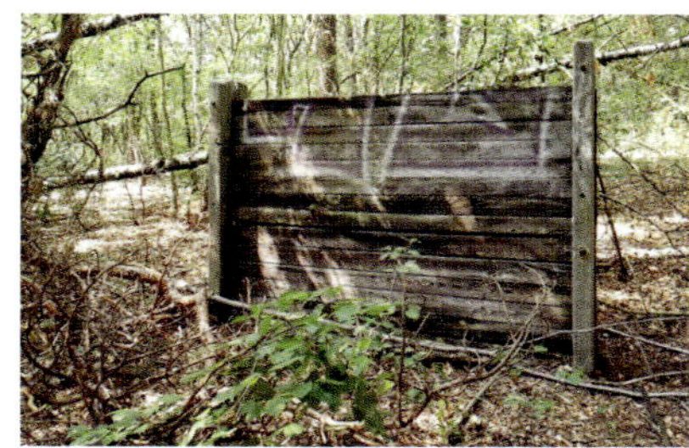

Rollberg vom Nordwesten aus gesehen, Sprungwand für die Hundeausbildung

25 Saugartenberg

Forst Potsdam Süd

52°20'60,0"N 13°2'23,4"O

82,6 Meter

Der Wald um den Saugartenberg ist ein schönes Wandergebiet, auch wenn die höchste Stelle keine Besonderheiten aufweist. Der **Saugartensee** (52°20'49,1"N 13°2'13,5"O) wird gern als Wanderziel genutzt, obwohl dieses Flächennaturdenkmal mittlerweile verlandet ist.

Interessant sind auf jeden Fall drei Denkmäler, die am nordwestlichen Rand des Saugartengebiets im Wald versteckt sind. Zum einen wäre das **Klasskreuz** zu nennen, das für den am 25. August 1825 von Wilderern erschossenen Leutnant Klass errichtet wurde (52°21'29,5"N 13°2'3,0"O).

In unmittelbarer Nähe sollte ein Straßenbahngleis von Potsdam nach Caputh verlegt werden. Eine etwa 1,5 Kilometer lange grabenförmige Vertiefung für die geplante Trasse ist heute noch gut zu erkennen (zum Beispiel bei 52°21'29,3"N 13°2'3,7"O). In → 16 Brauhausberg wurde schon erwähnt, dass die konkrete Ausführung dann aber nur bis zum neuen Schützenhaus »Ravensburg« erfolgte.

Reichlich 500 Meter westwärts in Richtung Forsthaus Templin ist im Wald ein weiteres Denkmal zu finden, der **Tammstein** (52°21'33,6"N 13°1'36,6"O). Die Inschrift auf der Vorderseite lautet: *DEM / KOENIGL: PR: COMMERCIENRATH / IOHANN AUGUST TAM / GEB: DEN XXIIITEN IANUAR MDCCXXXIIII. / GEST DEN XXVIIITEN AUGUST MDCCIIC.* (Dem Königlichen Preußischen Kommerzienrat Johann August Tamm, geb. den 23. Januar 1734, gest. den 28. August 1798.) Auf der Rückseite steht: *DENKMAHL DER KINDLICHEN LIEBE UND DANKBARKEIT.*

Das Anwesen des heutigen Forsthauses Templin gehörte Arnold Dietrich Tamm, der es 1797 zu einem Herrensitz ausbaute. Tamm ließ zudem das Steindenkmal für seinen Vater setzen, das fälschlich als Grabmal gilt.

Schließlich sei noch auf die **Marienquelle** hingewiesen, die sich an der Templiner Straße zwischen Forsthaus Templin und Caputh befindet (52°21'13,1"N 13°1'3,4"O). Friedrich August Stüler errichtete das Backsteinbauwerk 1855 im Auftrag von König Friedrich Wilhelm IV. als Waldtränke. Als Vorbild diente das Grab der Maria im Kidrontal bei Jerusalem.

Auch wenn das Wort »Saugarten« nicht im Duden steht, ist dessen Ursprung leicht zu erraten. Die Bezeichnung rührt von einem Wildschweingehege her, das Kurfürst Joachim II. in diesem Bereich 1515 anlegen ließ. Auch noch zur Zeit König Friedrich Wilhelms I. wurde hier Schwarzwild für Parforcejagden gehalten.

→ Wanderstrecke bis zum Kieskutenberg: 3,1 Kilometer

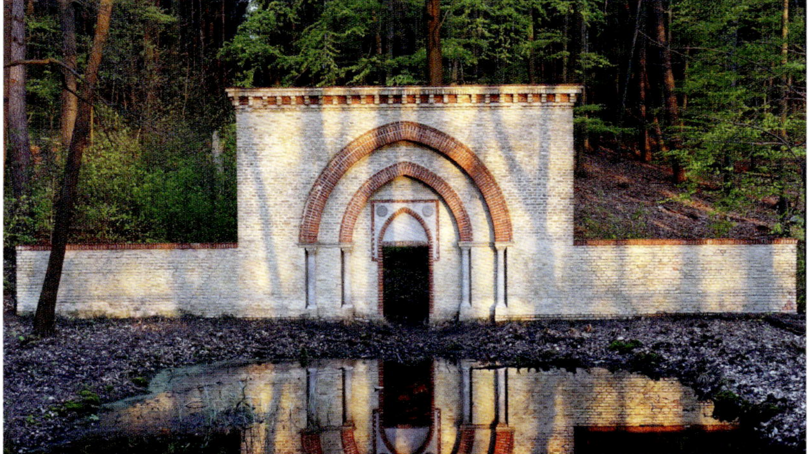

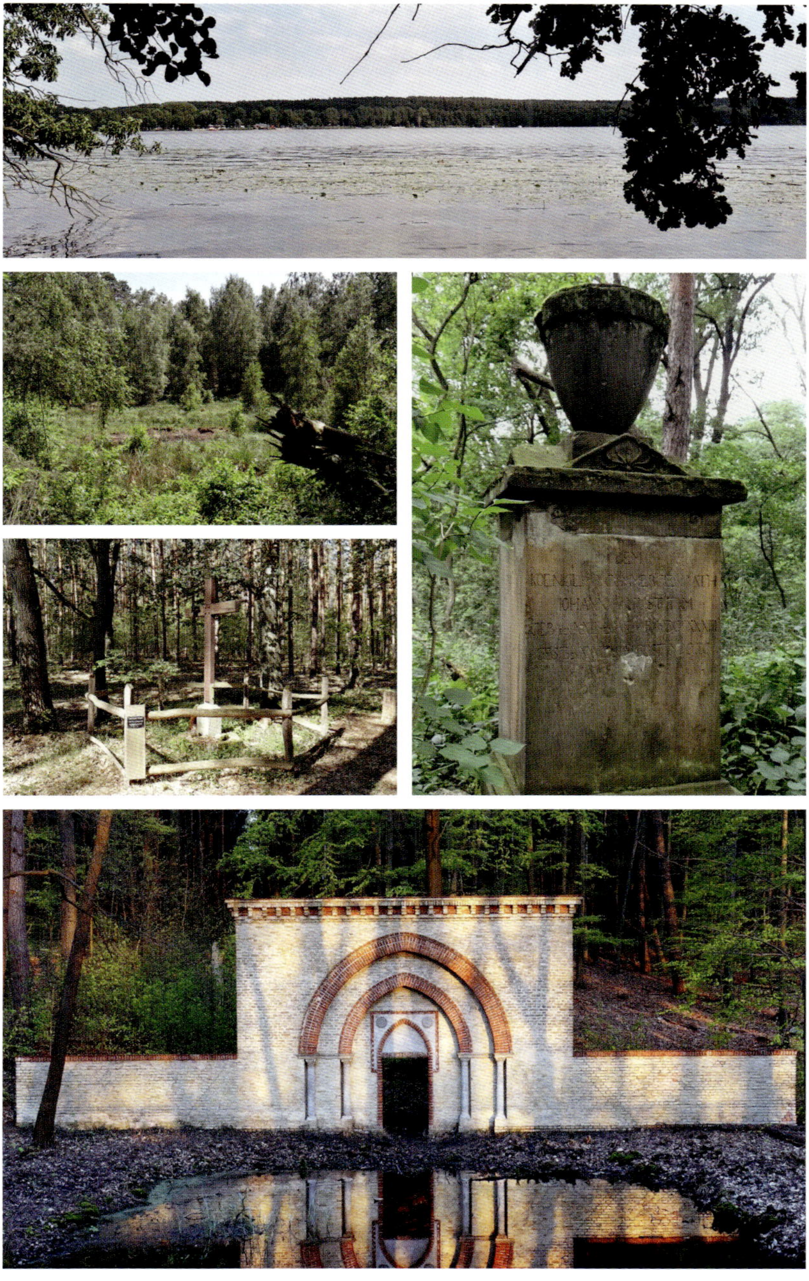

Saugartenberg mit Strandbad Templin von Pirschheide aus gesehen, verlandeter Saugartensee, Klasskreuz, Tammstein, Marienquelle

26 Kieskutenberg

Forst Potsdam Süd

52°22'11,2"N 13°2'13,3"O

65 Meter

Obwohl der Kieskutenberg außerhalb des Potsdamer Stadtzentrums liegt – nämlich im Naherholungsgebiet Ravensberge –, gibt es hier einiges zu entdecken.

Zuerst soll auf eine auffällige schmale Waldschneise verwiesen werden, die im östlichen Bereich des Kieskutenberges endet (52°22'10,5"N 13°2'40,0"O). Hier, auf der 960 Meter langen sogenannten Standardbasis wurden seit 1931 Eichungen für die Landesvermessung durchgeführt. Aus dieser Zeit stammen die kleineren Beobachtungspfeiler, das Holzhäuschen am Anfang der Anlage, einige Aufbauten im mittleren Teil und der eingezäunte Bereich am Ende. Nach dem Zweiten Weltkrieg stellte die Einrichtung als »Standardbasis Potsdam« das geodätische Längennormal der DDR dar. Ergänzend wurde 1955 neben der Messbahn das steinerne Komparatorhaus (52°22'33,0"N 13°3'2,4"O) mit einem Messraum von 35 Metern Länge gebaut. Seit 1995 wird die etwas verkürzte Strecke von 723 Metern Länge als **Landeskalibrierungsstrecke** genutzt, um Vermessungsgeräte zu überprüfen. Die sieben größeren Beobachtungspfeiler werden für die aktuelle Kalibrierung genutzt.

Am Rande der Waldwege trifft man bisweilen auf rote, kurze Säulen, die von Weitem wie Hydranten aussehen. Diese sind aber im Wald kaum zu erwarten. Es handelt sich hier um **Grundwassermessstellen**, mit denen die Grundwasserverhältnisse im Einzugsgebiet des Wasserwerkes in der Leipziger Straße überwacht werden (→ 19 Kahle Berge). Die Beschriftung zeigt an, in welchem Jahr die Messstelle eingerichtet wurde. So bedeutet zum Beispiel 18/75, dass es sich um die Messstelle Nr. 18 aus dem Jahr 1975 handelt (52°22'14,0"N 13°2'19,4"O).

Parallel zur Templiner Straße verläuft ein Hochuferweg, der Teil des Europäischen Fernwanderweges E 11 ist. Hier kann man eine runde, ausgemauerte Grube von etwa sechs Metern Durchmesser entdecken (52°22'15,3"N 13°2'9,0"O). Dies ist der Überrest einer 1911 gebauten **Kläranlage**, in die ab 1913 die Abwässer der Teltower Vorstadt geleitet wurden. 1968 wurde die Anlage stillgelegt.

Der aufmerksame Wanderer findet auch in diesem Bereich mehrere alte Bäume, die eine nummerierte Plakette tragen. So befindet sich zum Beispiel an einer Eiche eine Plakette mit der Aufschrift »04177 Projekt Methusalem / Obf. Potsdam« (52°22'14,6"N 13°2'8,6"O). So gekennzeichnete Bäume wurden in das sogenannte **Methusalemprojekt** einbezogen, das in → 22 Kleiner Ravensberg erläutert wird.

Von dem in unmittelbarer Nähe befindlichen **Aussichtspunkt**, Havelblick genannt, mit einer Bank (52°22'13,2"N 13°2'4,4"O) hat man einen eingeschränkten Blick auf die Havel und die Südspitze der Insel Hermannswerder. Über den

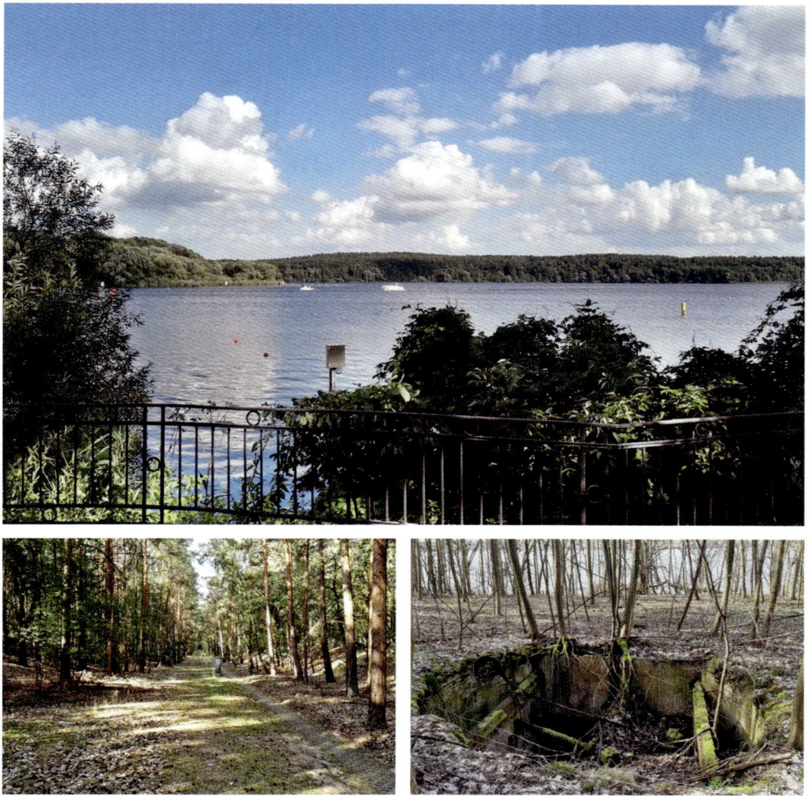

Kieskutenberg vom westlichen Ufer des Templiner Sees aus gesehen, Landeskalibrierungsstrecke, ehemalige Kläranlage

Baumwipfeln sieht man die Kuppel des Neuen Palais und die beiden Kuppeln der Communs im Park Sanssouci.

Von der höchsten Stelle des Kieskutenberges sind es nur knapp 400 Meter bis zum Rand einer Sandgrube (52°22'2,8"N 13°2'19,0"O), in der seit 1966 Sand abgebaut wird. Die Grube besteht aus zwei Teilen: Im nördlichen Teil (etwa 26 Hektar) wurde die Sandentnahme 1980 eingestellt und das Areal bis 1987 rekultiviert. Der südliche Teil (etwa 23 Hektar) dient weiterhin der Sandgewinnung.

Der etwa drei Hektar große östliche Teil des renaturierten Bereiches wurde 1988 zum Flächennaturdenkmal »**Sandgrube am Kieskutenberg**« erklärt (Mitte etwa bei 52°21'54,0"N 13°2'27,0"O). Durch anfangs regelmäßig durchgeführte Naturschutzarbeiten hatten sich hier zahlreiche seltene Tier- und Pflanzenarten angesiedelt. Diese Aktivitäten scheinen leider inzwischen stark eingeschränkt zu sein. Nach dem Durchqueren der nördlichen Grube erreicht man den Rand

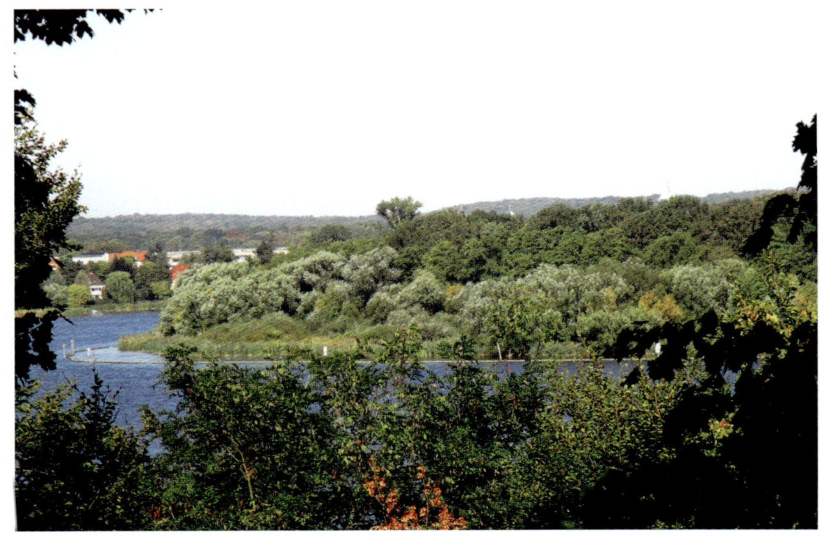

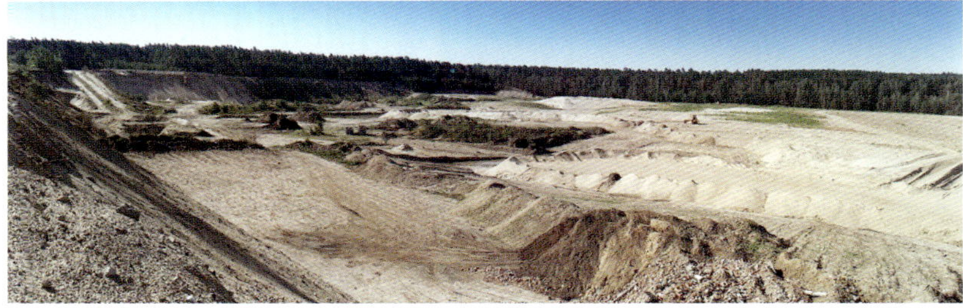

Havelblick vom Aussichtspunkt, Kiesgrube Potsdam Süd

der noch aktiven südlichen Grube, der »Kiesgrube Potsdam Süd« (52°21'51,7"N 13°2'15,5"O), in die sich ein Blick durchaus lohnt.

Zur Erklärung des Namens »Kieskutenberg« sei noch ergänzt, dass im norddeutschen Bereich eine Grube oder ein Loch als Kute bezeichnet wird. Somit ist eine Kieskute nichts anderes als eine Kiesgrube. Da dieser Name bereits auf Karten aus dem 19. Jahrhundert zu finden ist, muss schon damals in diesem Bereich Sand oder Kies abgebaut worden sein. Belegt ist immerhin, dass für den Bau der Michendorfer Chaussee 1803/04 in der Potsdamer Heide an 20 verschiedenen Stellen Baumaterial gewonnen wurde. Das Gebiet um den Kieskutenberg gehörte möglicherweise dazu.

→ Wanderstrecke bis zum Kellerberg im Wildpark: 4,5 Kilometer

27 Kellerberg / Wildpark ★

Wildpark

⌖ 52°23'1,4"N 13°0'5,8"O

⩘ 62,6 Meter

Nach dem Schäfereiberg und dem Großen Entenfängerberg ist der Kellerberg die dritthöchste Erhebung im Wildpark. Von der höchsten Stelle, über die die große Wildparkroute führt, sind durch eine Sichtschneise das Belvedere auf dem Klausberg sowie die Kuppeln des Neuen Palais und der Communs zu erkennen. Deshalb wird dieser Punkt **Palais-Blick** genannt. Die 2005 angelegte Schneise wurde ausschließlich mit einheimischen kleinwüchsigen Gehölzen bepflanzt, um den Ausblick dauerhaft zu gewährleisten.

Am Nordhang des Hügels befindet sich die **Wildmeisterei** (52°23'8,9"N 12°59'24,2"O). Das 1842 von Ludwig Persius im mittelalterlich-normannischen Stil errichtete Gebäude war ursprünglich Dienst- und Wohnsitz des Hegemeisters. Seit 1992 befindet sich hier die **Waldschule**, zu der eine Waldhütte, ein Stufenteich, ein Insektenhotel, ein Bienenstock, ein Waldtheater und eine Streuobstwiese gehören. Die Waldschule hat zahlreiche Angebote für Schüler aller Klassenstufen. Seit der Rekonstruktion des Gebäudes 2004/05 hat hier zusätzlich der zuständige Revierförster seinen Dienstsitz.

Während des Zweiten Weltkriegs befanden sich auf dem Kellerberg drei Flakgeschütze. Bei einer Wanderung durch den Wald kann man heute noch auf kleine Betonsockel stoßen (zum Beispiel bei 52°23'1,5"N 13°0'5,0"O). Sie wurden von den Flaks als Fundamente für die Vierbeinlafette genutzt.

Das den Kellerberg umgebende Waldgebiet enthält mehrere sehr **alte Bäume**. Zu nennen wären die älteste und stärkste Esskastanie (52°23'3,5"N 13°0'3,1"O). Auch die älteste Robinie Potsdams, die fälschlicherweise als Akazie bezeichnet wird, ist hier (in der Akazienallee!) zu finden (52°23'15,5"N 13°0'4,3"O). Schließlich sei noch auf mehrere sehr alte Lärchen (52°23'16,5"N 12°59'24,5"O) verwiesen.

In verschiedenen Karten ist am westlichen Rand des Kellerberges eine **Hegemeisterbuche** verzeichnet. Was hat es damit auf sich? Im Wildpark gibt es mehrere aus dem 18. Jahrhundert stammende, über 350 Jahre alte Rotbuchen. Ein besonders markantes Exemplar wurde 1996 am internationalen Tag des Baumes (25. April) stellvertretend für alle alten Buchen ausgezeichnet, indem es den Namen »Hegemeisterbuche« erhielt. Da dieser Baum schon kurze Zeit später starb, wurde der Name auf eine andere in der Nähe befindliche Buche übertragen. Aber auch dieser Baum wurde schon vor Jahren durch einen starken Sturm entwurzelt und darf nun als Totholz noch einen guten Zweck erfüllen. Es lohnt sich also nicht mehr, diese Stelle aufzusuchen, es sei denn, man interessiert sich für das geschnitzte Namensschild (52°23'1,0"N 12°59'49,8"O), das mit

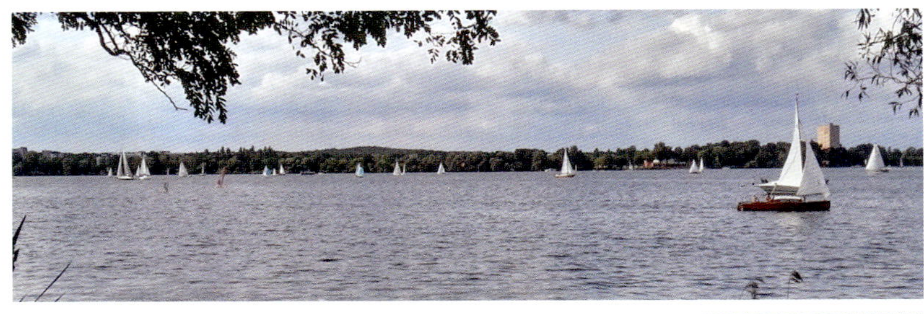

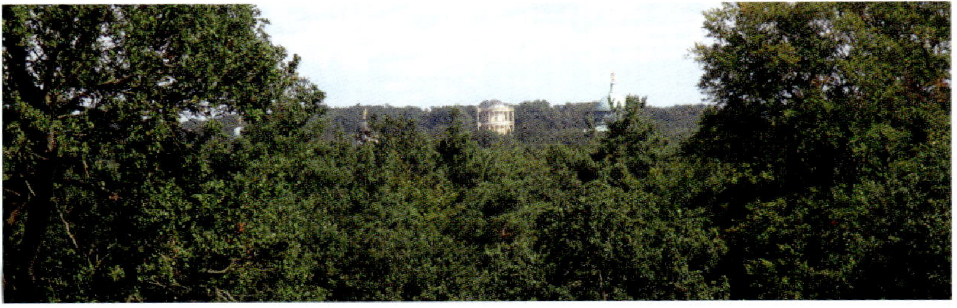

Kellerberg von der Templiner Straße aus gesehen, Palais-Blick

seiner Breite von 1,71 Metern erstaunlicherweise immer noch allen Wetterkapriolen getrotzt hat. Wer lebende alte Buchen sehen möchte, dem sei der Bereich des Wildparks besonders empfohlen, der an den → 29 Großen Entenfängerberg angrenzt.

Auch im Wildpark wurden Bäume in das **Methusalemprojekt** aufgenommen (→ 22 Kleiner Ravensberg). Passenderweise steht neben der Station »Totholz« des Waldlehrpfades eine abgestorbene alte Kiefer (52°23'5,5"N 13°0'16,5"O) mit der Kennzeichnung »05599 Projekt Methusalem / Obf. Potsdam«.

Im Wildpark gibt es mehrere Gedenksteine. Der größte ist der **Jagdgedenkstein Süd** (52°22'59,2"N 12°59'46,6"O). Er erinnert daran, dass Kaiser Friedrich III. am 16. November 1885 hier den letzten weißen Edelhirsch erlegte. Interessant daran ist, dass der glückliche Schütze zu diesem Zeitpunkt noch Kronprinz (Friedrich Wilhelm) war – Kaiser wurde er erst knapp zweieinhalb Jahre später und das für nur 99 Tage. Der Revierförster hat den Stein, der ursprünglich weiter hinten im Wald stand, dicht an den Weg heranrücken lassen.

Schließlich sei noch eine **Käferburg** erwähnt (52°22'56,5"N 12°59'34,3"O), die südwestlich des Kellerberges zu finden ist. Es handelt sich hier um eine Pyramide aus Baumstümpfen, die als Lebensraum für holzbewohnende Insekten, vor allem für Käfer, angelegt wurde und sich noch zwei Meter unter der Erdoberfläche fortsetzt. Außerdem wurde ein Asthaufen aufgeschichtet, der von Tieren als Versteck genutzt werden kann. Eine Informationstafel enthält noch detailliertere Hinweise.

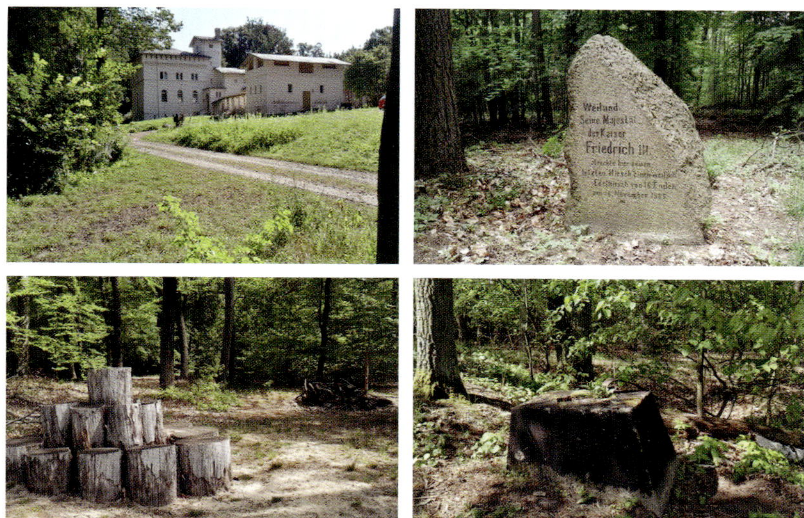

Wildmeisterei, Jagdgedenkstein Süd, Käferburg, Fundamentrest eines ehemaligen Flakgeschützes

Zur Versorgung des Wildbestandes gab es eine **Futtermeisterei**, auch Wildwärterei genannt. Da das Gebäude nach dem Zweiten Weltkrieg nicht mehr genutzt wurde, verfiel es. Zur Gewinnung von kostenlosem Baumaterial wurde es deshalb schrittweise abgetragen. Fundamentreste sind noch nordwestlich des Kellerberges versteckt im Wald zu finden (52°23'9,1"N 12°59'24,1"O).

Im Wildpark gab es für die Wasserversorgung des Wildes mehrere **Pumpenbrunnen**. Am südwestlichen Rand des Kellerberges ist noch der Rest eines Brunnens zu sehen (52°22'58,3"N 12°59'53,1"O). Der oberhalb des Waldbodens befindliche Teil wurde abgetragen. Der verbliebene Betonring hat einen Durchmesser von zwei Metern. Durch sich ausbreitende Bodendecker ist der Brunnen jedoch leicht zu übersehen.

Im Wildpark gibt es noch mehr Spannendes zu entdecken, das jedoch schon im Einzugsbereich des → 29 Großen Entenfängerberges liegt und dort beschrieben wird.

Durch Mitarbeiter von Wildpark e. V. werden immer wieder Führungen durch das interessante Gelände um den Kellerberg angeboten. Seinen Namen soll er übrigens Kellern verdanken, die als Lagerraum für die Ernte des ehemaligen Vorwerks Pirschheide dienten. Das »Pirschheyde Vorwerck« (Bezeichnung in der Karte von Suchodoletz) befand sich am heutigen Wegestern mit dem Schutzschirm.

→ Wanderstrecke bis zum Schäfereiberg: 3,4 Kilometer

28 Schäfereiberg ★

Wildpark

⊕ 52°22'8,9"N 12°59'5,9"O

85,6 Meter

Von den Erhebungen im Wildpark – Schäfereiberg, Kellerberg und Großer sowie Kleiner Entenfängerberg – ist der Schäfereiberg die höchste. Von Weitem ist er an dem 32 Meter hohen **Mobilfunkmast** zu erkennen, der in den 1990er Jahren auf einem ehemaligen **Bunker** der Zivilverteidigung der DDR errichtet wurde (52°22'11,7"N 12°59'6,3"O). Der Bunker ist vom gleichen Bautyp wie die Bunker auf dem → 22 Kleinen Ravensberg und dem → 63 Kirchberg. Er ragt einen knappen Meter aus der Erde heraus. Der ehemalige Eingang und ein zugemauerter, nach Potsdam ausgerichteter Sehschlitz sind noch zu erkennen. Durch Aufforstungsarbeiten in diesem Gebiet ist die Sicht in Richtung Potsdam nicht mehr gegeben.

Am westlichen Berghang sind noch Reste einer 1958/59 erbauten **Sprungschanze** zu erahnen (52°22'14,2"N 12°58'59,6"O). Der hölzerne Anlaufturm hatte eine Höhe von elf Metern. Der letzte Sprunglauf erfolgte 1970. Ob die Sportler einen Blick für die sehr schön zu erkennende Geltower Kirche hatten, ist nicht überliefert. Heute steht dort eine Bank.

Am Fuß des Schäfereiberges in westlicher Richtung befindet sich das Flächennaturdenkmal »**Graureiherkolonie**« (Mitte bei 52°22'13,0"N 12°58'44,7"O). Eine Informationstafel (52°22'8,1"N 12°58'52,5"O) beschreibt das Nistverhalten und die Nahrung der Graureiher. In dem etwa drei Hektar großen Gebiet werden

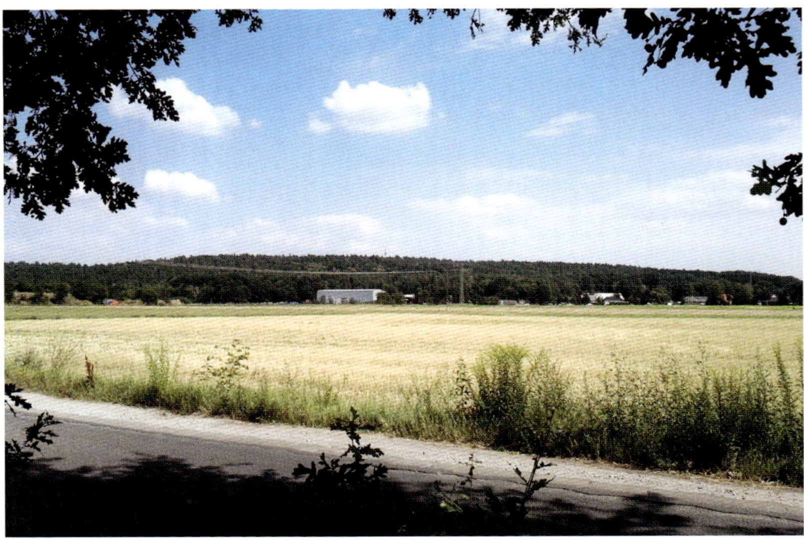

Schäfereiberg von der Straße »Am Pappeltor« in Geltow aus gesehen

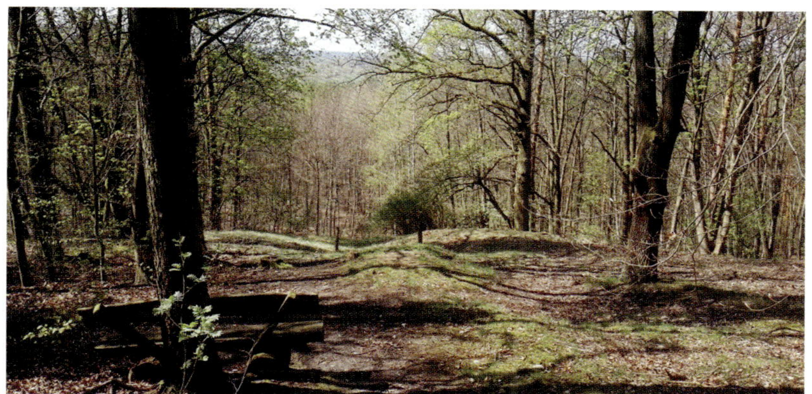

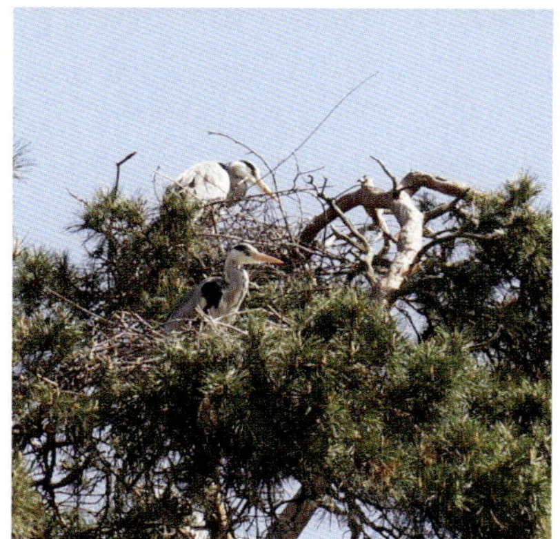

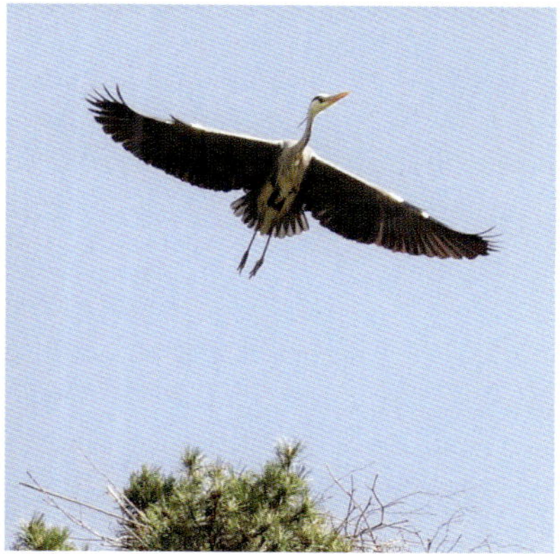

Ehemalige Sprungschanze, Graureiher

jährlich 200 bis 300 Brutpaare gezählt. Besucht man die Kolonie im Frühjahr, kann man in den Kronen der alten Kiefern die bewohnten Horste erkennen und die Altvögel bei ihren Flügen zur Nahrungsbeschaffung beobachten. Die krächzenden Rufe der Reiher sind dann nicht zu überhören. Die in manchen Karten noch als Ruine eingetragene alte Futterstelle, die sich in der Nähe der Informationstafel der Graureiherkolonie befand, existiert nicht mehr.

Am nördlichen Berghang wurde 1847 für die aus Bayern stammende Königin Elisabeth von Ludwig Ferdinand Hesse das **Bayrische Haus** erbaut (52°22'24,7"N 12°58'58,9"O). Zu DDR-Zeiten wurde es durch einen Anbau erweitert und diente der SED als Gästehaus. Nach der politischen Wende erfolgte der Umbau zu einem Hotel. Diese Ära ging im August 2021 zu Ende. Nun soll daraus eine Privatklinik werden.

Ehemalige natürliche Tränken für die Tiere des Wildparkes sind heute kaum noch als solche zu erkennen. So sind der **Wolfssee** (52°22'36,7"N 12°59'2,8"O)

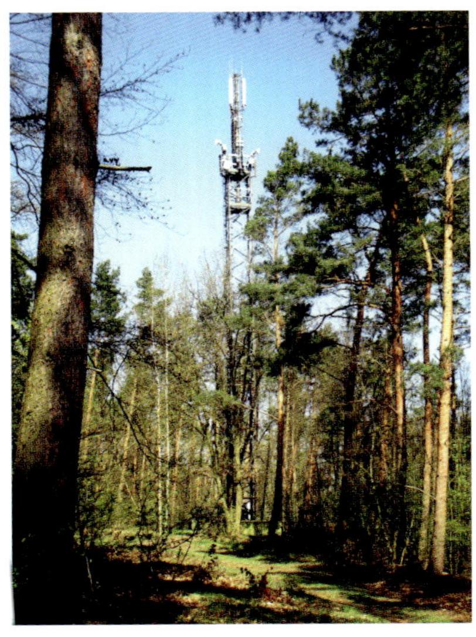
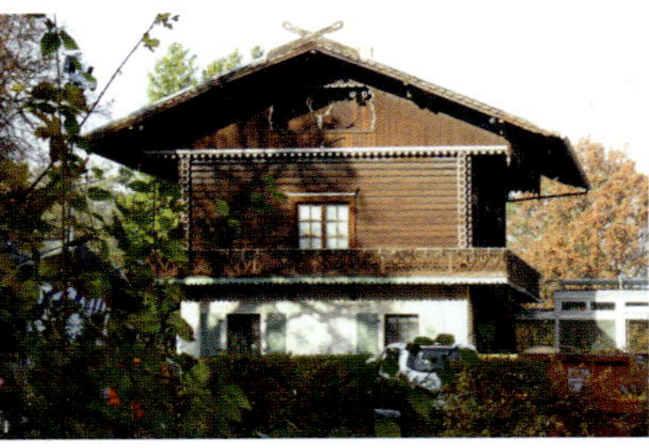
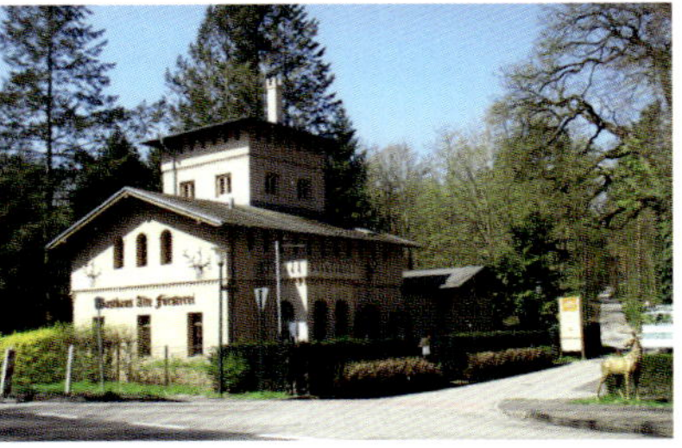

Mobilfunkmast, Bayrisches Haus, Forsthaus Südtor

nördlich des Bayrischen Hauses und die große **Hirschtränke** (52°22'29,4"N 12°59'15,7"O) sowie mehrere kleine Hirschtränken (z.B. bei 52°22'28,8"N 12°59'6,4"O) nordöstlich des Bayrischen Hauses verlandet, obwohl sie in einigen Karten noch als Gewässer eingetragen sind.

Sehenswert ist aber auf jeden Fall das ehemalige **Forsthaus Südtor** (52°22'6,7"N 12°59'34,8"O) am östlichen Rand des Schäfereiberges. Es wurde 1842 von Ludwig Persius erbaut und ist eines der drei Forsthaustore, bei denen der Zutritt zum umzäunten Wildpark möglich war. Das an der Bundesstraße 1 zwischen Potsdam und Geltow stehende Gebäude gehört heute als Gasthaus »Alte Försterei« zum Bayrischen Haus.

Am südwestlichen Abhang des Schäfereiberges – ganz dicht an der Grenze zu Geltow – befindet sich auf einem Privatgrundstück ein **Bunker** (52°21'55,8"N 12°58'55,7"O), der vermutlich für die Aufrechterhaltung und Koordinierung der Energieversorgung des Bezirkes Potsdam im Kriegsfall angelegt wurde. Der darüber errichtete Tarnbau wird heute als Wohngebäude genutzt.

Auch aus dem Waldgebiet am Schäfereiberg wurden einige Bäume in das **Methusalemprojekt** aufgenommen (→ 22 Kleiner Ravensberg).

Der Name des Schäfereiberges leitet sich von den Schafherden des Vorwerks Geltow ab, die früher auf dem baumlosen Hügel weideten.

→ Wanderstrecke bis zum Großen Entenfängerberg (bis zum Haupteingang der Henning-von-Tresckow-Kaserne): 3,9 Kilometer

29 Großer Entenfängerberg ★

Schwielowsee Ortsteil Geltow

⌖ 52°23'2,0"N 12°58'33,5"O

81,6 Meter

Auch der Große Entenfängerberg gehört zu den Erhebungen, deren höchste Stelle schon außerhalb Potsdams liegt, die aber häufig – wenn auch irrtümlich – noch zu den Potsdamer Bergen gerechnet werden. Der wesentliche Teil des Berges liegt innerhalb der **Henning-von-Tresckow-Kaserne**. Da es sich hierbei um einen militärischen Sicherheitsbereich handelt, ist eine Besteigung des Hügels nicht möglich.

Die militärische Nutzung des Geländes begann 1936, zuerst durch die Luftkriegsschule 3 Wildpark-Werder. Später sollte das Hauptquartier des Oberkommandos der Luftwaffe hier einziehen, was jedoch nur teilweise erfolgte. Dazu wurde 1936–42 im Berg eine unterirdische Bunkeranlage mit der Tarnbezeichnung »Großer Kurfürst« gebaut. Darin wurden von 1943 bis kurz vor Kriegsende die Särge von König Friedrich Wilhelm I. und König Friedrich II. zwischengelagert (→ 1 Weinberg / Schloss Sanssouci).

1991 übernahm die Bundeswehr die Kasernenanlage. 1992 erfolgte die Umbenennung zu Ehren von Henning von Tresckow, der als Generalmajor der deutschen Wehrmacht maßgeblich den militärischen Widerstand gegen Hitler organisiert hatte. Seit 2002 befindet sich in der Kaserne das Einsatzführungskommando der Bundeswehr, das die Auslandseinsätze der Bundeswehr leitet.

Am nordwestlichen Rand des Berges, noch auf dem Kasernengelände, wurde 2014 die Gedenkstätte **»Wald der Erinnerung«** angelegt. Dazu wurden verschiedene provisorische Ehrenhaine aus Ländern zusammengeführt, in denen Bundeswehrsoldaten im Einsatz ihr Leben verloren haben. Die Gedenkstätte kann

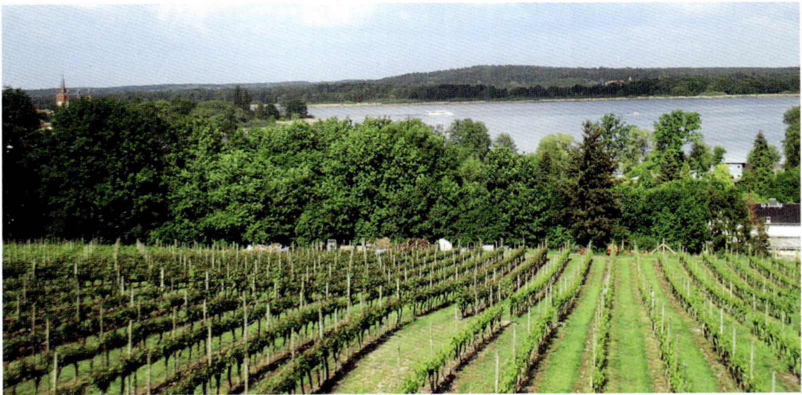

Großer Entenfängerberg vom Wachtelberg in Werder aus gesehen

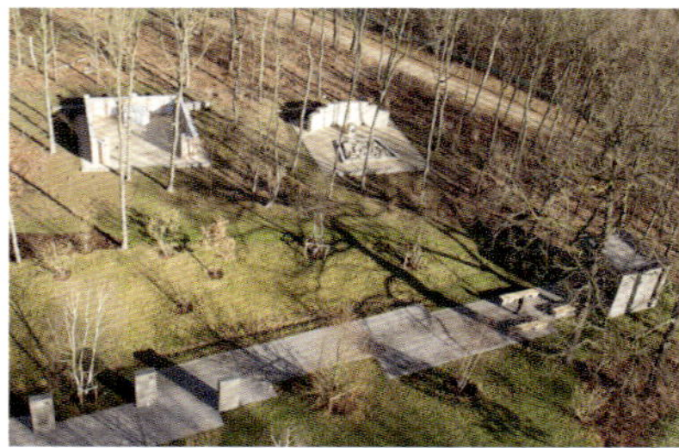

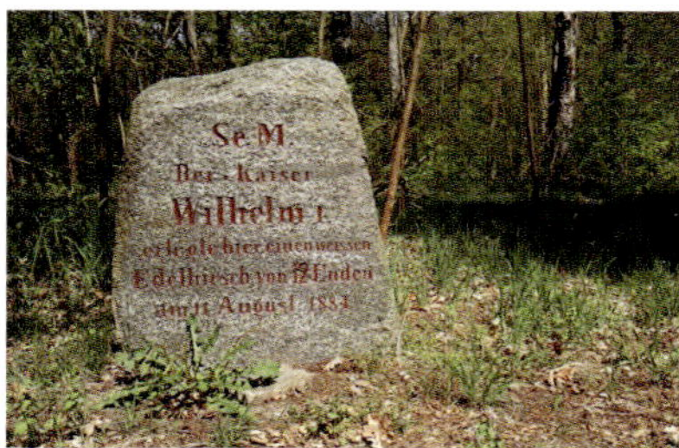

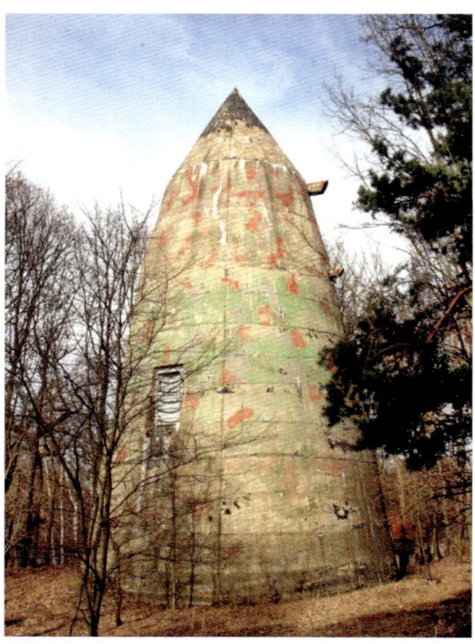

»Wald der Erinnerung«, Jagdgedenkstein Nord, Luftschutzturm

von Zivilpersonen täglich zwischen 10 und 16 Uhr besucht werden. Der Zugang erfolgt über die Wache der Kaserne, Werderscher Damm 21–29 (52°23'10,0"N 12°58'318,8"O). Der Personalausweis sollte griffbereit sein.

Im Kasernengelände befinden sich heute noch vier spitzkegelförmige **Luftschutztürme** (zum Beispiel bei 52°23'8,9"N 12°58'24,4"O), die nach ihrem Konstrukteur, Leo Winkel, Winkeltürme genannt werden und nach 1936 errichtet wurden. Besonders in der laubarmen Zeit sind sie auch von außerhalb der Kaserne zu erkennen.

Im Wildpark, der sich bis an den südöstlichen Rand des Großen Entenfängerberges heranzieht, gibt es viel Spannendes zu entdecken. So kann man hier mehrere der ältesten Buchen bestaunen. Die stärkste steht bei 52°23'14,9"N 12°59'3,8"O. Von der etwa 650-jährigen **Hubertuseiche** (52°23'31"N 12°59'12,8"O) ist seit 2016 – vermutlich durch menschliche Einwirkung – leider nur noch der verkohlte Stumpf zu sehen.

In unmittelbarer Nähe befindet sich am Werdersteig der **Jagdgedenkstein Nord** (52°23'29,3"N 12°59'9,0"O). Er erinnert daran, dass Kaiser Wilhelm I. am 11. August 1884 hier einen weißen Edelhirsch erlegte.

Durch den Wildpark verläuft ein gut erkennbarer Damm (besonders deutlich zwischen 52°23'26,0"N 12°58'59,2"O und 52°23'23,5"N 12°58'55,2"O). Hier lag das sogenannte »Hermann-Göring-Gleis«, wodurch das schon erwähnte Luftwaffenhauptquartier am und unter dem Großen Entenfängerberg einen Bahnanschluss besaß.

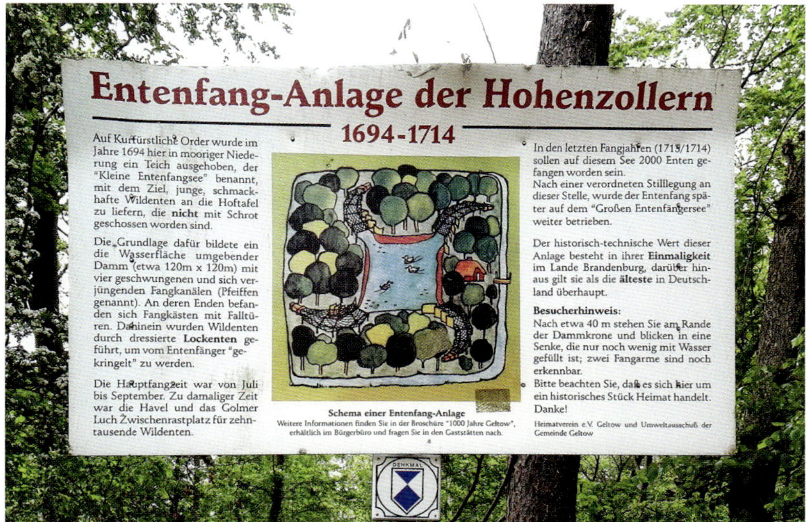

Schautafel zur Entenfängeranlage

Der Name des Entenfängerberges rührt von einer **Entenfanganlage** der Hohenzollern her, mit der 1694–1714 auf dem Kleinen Entenfängersee und 1746–1871 auf dem Großen Entenfängersee junge Wildenten gefangen wurden. Durch diese Methode wurde garantiert, dass die auf der königlichen Tafel servierten Enten schrotkugelfrei waren. Seit 2009 steht die Anlage unter Denkmalschutz.

In der Nähe des ehemaligen Kleinen Entenfängersees stehen Informationstafeln (52°23'17,2"N 12°57'52,9"O und 52°23'12,6"N 12°57'56,3"O) mit einer Beschreibung der Entenfanganlage. Der etwa 150 mal 130 Meter große Bereich ist heute völlig ausgetrocknet und zugewachsen. Die ehemaligen Fangkanäle an den vier Ecken sind teilweise noch erkennbar (zum Beispiel bei 52°23'16,1"N 12°57'52,5"O).

Etwa 250 Meter von hier, im heutigen Fuchsweg 42, befand sich das Gehöft des Entenfängers, das sogenannte **Entenfang-Etablissement**.

Der Große Entenfängersee (52°22'55"N 12°58'4"O) liegt südwestlich des Großen Entenfängerberges, ist aber schwer zu erreichen, da er sich innerhalb eines sumpfigen Gebietes befindet.

Auf älteren Karten ist noch der **Kleine Entenfängerberg** eingetragen. Diese Erhebung wurde offensichtlich beim Bau der nahe gelegenen Bahnstrecke teilweise abgetragen. Die höchste Stelle (52°23'20,6"N 12°58'36,3"O) befindet sich mit ihren 49,9 Metern knapp 600 Meter nördlich des großen Bruders, ist aber kaum noch als Hügel zu erkennen.

→ Wanderstrecke bis zum Deponieberg (über Wildpark-West): 6,4 Kilometer

Westliches Stadtgebiet

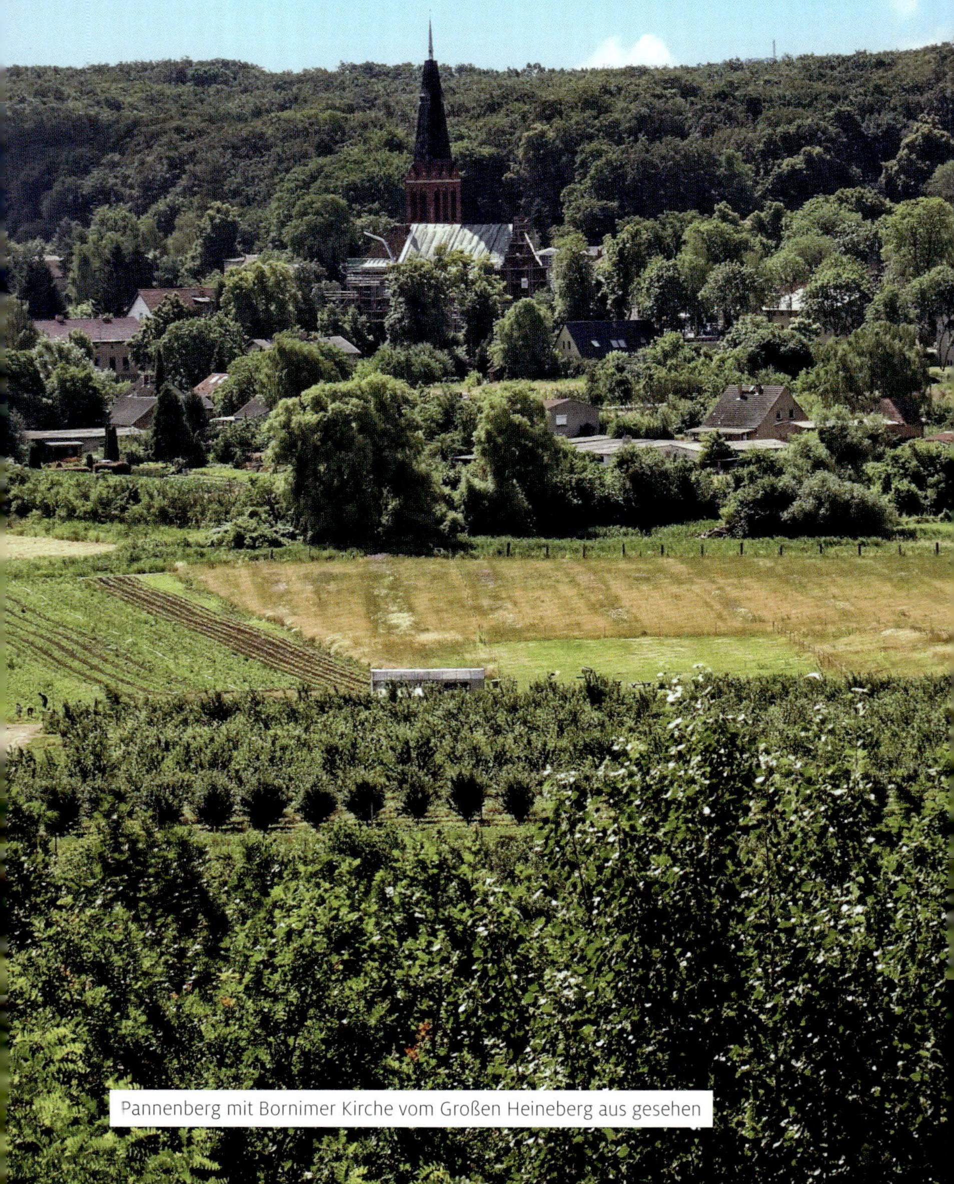

Pannenberg mit Bornimer Kirche vom Großen Heineberg aus gesehen

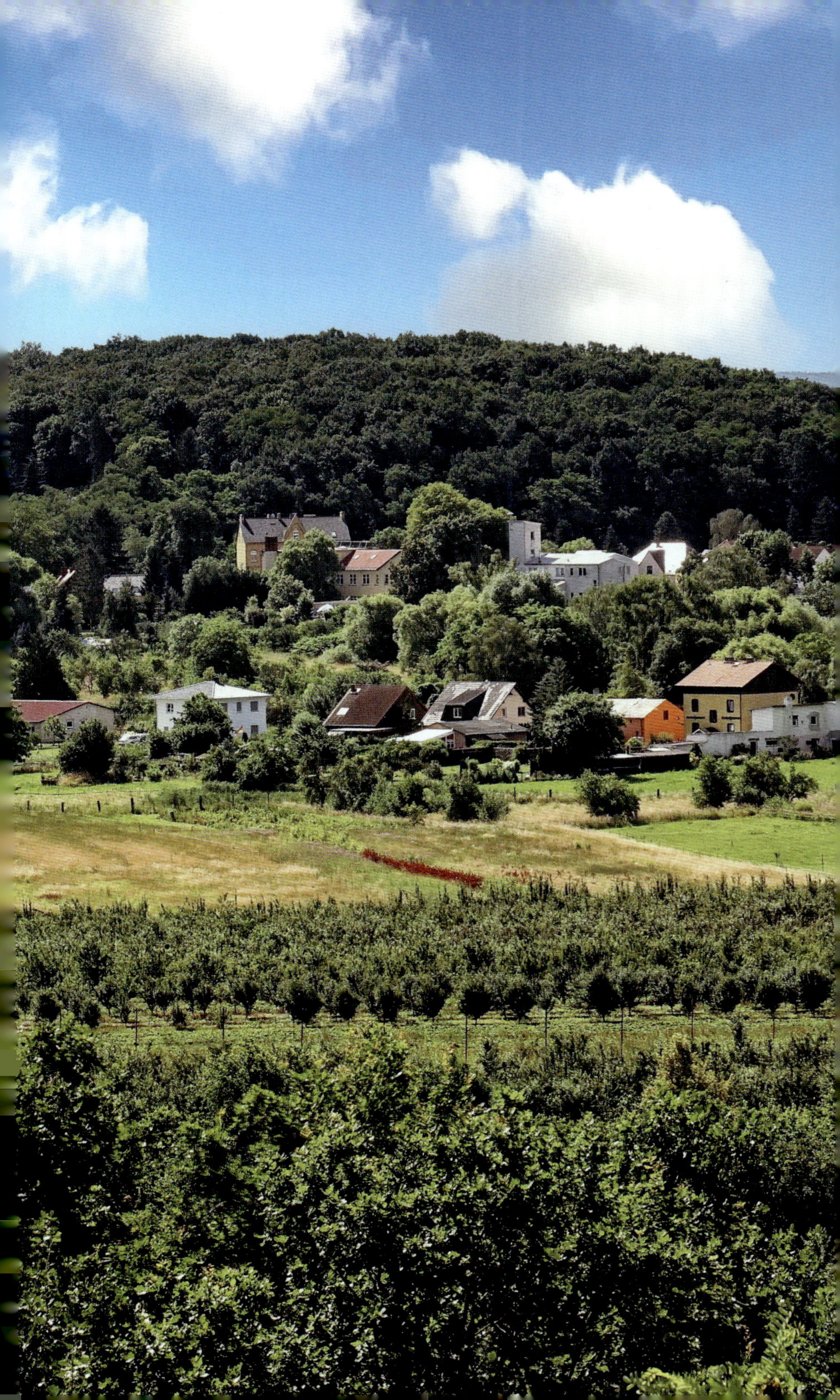

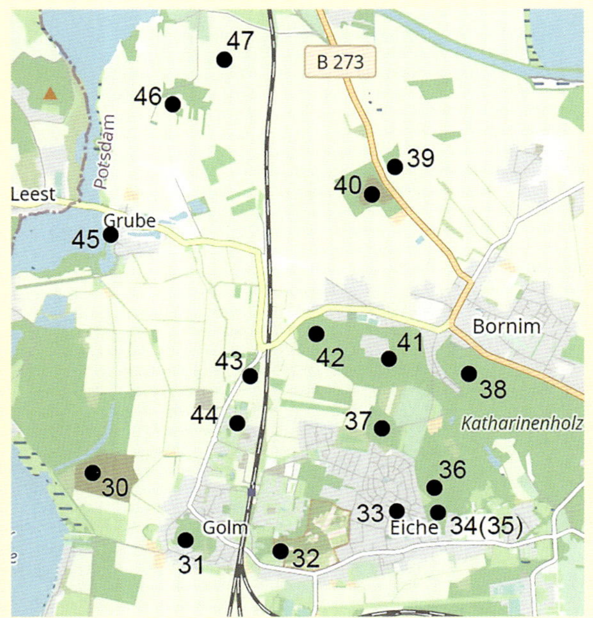

30 Deponieberg
31 Reiherberg
32 Ehrenpfortenberg
33 Langer Berg
34 Kahler Berg
35 Tempelberg
36 Kleiner Herzberg
37 Großer Herzberg
38 Pannenberg
39 Kleiner Heineberg
40 Großer Heineberg
41 Windmühlenberg
42 Zachelsberg
43 Geiselberg
44 Mühlenberg / Golm
45 Tonberg
46 Vossberg
47 Schmachtenberg

30 Deponieberg

Golm

52°24'40,2"N 12°57'1,3"O
53,2 Meter

Neben den Potsdamer Erhebungen, die »Berg« heißen, wird hier ein neu entstandener Hügel beschrieben, für den noch ein Berg-Name gesucht wird.

Sicher werden sich jetzt einige fragen, wodurch heute ein Berg neu entsteht. Von Vulkanausbrüchen in den vergangenen Jahren ist immerhin nichts bekannt. Aber es gibt noch andere Wege, auf denen derartig große Erhebungen gen Himmel »wachsen«. So wurde 1937 auf den Hüllenwiesen im Golmer Luch nordwestlich des Reiherberges mit der Ablagerung von Müll begonnen (zu Luch → 31 Reiherberg). Aufgrund von Bürgerprotesten wurde die Deponie 1990 geschlossen. Schon 1995 begann die Rekultivierung und inzwischen ist die Sanierung der Deponie fast abgeschlossen. Die sich daran anschließende Nachsorgephase wird indes noch mehrere Jahre andauern. In dieser Zeit bleibt die Deponie für die Öffentlichkeit geschlossen und ist aus diesem Grund größtenteils eingezäunt. Der Verein Kultur in Golm e. V. organisiert aber hin und wieder Führungen über die Deponie. Treffpunkt ist am Zugang der Deponie (52°24'48,7"N 12°57'16,2"O). Die Teilnahme an einer Führung ist sehr zu empfehlen – nicht nur wegen des imposanten 360°-Panoramablicks.

Die Abdeckung der Abfallstoffe setzt Gärprozesse in Gang, wodurch Gas gebildet wird. Um dieses abzuleiten, wurden 20 Entgasungsbrunnen angelegt, von denen das Gas durch unterirdische Leitungen zu Sammelstationen und schließlich zur **Deponiefackel** (52°24'35,9"N 12°57'17,3"O) geleitet wird, wo es in unregelmäßigen Abständen bei 1.200°C verbrannt wird. Da aber weniger Gas produziert wird als erwartet, ist die brennende Fackel nicht häufig zu sehen.

Damit die nur einen Meter starke Deckschicht nicht zerstört wird, dürfen hier keine Sträucher oder gar Bäume wachsen. Um das sicherzustellen, werden Schafe als »Rasenmäher« gehalten. Umso überraschender, ja geradezu abenteuerlich mutet die Idee an, Vögel aus der ehemaligen Kaserne in Krampnitz wegen

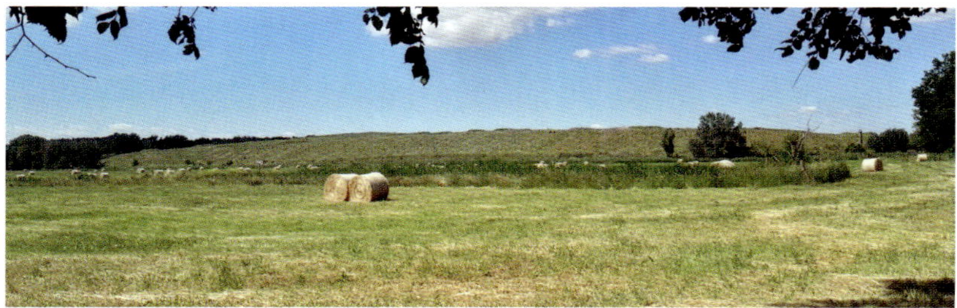

Deponie von den Hüllenwiesen aus gesehen

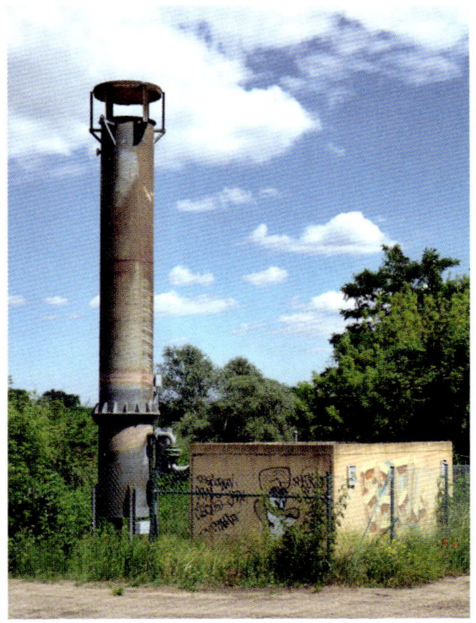
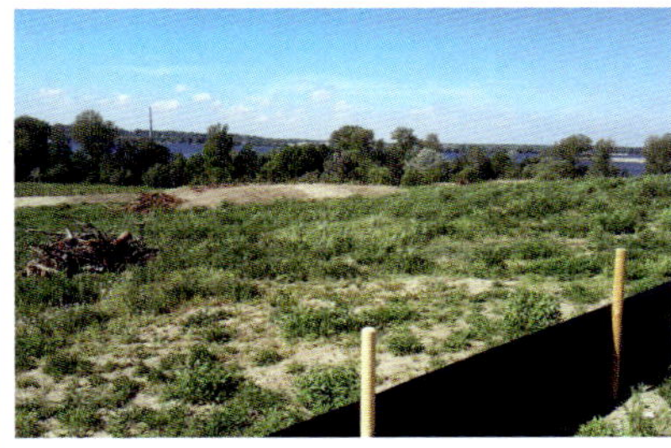
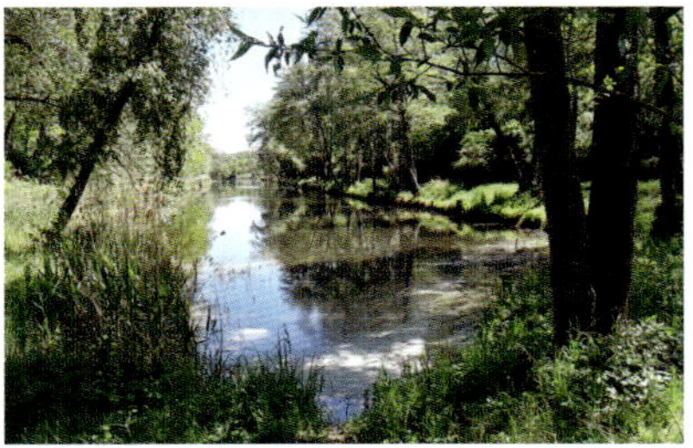

Deponiefackel, Bereich für zu schützende Tiere, Stichkanal

der dortigen Baumaßnahmen hierher umzusiedeln. Deshalb wurden auf die Deckschicht mehrere Erdhügel aufgesetzt, auf denen nun doch kleinere Bäume angepflanzt werden sollen. Ob die Vögel den Umzug in dieses Neubaugebiet akzeptieren, bleibt abzuwarten. Etwas leichter ist vermutlich die Schaffung einer neuen Heimat für Eidechsen und andere schützenswerte Tiere. Dazu wurden im südwestlichen Bereich ein Gebiet eingezäunt und mehrere Stein- sowie Reisighaufen aufgeschichtet.

Nordwestlich des Deponiehügels befindet sich der knapp ein Kilometer lange **Golmer Stichkanal**. Dieser wurde in den 1930er Jahren angelegt und war ursprünglich mit dem Großen Zernsee verbunden. Auf Schuten wurde Müll aus Berlin antransportiert und hier einfach an Land gespült. Das führte mit der Zeit zu einer Erhöhung des Geländes um ca. zwei Meter. Auf diesem Spülfeld wurden nach dem Zweiten Weltkrieg Pappeln angepflanzt. Aus dem inzwischen vom Zernsee getrennten Kanal ist ein Anglergewässer geworden (52°24'41,8"N 12°56'40,0"O).

Damit nun dieser neue Potsdamer Berg einen Namen erhält, hat der Ortschronist von Golm in der Ortsteilzeitung »14476 Golm«, Ausgabe 2/2014 die Frage gestellt: Wie soll der Berg heißen? Vorschläge werden sicher noch immer und mit großem Interesse entgegengenommen.[17]

→ Wanderstrecke bis zum Reiherberg: 1,8 Kilometer

31 Reiherberg ★

Golm

⌖ 52°24'23,7"N 12°57'46,8"O

68,1 Meter

Wer den Reiherberg in der Hoffnung besteigt, Reiher beobachten zu können, wird enttäuscht werden. Ein Aufstieg lohnt sich aber trotzdem. Um die Kuppe führt ein schmaler Waldweg herum, von dem man an mehreren Stellen einen schönen Ausblick hat. Der schönste ist dabei sicher der von der im Jahr 2000 erbauten künstlichen **Aussichtsplattform** (52°24'23,3"N 12°57'44,4"O) in die südwestliche Richtung über den Großen Zernsee nach Werder. Dort ist der Kesselberg zu erkennen, auf dem die traditionsreiche Ausflugsgaststätte »Friedrichshöhe« steht. Besonders deutlich ist der Wachtelberg in Phöben zu sehen. Aber auch die anderen Ausblicke in die südliche Richtung (52°24'19,8"N 12°57'42,7"O) über das Golmer Luch zum Wietkikenberg, in die östliche Richtung (52°24'22,9"N 12°57'53,4"O) über die »Blauen Dächer« von Golm und in die nördliche Richtung (52°24'24,3"N 12°57'49,3"O) nach Grube sind lohnenswert. An mehreren Stellen sind hölzerne Sitzbänke aufgestellt, die jedoch in den meisten Fällen erneuerungsbedürftig sind.

Luch ist die norddeutsche Bezeichnung für eine feuchte, morastige Niederung. Um sie landwirtschaftlich nutzen zu können, werden Gräben gezogen und Deiche angelegt. Das Golmer Luch ist das Mündungsgebiet der Wublitz in die Havel.

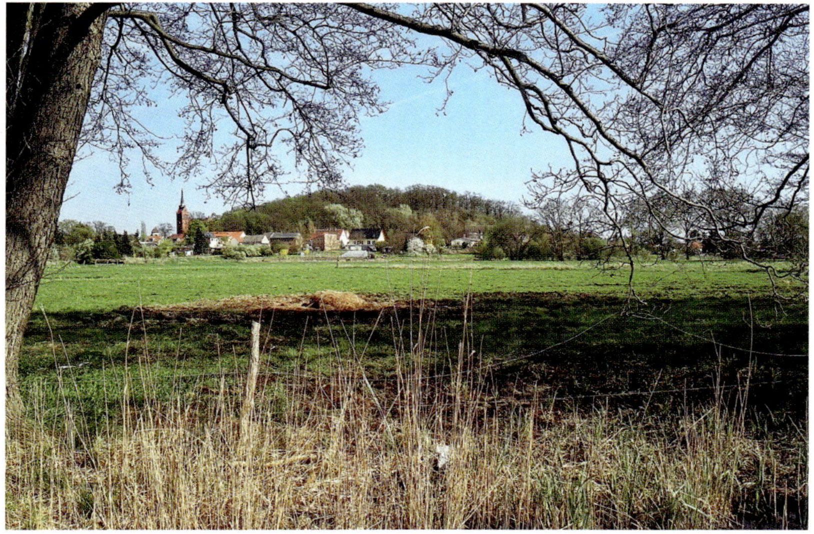

Reiherberg mit der neuen Kirche vom Golmer Luch aus gesehen

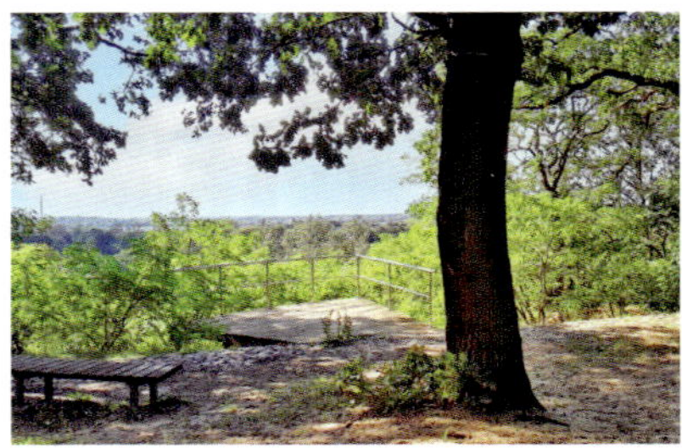
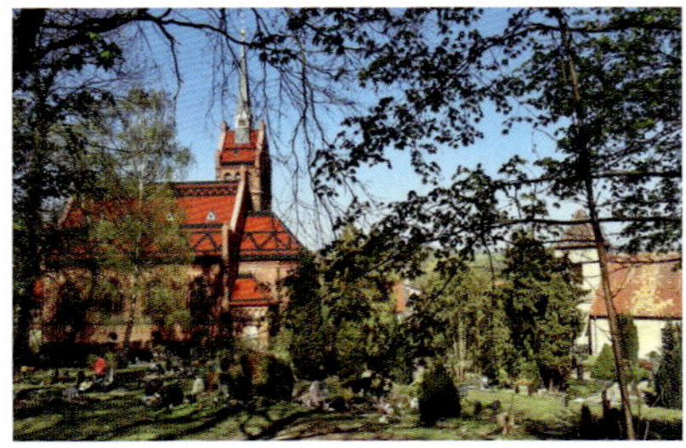

Aussichtsplattform, Golmer Kirchen

An der höchsten Stelle stehen zwei einbetonierte Metallstützen (zum Beispiel bei 52°24'23,3"N 12°57'45,7"O). Dabei handelt es sich um Halterungen für Stangen mit roten Signallampen, die als Orientierungshilfen für den ehemaligen Flugplatz der Luftkriegsschule 3 in Werder genutzt wurden (→ 29 Großer Entenfängerberg).

Die Form des Berges hat im Laufe der Zeit eine starke Veränderung erfahren. So wurde durch Golmer Bewohner für die verschiedensten Anlässe Sand abgegraben, unter anderem auch für die Befestigung der Wege am Großen Zernsee. Ein besonders gravierender Eingriff waren die Abgrabungen an der Südseite ab 1845, als Sand für den Damm der Eisenbahnstrecke Potsdam – Werder durch das Golmer Luch benötigt wurde.

In die Annalen ging der Reiherberg als »**Rutschberg**« ein, weil man um 1900 im Sommer auf dem damals baumlosen westlichen Abhang mit Brettern auf dem feuchten Gras hinunterrutschte.

Am nördlichen Fuß des Hügels stehen nur wenige Meter voneinander entfernt zwei Kirchen. Die alte **Dorfkirche**, die noch Bausubstanz einer im Jahr 1289 erwähnten Kirche enthalten könnte, wird heute als Friedhofskapelle genutzt. Die neue Kirche wurde unter der Schirmherrschaft des Kronprinzen Friedrich Wilhelm – dem späteren Kaiser Friedrich III. – und seiner Gemahlin Victoria gebaut und 1886 eingeweiht. Der inoffizielle Name »**Kaiser-Friedrich-Kirche**« bürgerte sich erst gegen Anfang des 20. Jahrhunderts ein.

Der Reiherberg war vermutlich namensgebend für den heutigen Potsdamer Ortsteil Golm, denn das westslawische »cholm« bedeutet Hügel oder Berg.

Übrigens: In Potsdam gibt es eine Reiherkolonie. Diese ist aber nicht am Reiherberg zu finden, sondern am → 28 Schäfereiberg. Der Reiherberg war ursprünglich »nur« Startplatz von Reihern. Ergänzend soll noch erwähnt werden, dass es über die Entstehung des Reiherberges eine hübsche Sage gibt.[18]

→ Wanderstrecke bis zum Ehrenpfortenberg: 1,4 Kilometer

32 Ehrenpfortenberg

Golm

52°24'17,7"N 12°58'33,1"O

71,1 Meter

Neben Bergenamen, die sehr häufig vergeben wurden, gibt es auch ganz seltene. Zur letzteren Gruppe gehört sicher der Name »Ehrenpfortenberg«. Daher ist es umso erstaunlicher, dass es im Abstand von ca. 30 Kilometern Luftlinie zwei Vertreter dieser Gattung gibt. Der eine befindet sich im nördlichen Teil des Tegeler Forstes, der andere im Gelände der Potsdamer **Havellandkaserne**. Der höchste Punkt des Potsdamer Ehrenpfortenberges – der übrigens zwei Meter höher liegt als der des Berliner Namensvetters – befindet sich im bewaldeten westlichen Bereich der Kaserne.

Die Havellandkaserne wurde ab 1935 erbaut und von der Wehrmacht, der Sowjetarmee, der Kasernierten Volkspolizei und der Nationalen Volksarmee genutzt. Nach der politischen Wende zog hier die Bundeswehr ein. Im Katastrophenfall wird von der Havellandkaserne aus die militärische Unterstützung der zivilen Behörden koordiniert. Außerdem befindet sich hier die Bundeswehr-Fahrschule.

Die langjährige militärische Nutzung hat auf dem Berg ihre Spuren hinterlassen. Neben Erdkuhlen, verstreuten Ziegelsteinen und Eisenteilen befinden sich an der höchsten Stelle Betonsockel, die als Verstärkung der »Füße« einer 8,8-cm-Flak, einer Abwehrkanone im Zweiten Weltkrieg, gedient haben.

Auf dem Ehrenpfortenberg wurden mehrere archäologische Funde gemacht. Der bekannteste und eindrucksvollste ist der sogenannte »**Kultwagen von Eiche-Golm**« (auch »Vogelwagen« genannt), der 1934 bei Grabungen auf dem Südhang gefunden wurde und aus der späten Bronzezeit, und zwar um 1000–700 vor Christus, stammt. Er wird heute im Archäologischen Landesmuseum Brandenburg im St. Paulikloster aufbewahrt.

Eine Besteigung des Ehrenpfortenberges ist möglich, muss aber beim Kasernenkommandanten angemeldet werden. Selbst eine Fotoerlaubnis kann man beantragen.

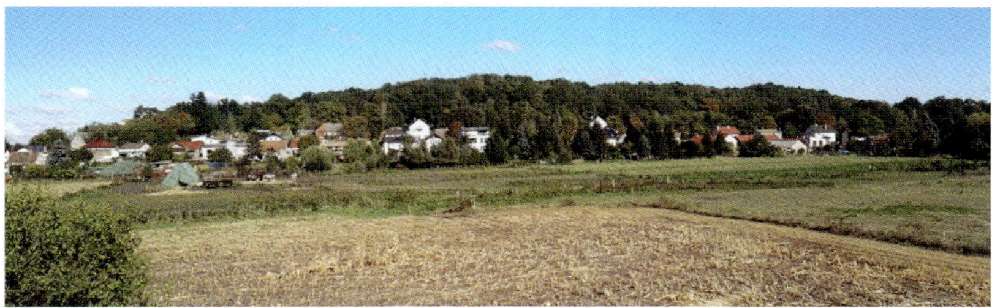

Ehrenpfortenberg vom Weg »Am Urnenfeld« aus gesehen

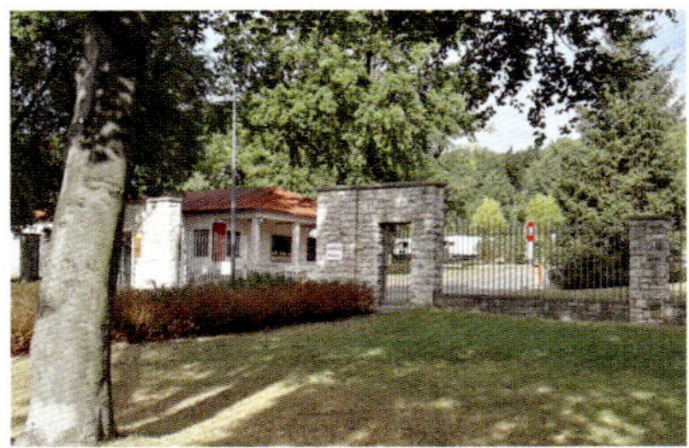
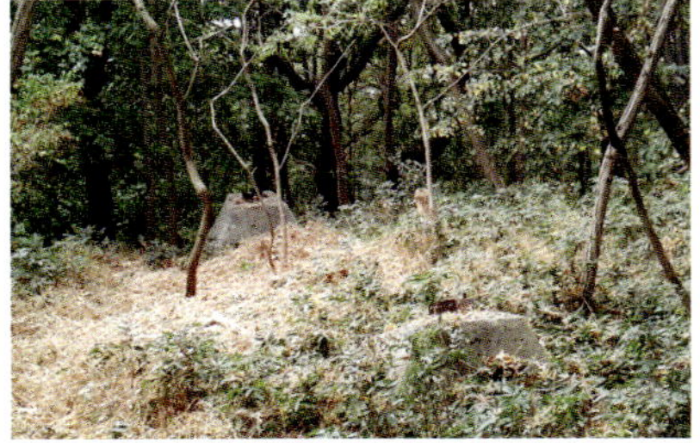
Wache der Havellandkaserne in der Kaiser-Friedrich-Straße, Fundamente eines ehemaligen Geschützturms

Eine kleine architektonische Besonderheit stellen die in den 1930er Jahren erbauten vier **Stufenhäuser** dar, die – obwohl sie in der Reiherbergstraße 5 stehen – an der südwestlichen Flanke des Ehrenpfortenberges zu finden sind (52°24'15,4"N 12°58'21,8"O).

Woher stammt aber der ungewöhnliche Name des Ehrenpfortenberges? Im Jahr 1688 wurde auf dem Hügel eine hölzerne, triumphbogenartige **Ehrenpforte** errichtet, die zuvor beim Begräbnis des Großen Kurfürsten in Berlin aufgestellt worden war. Um die Wende zum 18. Jahrhundert zerfiel dieses Bauwerk. Die Erhebung heißt seitdem Ehrenpfortenberg. Als König Friedrich I. nach seiner Krönung 1701 in Berlin einzog, wurden für ihn mehrere Ehrenpforten errichtet. Eine davon wurde 1702 auf den Ehrenpfortenberg umgesetzt. Aber auch diese zweite Pforte hielt nicht lange, denn schon 1727 existierte sie nicht mehr.

Vor allem im 16./17. Jahrhundert war es städtischer Brauch, für Herrscher zu bestimmten Anlässen wie Eheschließung, Thronbesteigung, Durchfahrten oder Begräbnis **Ehrenpforten** zu errichten. Diese waren im Unterschied zu den Triumphbögen nicht »für die Ewigkeit« bestimmt und deshalb meistens aus minderwertigem Material.

Noch eine Bemerkung zur »**Allee gen Pannenberg**«, die in einigen Veröffentlichungen genannt wird: Kurfürst Friedrich Wilhelm ließ sie 1668 vom Stadtschloss – nein, nicht zum heutigen Pannenberg in Bornim, sondern – zum Ehrenpfortenberg anlegen, der zu diesem Zeitpunkt aber noch Pannenberg hieß. Die später aufgestellten Ehrenpforten wurden so positioniert, dass sie als Blickziel (Point de vue) dieser Allee dienten. In der jüngeren Vergangenheit war der Hügel von Weitem an dem Funkmast der Kaserne zu erkennen. Dieser wurde jedoch im Oktober 2018 abgebaut. Übrigens waren die Breite Straße und die heutige Feuerbachstraße Teil der Allee gen Pannenberg.

→ Wanderstrecke bis zum Langen Berg: 1,2 Kilometer

33 Langer Berg

Eiche

⌖ 52°24'24,3"N 12°59'31,2"O

55,5 Meter

Der Lange Berg in Eiche ist gegenwärtig nicht mehr deutlich erkennbar. Ursprünglich zog er sich nach Osten in Richtung des Kahlen Berges über die heutige Straße »Am alten Mörtelwerk« hinweg. Ein Teil wurde für das Baugebiet »Altes Rad« abgegraben. Aber damit nicht genug: Der Berg wurde noch einmal in seiner Länge gekürzt, als Platz für den Bau der Sporthalle »Am alten Mörtelwerk« der Ludwig-Renn-Grundschule benötigt wurde. Spätestens seit der Fertigstellung der Sportstätte im Jahr 2018 muss die Frage erlaubt sein, was am Langen Berg noch lang ist. Heute liegt die höchste Stelle innerhalb eines privaten Grundstücks (Kahlenbergstraße 3).

Nach Osten und Süden hat man eine gute Aussicht. So kann man die am Fuß des Langen Berges befindliche evangelische **Dorfkirche** von Eiche sehen. Sie wurde 1771 von Georg Christian Unger gebaut. Eine reizvolle Besonderheit ist der runde Hauptraum mit einer fast halbkugelförmigen Kuppel, dem im Süden ein quadratischer Turm vorgesetzt wurde.

→ Wanderstrecke bis zum Kahlen Berg: 700 Meter

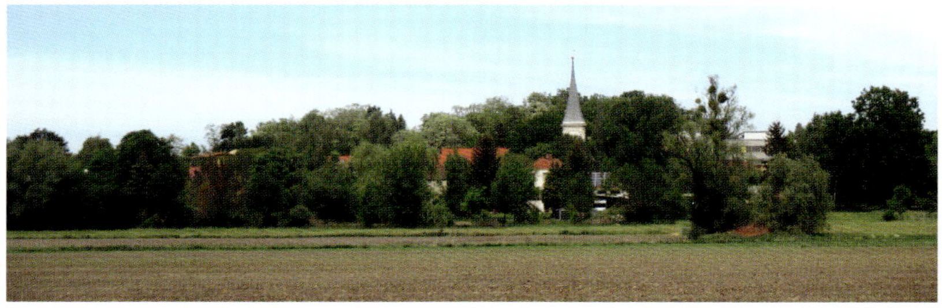

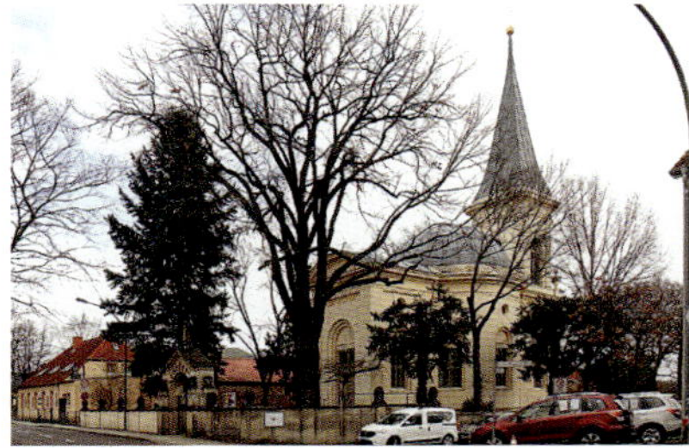

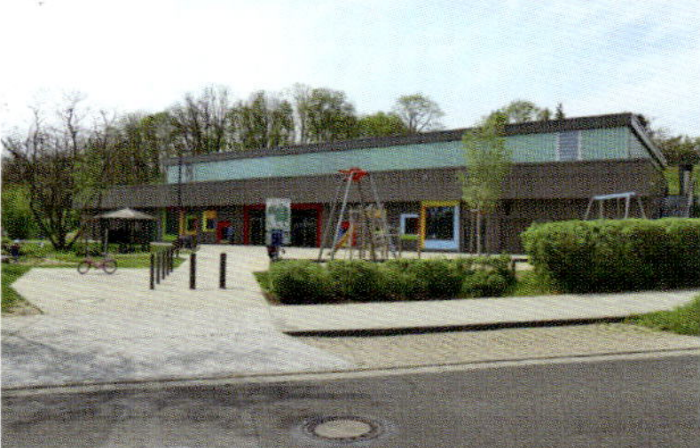

Langer Berg mit Dorfkirche Eiche von der Lindenallee aus gesehen, Kirche, Sporthalle

34 Kahler Berg

Eiche

52°24'29,5"N 12°59'50,2"O

65,5 Meter

Obwohl dieser Hügel fast keine Aussicht bietet, ist er bei Spaziergängern und Joggern beliebt.

Im Auftrag von König Friedrich Wilhelm IV. wurde 1854 von Ludwig Ferdinand Hesse auf der höchsten Stelle des Kahlen Berges ein offener **Rundtempel** mit zwölf korinthischen Säulen gebaut. Aber schon Ende des 19. Jahrhunderts, also nach nur vier Jahrzehnten, ging das Interesse daran verloren und der Tempel wurde abgerissen. In den 1930er Jahren waren noch Fundamentreste des Tempels zu erkennen. Heute wachsen an dem ehemaligen Standort wilde Robinien.

Wie der Rundtempel einmal aussah, hat der Maler Carl Graeb in einem Aquarell von 1856 mit dem Titel »Tempel auf dem Kahlen Berg bei Eiche« festgehalten. Bei der Namensgebung war die Erhebung sicher kahl – heute ist sie durchgehend bewachsen.

Achtung: Wer von der Straße »Am alten Mörtelwerk« kommend zum Kahlen Berg wandern möchte, muss verwirrenderweise nach Osten in den Weg »Am Langen Berg« einbiegen. Potsdam hat eben mehr als einen Berg!

→ Wanderstrecke bis zum Kleinen Herzberg: 700 Meter

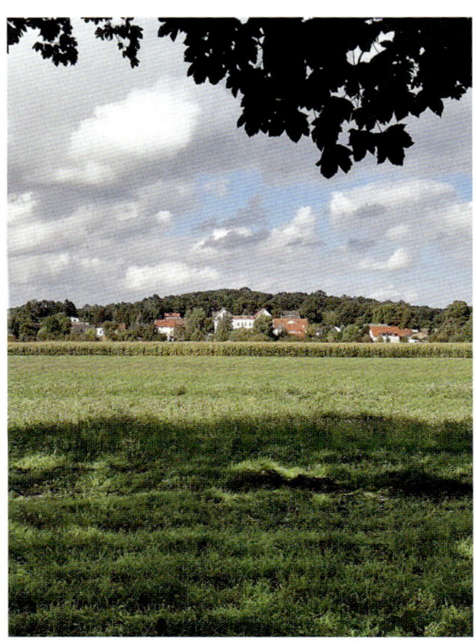

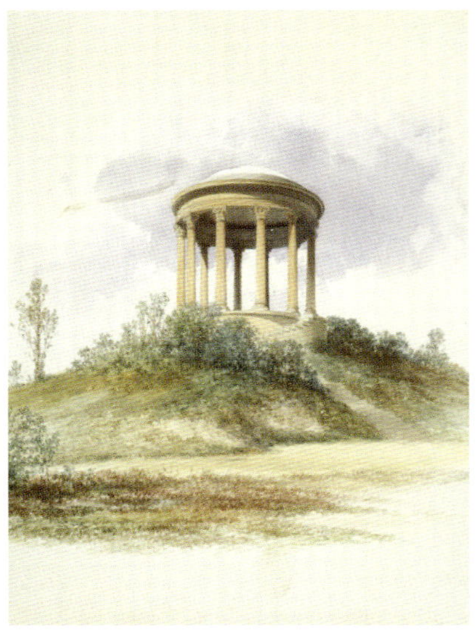

Kahler Berg von der Lindenallee aus gesehen, Carl Graeb: »Tempel auf dem Kahlen Berg bei Eiche«[19]

35 Tempelberg

Gab oder gibt es in Potsdam einen Tempelberg? Einige alte Bewohner des Ortsteils Eiche werden diese Frage bejahen, obwohl der Name nirgends dokumentiert ist. Jeder, der vom Tempelberg spricht, meint damit den → 34 Kahlen Berg, weil dort für etwa 40 Jahre ein Rundtempel stand.

Das ist auch der Grund dafür, dass es seit 1993 in Eiche die Straße »Am Tempelberg« gibt. Im Zusammenhang mit dem Bau der neuen Wohngebiete wurde die damalige Hauptstraße 8a–g umbenannt. Dieser Abschnitt zweigt rechtwinklig von der heutigen Kaiser-Friedrich-Straße ab (52°24'19,6"N 12°59'50,0"O) und verläuft als Sackgasse direkt in Richtung des Kahlen Berges.

Aber vielleicht könnte Potsdam doch noch zu einem Tempelberg kommen – man muss sich dazu nicht gleich Jerusalem zum Vorbild nehmen. Immerhin gab es im Zusammenhang mit der Bundesgartenschau 2001 schon Pläne zur Wiedererrichtung des Tempels. Dazu würden dann auch noch die Sichtachsen zur Stadt gehören, die durch Rodungen wieder hergestellt werden müssten, sowie das Wegenetz mit der Treppenanlage, das durch den Hofgärtner Hermann Sello angelegt worden war. Dann – aber nur dann – wäre eine offizielle Umbenennung des Kahlen Berges, der ohnehin nicht mehr kahl ist, in Tempelberg gerechtfertigt.

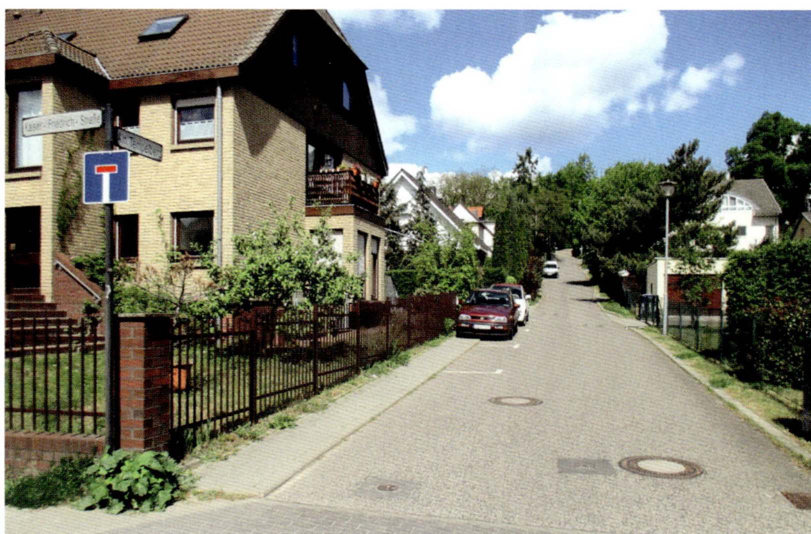

Straße »Am Tempelberg«

36 Kleiner Herzberg

Bornim

52°24'36,8"N 12°59'48,5"O

67,4 Meter

Vom Kleinen Herzberg hat man keine Aussicht. Trotzdem trifft man hier regelmäßig auf Spaziergänger. Im Winter wird die Erhebung gern als Rodelberg genutzt.

Interessant sind die noch sichtbaren Spuren von drei ehemaligen **Schießständen** des Lehr-Infanterie-Bataillons aus der ersten Hälfte des 19. Jahrhunderts, die sich im nördlichen Teil des Hügels befinden. Der längste Schießstand hat eine Länge von 380 Metern. Von einem aufgeschütteten Weg, der den Schießstand trennt, hat man einen Einblick in den grabenförmigen Verlauf (52°24'39,3"N 12°59'51,2"O).

In nordöstlicher Richtung ist es nicht weit bis zum Großen Düsteren Teich (52°24'44"N 13°0'20"O). Zusammen mit dem weiter nordwestlich liegenden Kleinen Düsteren Teich bildet er das geschützte Feuchtgebiet **»Düstere Teiche«**, das eine artenreiche Pflanzen- und Tierwelt enthält. Leider ist der Große Düstere Teich inzwischen völlig verlandet und wird jetzt von einer Großseggenwiese geprägt. Der kleine Bruder führt je nach Witterungslage nur noch zeitweise etwas Wasser.

Auf der Karte von Suchodoletz wird der Kleine Herzberg noch »Kihnberg« genannt. Der Name leitet sich von kienhaltigen Kiefern ab. Seit der zweiten Hälfte des 18. Jahrhunderts ist die Bezeichnung »Kleiner Herzberg« bezeugt, sicher in Anlehnung an den nahe gelegenen → 37 Großen Herzberg.

→ Wanderstrecke bis zum Großen Herzberg: 900 Meter

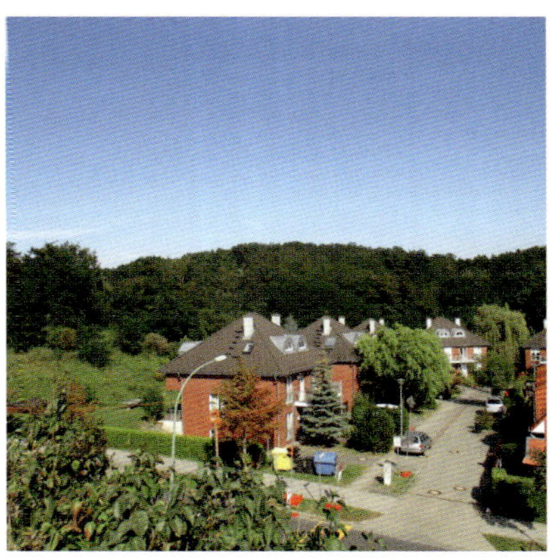

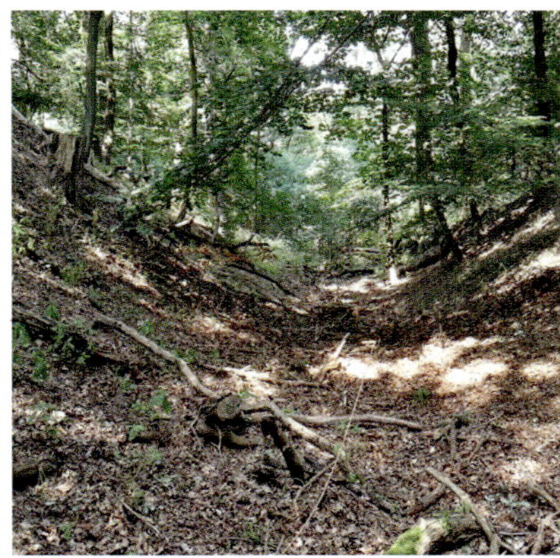

Kleiner Herzberg vom Langen Berg aus gesehen, Graben eines ehemaligen Schießstandes

37 Großer Herzberg

Bornim

52°24'55,0"N 12°59'23,5"O

72,6 Meter

Der nördlich des Wohngebietes »Altes Rad« liegende Große Herzberg ist ein beliebtes Naherholungsgebiet. Die Kuppe bietet zwar keine Aussicht, aber von dem westlich am Berg vorbeiführenden Waldweg hat man einen schönen Blick.

Seit 2003 wird jährlich von Regenkinder e. V. am Sonnabend vor Ostern nördlich der Streuobstwiese am Großen Herzberg (52°24'53,1"N 12°59'14,0"O) ein **Osterfeuer** entzündet – vorausgesetzt, es besteht keine Waldbrandgefahr. Bei der Namensgebung des Großen Herzberges stand möglicherweise die herzförmige Umrisslinie Pate.

→ Wanderstrecke bis zum Pannenberg: 1,3 Kilometer

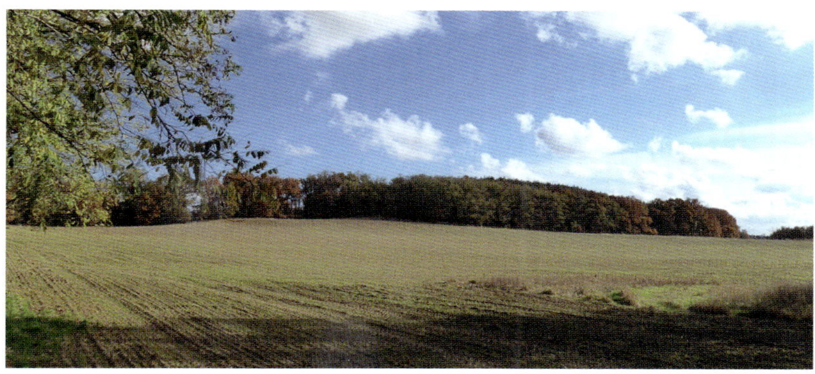

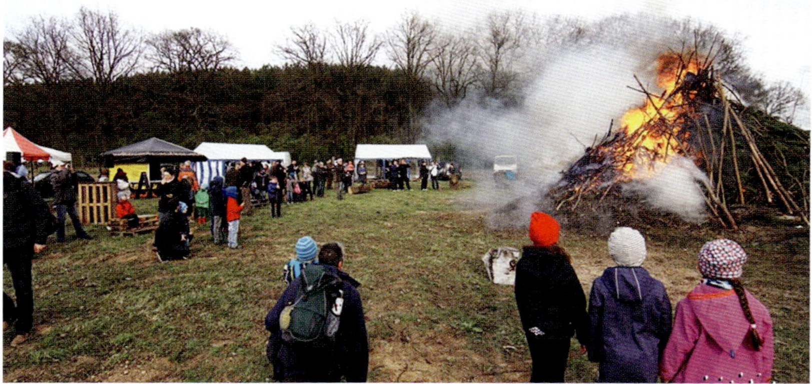

Großer Herzberg vom Fuß des Windmühlenberges aus gesehen, Osterfeuer

38 Pannenberg ★

Bornim

⌖ 52°25'10,5"N 13°0'7,2"O

71,3 Meter

Der Pannenberg ist die höchste Erhebung des Katharinenholzes. Er liegt im nördlichen Teil dieses Waldgebietes. Wenn man ihn unvorbereitet besteigt, wird man an der höchsten Stelle sicher etwas überrascht und vielleicht sogar ratlos vor einer Ruine stehen.

Es handelt sich dabei um einen ehemaligen **Trinkwasserbehälter**, der ab 1912 gebaut wurde. Er besaß eine aus Feldsteinen errichtete Aussichtsplattform, von der jedoch heute leider keine Fernsicht mehr möglich ist. Der Hochbehälter, den die Bornimer Einwohner Wasserturm nennen, wurde vermutlich schon in den 1950er Jahren stillgelegt, nachdem das neue Wasserwerk Nedlitz in Betrieb ging. Danach wurde es zeitweise zur Lagerung von Lauge genutzt, die man in der DDR zum Auftauen vereister Straßen versprüht hat. Jetzt ist das Bauwerk dem Verfall ausgesetzt.

Am nördlich Rand des Pannenberges liegt der 1875 angelegte **Alte Friedhof von Bornim**, auf dem sich unter anderem die Foerster-Familiengrabstätte befindet (52°25'19,2"N 13°0'0,5"O). Hier wurden der bedeutende Astronom Wilhelm Foerster und sein Sohn, der berühmte Staudenzüchter Karl Foerster begraben. Letzterer ist seit 1959 Ehrenbürger Potsdams. Über 300 Neuzüchtungen gehen auf ihn zurück, wobei besonders der Rittersporn mit seinem Namen verbunden wird. Auf der Freundschaftsinsel im Zentrum von Potsdam können viele von Foersters Staudenzüchtungen bewundert werden (52°23'41"N 13°3'55"O).

Aber zurück nach Bornim: Von der Potsdamer Straße, vorbei am Alten Friedhof, führt ein schöner Waldweg über den Pannenberg. Dabei kann man von einer wieder freigeschnittenen Sichtachse, dem »**Marienblick**« (52°25'16,4"N 12°59'58,0"O), auf die evangelische Kirche in Bornim schauen. Woher die Bezeichnung »Marienblick« stammt, ist nicht bekannt. Da die erste Bornimer Dorfkirche, die erstmalig 1286 erwähnt wurde, unter der Schirmherrschaft des Nonnenklosters St. Marien in Spandau stand, könnte hier ein Zusammenhang bestehen.

Die heutige **Bornimer Kirche** (52°25'25,8"N 13°0'0,7"O) wurde 1903 eingeweiht. In ihr sind besonders interessant die Kaiserloge mit dem Wappen der Kaiserin Auguste Victoria sowie die beiden monumentalen Wandgemälde »Lasset die Kindlein zu mir kommen« und »Emmausjünger« im Altarraum.

Ausgehend vom Pannenberg stößt man in südöstlicher Richtung nach etwa 850 Metern Luftlinie auf mitten im Wald stehende Mauern, deren Funktion im ersten Moment schwer zu erkennen ist. Die darauf hinführenden Gräben machen aber deutlich, dass es sich um Geschossfänger ehemaliger **Schießstände**

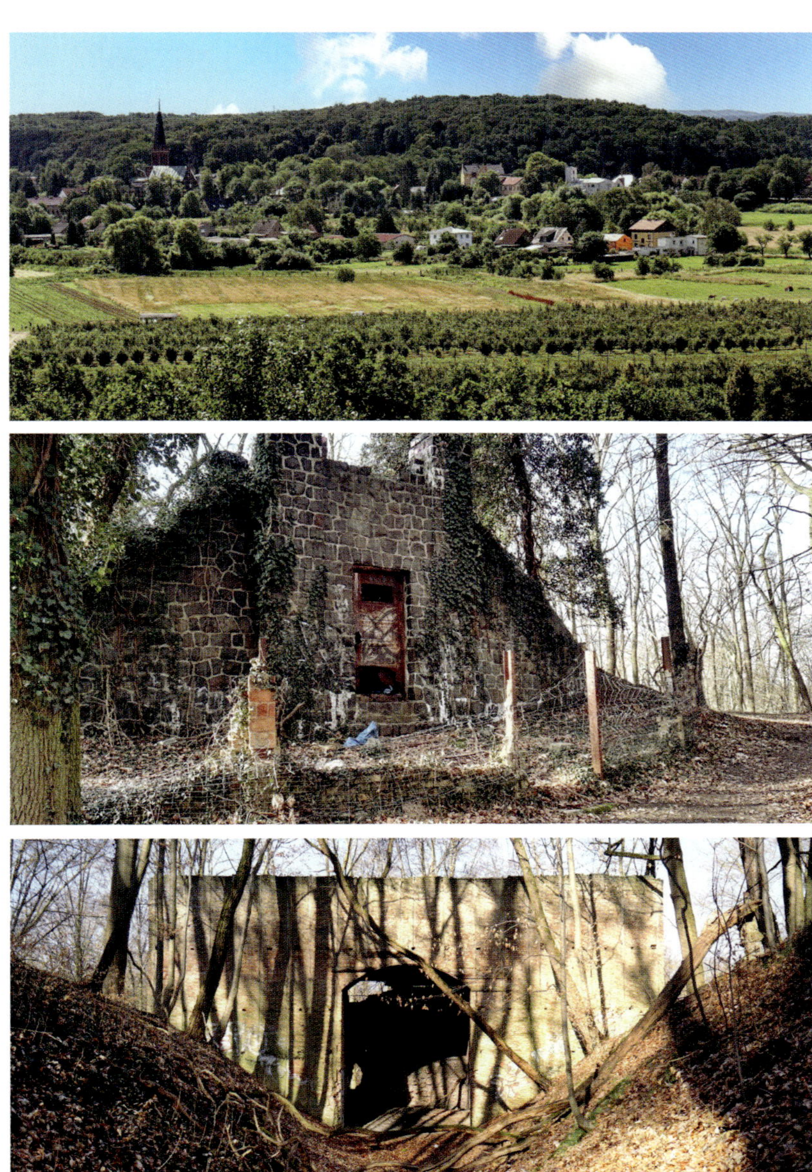

Pannenberg mit Bornimer Kirche vom Großen Heineberg aus gesehen, Ruine des Trinkwasserbehälters mit Aussichtsplattform, Geschossfänger der 1. Schießbahn

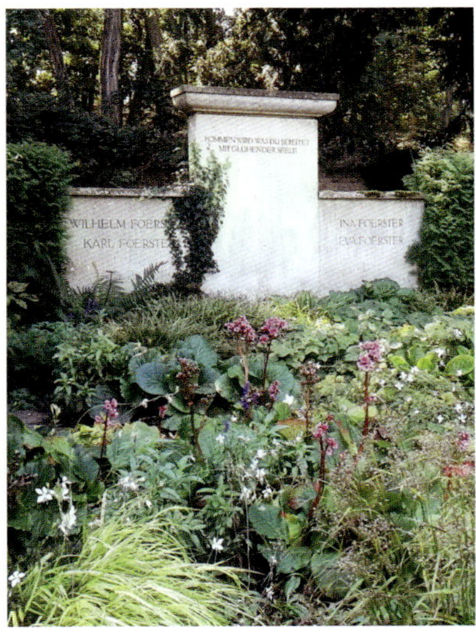

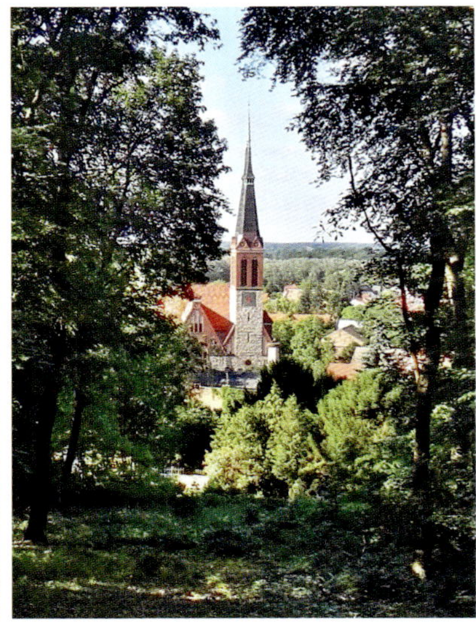

Foerster-Familiengrabstätte, Marienblick auf die Bornimer Kirche

handelt. Ab 1841 wurden hier acht Schießstände angelegt, die ursprünglich vom 1. Garde-Regiment zu Fuß sowie dem 1. Garde-Ulanen-Regiment genutzt wurden. Nach dem Zweiten Weltkrieg war bis 1960 die Sowjetarmee »Nachmieter« der Anlage. Die Gräben haben eine Länge von 300 und 600 Metern. Die seitlichen Erdwälle sind mittlerweile überwuchert. Von den gemauerten und von Einschlägen übersäten **Geschossfängern** ist besonders derjenige von Schießbahn 1 sehr imposant (52°25'1,2"N 13°0'54,1"O).

Kaum noch zu erkennen ist dagegen das zwölf Hektar große, 1965–75 erbaute und nach der politischen Wende aufgegebene **Munitionslager** der Nationalen Volksarmee der DDR (Gebiet um 52°24'57"N 13°0'32"O) entlang der Lindstedter Chaussee.

Der Name des Pannenberges (auch Panberg genannt) soll vom slawischen Wort Pan, zu Deutsch Herr, abgeleitet sein, was dann bedeuten könnte, dass mit Pannenberg der die Umgebung beherrschende Berg gemeint ist.

Die in vielen Publikationen genannte »Allee gen Pannenberg« bezieht sich aber nicht auf die hier beschriebene Erhebung, sondern auf den Ehrenpfortenberg, der davor Pannenberg hieß.

Nicht unerwähnt soll bleiben, dass es eine hübsche Sage von einer verzauberten Gräfin im Panberg gibt. Sie wartet immer noch auf ihre Erlösung durch ein Mädchen mit schönem, blondem Haar.[20]

→ Wanderstrecke bis zum Kleinen Heineberg: 3,3 Kilometer

39 Kleiner Heineberg

Bornim

⌖ 52°26'13,7"N 12°59'30,7"O

45,4 Meter

Im Nordwesten von Bornim befinden sich der Große und der Kleine Heineberg. Beide Erhebungen werden durch die Marquardter Chaussee (Bundesstraße 273) getrennt.

Der Kleine Heineberg liegt im Bereich der **Bornimer Feldflur**. Dahinter verbirgt sich eine landwirtschaftliche Musterfläche im Norden von Bornim, die als Übergang von den königlichen Parkanlagen zur freien Landwirtschaft ab 1842 angelegt wurde. Sie geht auf eine Planung von Peter Joseph Lenné zurück – deshalb auch Lenné'sche Feldflur genannt – und wurde in der Nachwendezeit reaktiviert.

Nach Südosten in Richtung Bornim besteht lediglich eine stark eingeschränkte Aussicht. Der im 19. Jahrhundert angelegte Sichtbezug zum Belvedere auf dem Pfingstberg ist nur noch an wenigen Stellen zu erahnen (zum Beispiel 52°26'13,5"N 12°59'30,9"O), da er fast zugewachsen ist.

Zur Erklärung des Namens »Heineberg« → 40 Großer Heineberg.

→ Wanderstrecke bis zum Großen Heineberg: 1,4 Kilometer

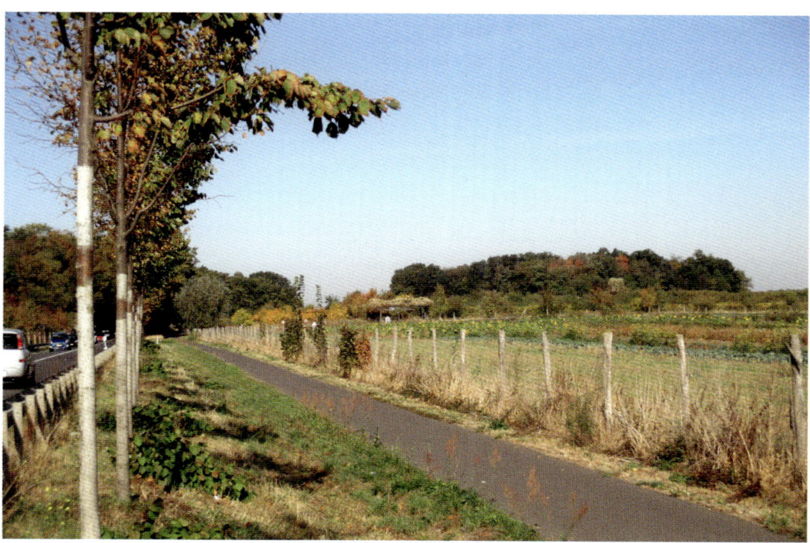

Kleiner Heineberg von Bornim aus gesehen

40 Großer Heineberg ★★

Bornim

⌖ 52°26'5,4"N 12°59'19,0"O

75,8 Meter

Wie der Kleine Heineberg befindet sich auch sein großer Bruder im nördlichen Teil der Bornimer Feldflur (→ 39 Kleiner Heineberg). In den 1980er Jahren diente er als Sandlieferant für das Neubaugebiet in Potsdam-West, wodurch er fast vollständig verschwand. Anschließend wurde das Gelände als Deponie für Bauschutt genutzt. Die Erhebung ist dadurch höher geworden, als sie ursprünglich war. Seit etwa 2000 ist die Deponie stillgelegt.

Von einem südwestlich vorbeiführenden Plattenweg (52°25'58,4"N 12°59'10,2"O) zweigt am Rande einer Obstplantage ein kaum erkennbarer, am Ende sogar etwas abenteuerlicher Weg zum Plateau ab. Von dort hat man einen wunderbaren Panoramablick, der vom → 63 Kirchberg in Neu Fahrland bis zum Wachtelberg in Phöben zwölf Berge umfasst. Deshalb wurde Anfang 2010 über eine touristische Nutzung des Großen Heineberges nachgedacht. Leider scheint die Idee im Sand – oder genauer: im Bauschutt – verlaufen zu sein.

An dem schon erwähnten Plattenweg stehen vier alte **Maulbeerbäume**. Es handelt sich hierbei um die Restbestände einer ehemaligen Maulbeerallee. Der Anbau von Weißen Maulbeerbäumen wurde von französischen Hugenotten eingeführt, die nach dem Dreißigjährigen Krieg vom Kurfürsten Friedrich Wilhelm, dem Großen Kurfürsten, nach Preußen geholt wurden. Die Blätter dienten den Seidenraupen als Nahrung. Unter Nr. 5 stehen diese Maulbeerbäume (52°25'55,0"N 12°59'17,0"O) in der Liste der Naturdenkmäler der Landeshauptstadt Potsdam. Sie wurden auf Wunsch König Friedrich Wilhelms IV. angepflanzt.

Am östlichen Rand des Großen Heineberges führt die Marquardter Chaussee (Bundesstraße 273) vorbei, die 1840–44 über Marquardt und Wustermark als Zuführung zur Chaussee nach Hamburg (Bundesstraße 5) angelegt wurde. Unmittelbar an der Straße ist heute noch ein altes **Chausseehaus** (→ 16 Brauhausberg) zu finden (52°25'59,8"N 12°59'36,7"O). Eine in älteren Karten eingetragene militärische Schanze existiert durch den Sandabbau heute nicht mehr.

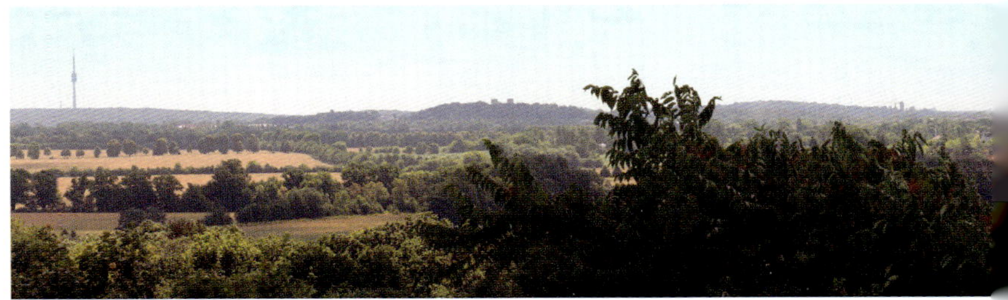

Auch für die Bezeichnung »Heineberg« gibt es unterschiedliche Erklärungen. Zum einen wird Heineberg (auch Heyne-Berg, Hüne-Berg) als »Kienbaum« oder »Fichtenwald« gedeutet. Suchodoletz nennt ihn Hünenberg, wobei mit »Hünen« Rebhühner gemeint sein sollen.

→ Wanderstrecke bis zum Windmühlenberg: 3,2 Kilometer

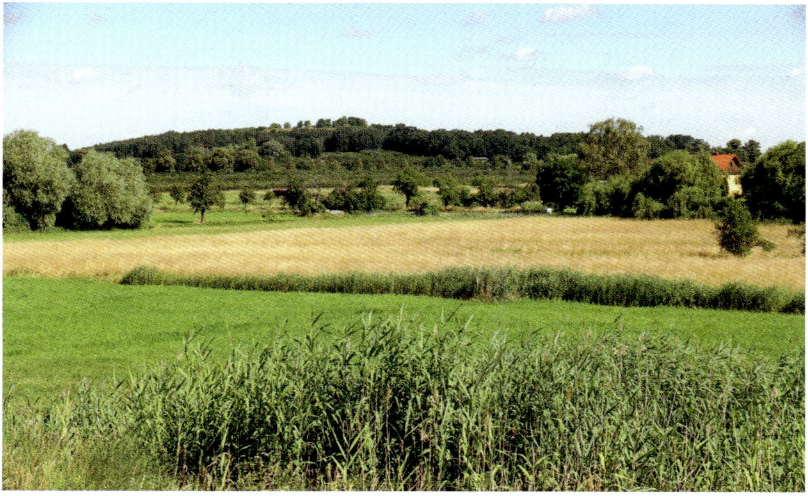

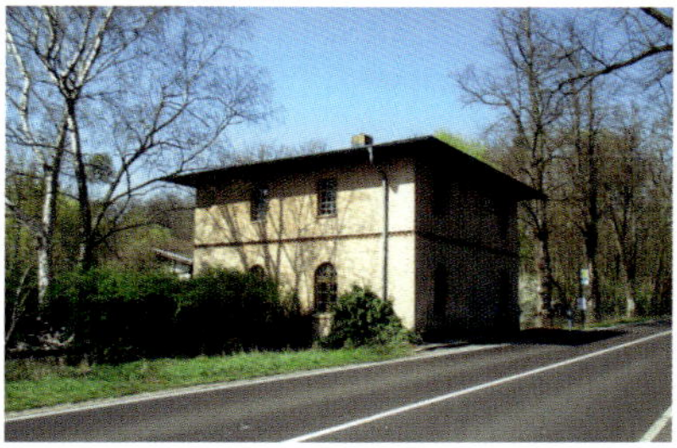

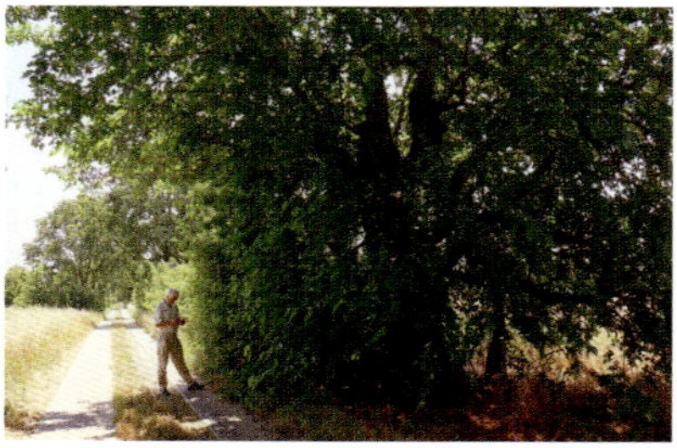

Großer Heineberg von der Mitschurinstraße aus gesehen, Chausseehaus, Weißer Maulbeerbaum, Panoramablick (unten)

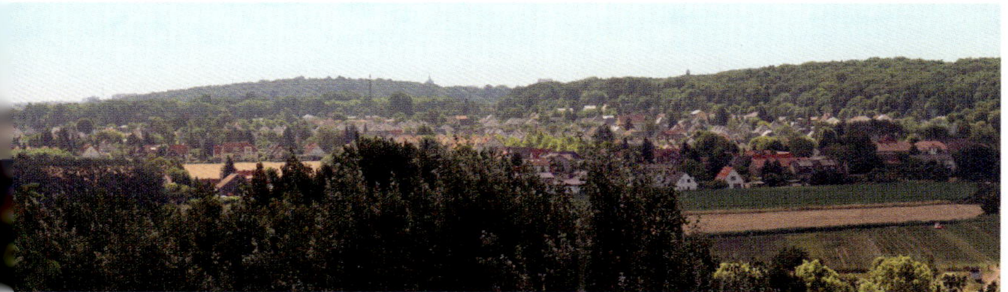

41 Windmühlenberg

Bornim

52°25'16,3"N 12°59'27,6"O
74,5 Meter

Der Bornimer Höhenrücken südlich der Golmer Chaussee und der Mitschurinstraße wurde bis zur Mitte des 19. Jahrhunderts in seiner Gesamtheit als Zachelsberg bezeichnet. Im östlichen Bereich stand eine Bockwindmühle, die 1850 vollständig abgebrannt sein soll. Seitdem wird diese Stelle Windmühlenberg genannt. Interessanterweise kann man in Ketzür (heute ein Ortsteil von Beetzseeheide, nordöstlich von Brandenburg a. d. Havel) eine Bockwindmühle besichtigen, auf deren zugehöriger Informationstafel zu lesen ist, dass diese Mühle bis 1859 in Bornim bei Potsdam stand und 1862 hier wieder aufgebaut wurde. Wie beides zusammenpasst, konnte bisher nicht schlüssig geklärt werden.

Bei einer Wanderung über den Windmühlenberg trifft man unweigerlich auf ein größeres, eingezäuntes Gelände (Eingang bei 52°25'22,6"N 12°59'17,4"O). Von 1972 bis zur politischen Wende befand sich hier die Ausweichführungsstelle der Bezirksverwaltung Potsdam des Ministeriums für Staatssicherheit. Von 1992 bis 2016 war in den Gebäuden ein Teil des Brandenburgischen Landeshauptarchivs untergebracht. Derzeit befindet sich hier unter anderem das Archiv des Brandenburgischen Landesbetriebes für Liegenschaften und Bauen.

An der westlichen Begrenzung ist kurz hinter dem Zaun ein Erdhügel zu sehen, unter dem ein Bunker liegt. Auf dem Hügel ist ein kleines, quaderförmiges Bauteil aufgesetzt (52°25'19,2"N 12°59'13,6"O). Die in vier Richtungen weisenden Schlitze lassen vermuten, dass hier »irgendetwas« beobachtet wurde.

Im östlich Teil des Geländes wurde eine größere unterirdische **Bunkeranlage** für die Mitarbeiter der Ausweichführungsstelle gebaut. Zu sehen sind heute nur noch die Fundamente der Tarnbaracken, die über den inzwischen völlig zubetonierten Zugängen gestanden hatten.

→ Wanderstrecke bis zum Zachelsberg: 900 Meter

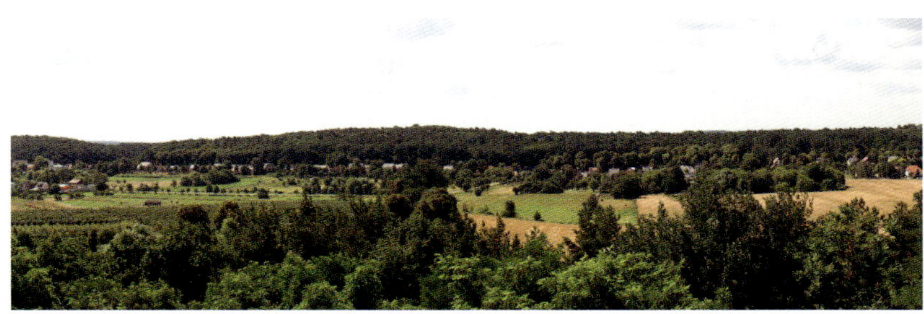

Pannenberg, Windmühlenberg und Zachelsberg vom Großen Heineberg aus gesehen

42 Zachelsberg

Bornim

52°25'23,7"N 12°58'51,3"O

62,2 Meter

Der südlich der Golmer Chaussee befindliche Teil des Bornimer Höhenrückens ist der Zachelsberg. Der obere Bereich ist auffallend eben und von sehr langen, geradlinigen Erdwällen eingefasst. Ab 1936 wurden hier von der Wehrmacht Schulschießstände (einige davon waren 300 Meter lang) und Schießstände für Maschinengewehre angelegt. Zu DDR-Zeiten nutzte die Bereitschaftspolizei das Gelände weiter. Im Innenbereich sind noch Reste von Unterständen zu finden (zum Beispiel bei 52°25'20,3"N 12°59'4,7"O). Der schon zum Windmühlenberg gehörende östliche Teil des Schießplatzgeländes wurde 1972 für das Ministerium für Staatssicherheit abgetrennt. Die Fläche von etwa fünf Hektar und einer Länge von etwa 400 Metern wurde inzwischen wieder aufgeforstet.

Zur Herleitung des Namens gibt es unterschiedliche Auffassungen. Zum einen wird ein slawischer Ursprung mit der Bedeutung »Hinterberg« angenommen, andererseits wird die Ableitung von einem Personennamen vermutet.

→ Wanderstrecke bis zum Geiselberg: ein Kilometer

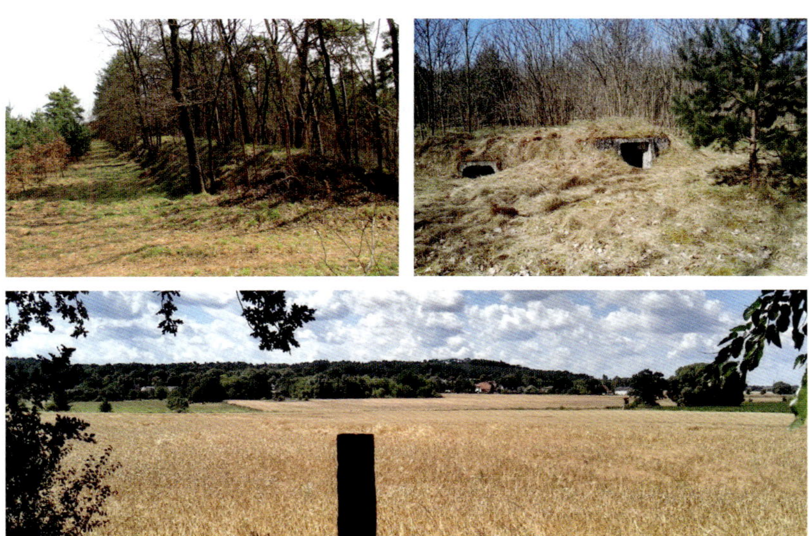

Erdwall, ehemalige Unterstände, Zachelsberg vom Fuß des Großen Heineberges aus gesehen

43 Geiselberg

Golm

⌖ 52°25'11,2"N 12°58'18,1"O

48,5 Meter

Vom Max-Planck-Campus in Golm kommend führt die Bornimer Chaussee nach Norden über den Geiselberg. Von den Rändern dieser kleinen Waldfläche hat man in alle Richtungen eine gute Aussicht.

Beim Bau des Kreisverkehrs nordöstlich des Geiselberges 2015–17 wurde an der Nordflanke des Hügels ein schon in groben Umrissen bekanntes Bodendenkmal bestätigt. Aus den archäologischen Befunden konnten Siedlungsspuren nachgewiesen werden.

> Als **Bodendenkmal** wird schützenswertes Kulturgut bezeichnet, das unterhalb der Erdoberfläche im Boden verborgen ist.

Wer zu dem Berg wandert, muss nicht befürchten, dass er in Geiselhaft genommen wird. Der Name der Erhebung leitet sich möglicherweise davon ab, dass die in der Mitte des 17. Jahrhunderts eingewanderten Schweizer Bauern dort ihre Ziegen – Geißen – weiden ließen. Dafür spricht auch, dass in einem Plan von der Insel Potsdam und ihrer Umgebung von 1867 der Hügel als Geiseberg vermerkt ist.

Überraschend ist sicher nicht, dass es in Golm eine Geiselbergstraße gibt; aber dass die um den Reiherberg herumführende Straße diesen Namen trägt, vielleicht dann doch.

→ Wanderstrecke bis zum Mühlenberg: 700 Meter

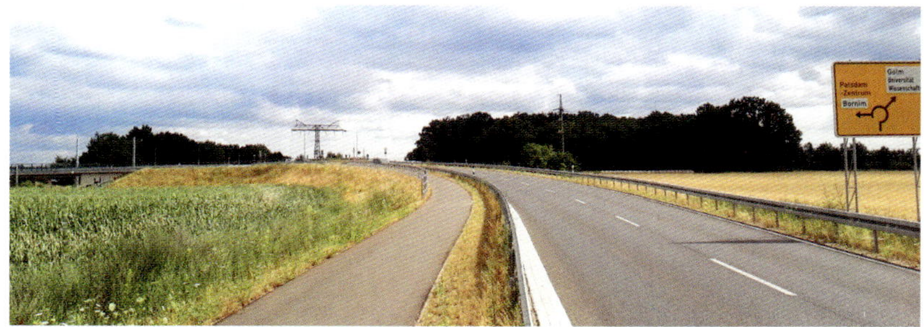

Geiselberg von der Wublitzstraße aus gesehen

44 Mühlenberg / Golm ★

Golm

⌖ ehemaliger höchster Punkt
52°24'55,3"N 12°58'10,6"O
ursprünglich etwa 40 Meter

In die Liste der Potsdamer Berge wurde auch eine Erhebung aufgenommen, die heute nicht mehr existiert.

Gemeint ist damit der Mühlenberg in Golm. Aber wieso ist er verschwunden? Im Zusammenhang mit dem Bau des Berliner Außenringes der Deutschen Reichsbahn wurden im Ortsbereich Golm bis Kuhfort mehrere Bahndämme aufgeschüttet. Um den dafür notwendigen Sand zu gewinnen, wurde 1956–57 der Mühlenberg abgebaggert. Seitdem ist er nur noch als Flur- und Straßenname erhalten. Dort, wo ab 1441 nacheinander sieben Windmühlen standen – die letzte wurde 1914 abgebrochen –, befinden sich heute Neubauten des **Max-Planck-Campus**. In der Mitte des Campus steht ein kinetisches Kunstobjekt (**Windspiel**) aus legiertem Stahl (52°24'55,3"N 12°58'10,6"O), das an die Windmühlen erinnern soll. An zwei Masten befindet sich je eine bewegliche Stange, die sich im Wind dreht. Im Boden ist eine Platte mit folgendem Text eingelassen:

> *Zwei Linien – Vier Kegel*
> *Bernd Wilhelm Blank*
> *1999*
> *Das kinetische Windobjekt steht auf dem historischen Mühlenberg. Dieser windexponierte Platz wurde bis Februar 1914 durch bis zu sieben Mühlen genutzt und bietet hervorragende Voraussetzungen für den Betrieb einer windgetriebenen Plastik.*

Beobachtet man die Bewegung der beiden Stangen (»zwei Linien«) eine Zeitlang, so stellt man fest, dass sie sich nie berühren. Das wird dadurch erreicht, dass ihr Bewegungsspielraum eingeschränkt ist. Die Enden der Stangen bewegen sich auf Kreisbahnen. Dadurch umfährt jede Stangenhälfte einen kegelförmigen Luftraum, dessen Spitze im Mittelpunkt der jeweiligen Stange liegt (»vier Kegel«). Für mathematisch Interessierte: Jede Stange bildet die Mantellinien eines

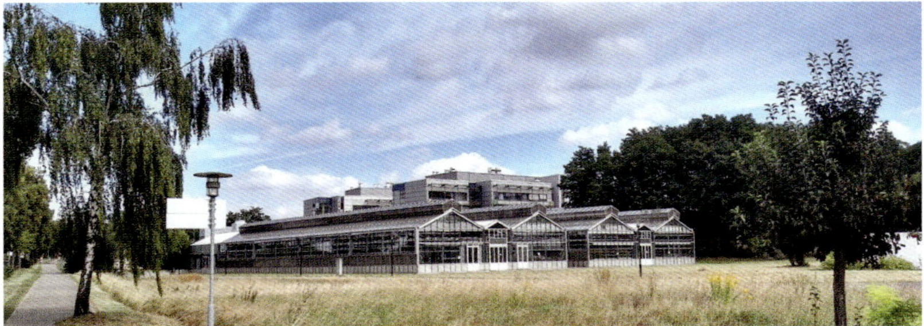

Bereich des ehemaligen Mühlenberges vom Kreisverkehr aus gesehen

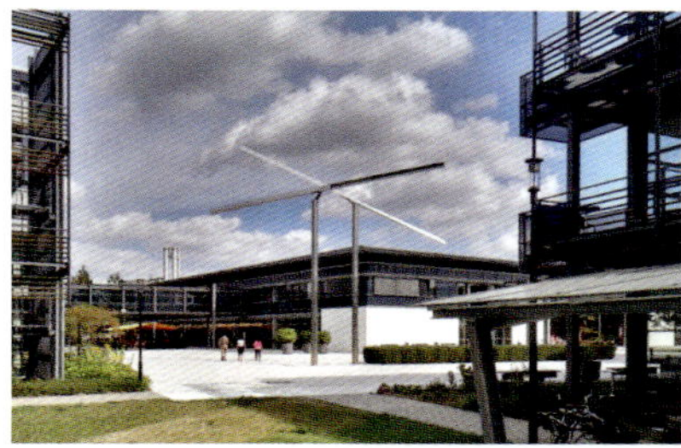
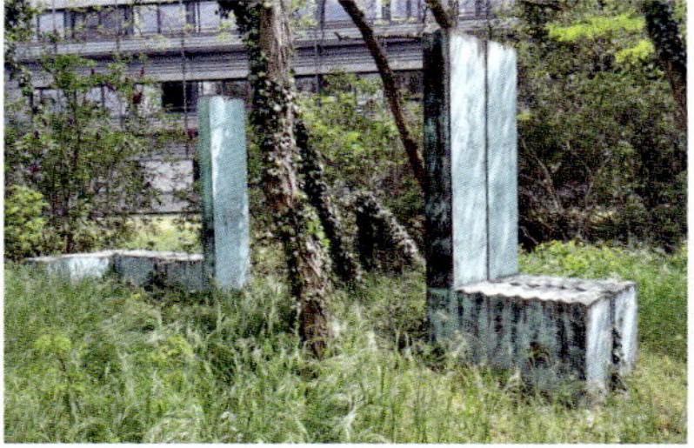
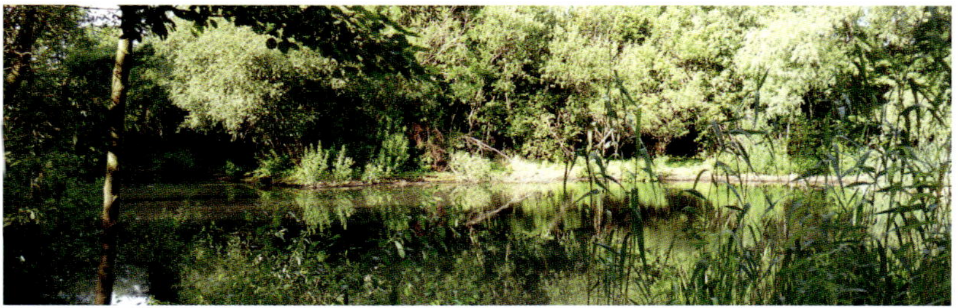

Windspiel, Teil des Golmkreises »Punkte«, neuer Mühlenpfuhl

Doppelkegels. Die Masten haben eine Höhe von je zehn Metern, die Stangen eine Länge von 13,6 Metern.

Ein weiteres Kunstobjekt auf dem ehemaligen Mühlenberg ist der **Golmkreis**. Er besteht aus drei separaten Teilen mit den Titeln »Punkte« (52°24'53,7"N 12°58'8,0"O), »Linie« (52°24'55,2"N 12°58'14,2"O) und »Kreis« (52°24'57,3"N 12°58'10,8"O) mit folgender Erläuterung:

Golmkreis
Clas Steinmann
1999
Der Golmkreis besteht aus drei Plastik-Gruppen mit den Titeln »Kreis«, »Linie« und »Punkte«. Jede Gruppe hat einen eigenen Standort auf dem Max-Planck-Campus. Die Oberflächen wurden am Strand der Nordsee abgeformt.
Material: Bronze, blau-grün patiniert

Der alte **Mühlenpfuhl** wurde zu DDR-Zeiten durch Meliorationsmaßnahmen trockengelegt. Mit dem Bau der Max-Planck-Institute und des Fraunhoferinstituts für Angewandte Polymerforschung nach der politischen Wende wurde aber die Auflage erteilt, eine Möglichkeit für die Versickerung von Regenwasser zu schaffen. Man besann sich auf den ehemaligen Mühlenpfuhl, baggerte den alten Bereich wieder aus und erweckte somit den Mühlenpfuhl zu neuem Leben (52°24'40,6"N 12°58'9,2"O).

→ Wanderstrecke bis zum Tonberg: 2,8 Kilometer

45 Tonberg

Grube

52°25'53,4"N 12°57'7,3"O

35,8 Meter

In Potsdam gibt es mehrere Erhebungen, deren Name in keiner Karte vermerkt ist. Dazu gehört auch der Tonberg. Von seiner Existenz erfährt man nur, wenn man mit alten Einwohnern von Grube ins Gespräch kommt.[21] Ein leicht zu übersehender Abzweig von der Neuen Dorfstraße (52°25'53,8"N 12°57'11,8"O) führt zu diesem Hügel.

Nicht zu übersehen ist hingegen die barocke **Dorfkirche**, die nur etwa 100 Meter entfernt ist. Erwähnenswert ist der nicht ganz alltägliche Kanzelaltar, bei dem sich die Kanzel unmittelbar über dem Altar befindet. Die Gruber Kirche wurde 1746 erbaut. Die beiden Jahreszahlen 1794 und 1987 auf der Wetterfahne weisen auf Sanierungen hin.

Geht man auf dem am Tonberg vorbeiführenden Sandweg nach Südwesten weiter, stößt man nach wenigen Metern auf einen idyllischen Teich, die **Kuhtränke** (52°25'50"N 12°57'7"O). An einem Baum befindet sich heute noch ein Schild, auf dem die Aufschrift »An der Deichstrecke Angeln verboten« interessanterweise auch zusätzlich in Russisch steht: »У края дамбы рыбная ловля запрещена!« Die Unterschrift »Рыбнадзор« heißt »Fischereiaufsicht«.

Der Tonberg gehört zu den künstlich entstandenen Hügeln Potsdams. In und um Grube wurde ca. 1890–1902 Lehm und Ton abgebaut. Dieser wurde auf Loren zum Ufer der Wublitz gefahren und dann auf Kähnen nach Glindow abtransportiert. Durch die Zwischenlagerung entstand der Tonberg. Heute stehen auf ihm Wohnhäuser. Mehrere ehemalige Tongruben existieren immer noch, allerdings längst mit Wasser gefüllt, wodurch hübsche Teiche entstanden sind. Einer davon ist die Kuhtränke.

→ Wanderstrecke bis zum Vossberg: 1,4 Kilometer

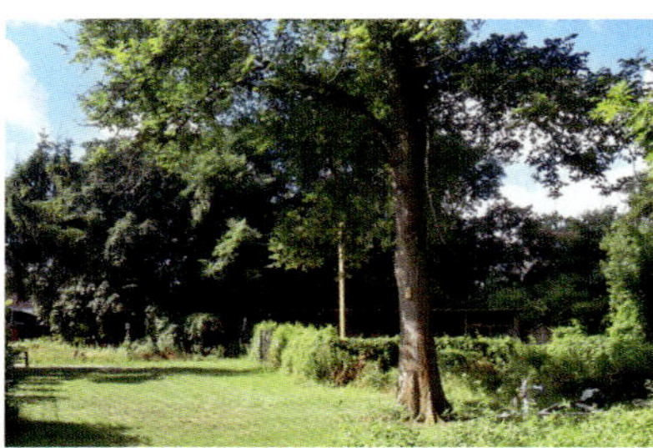

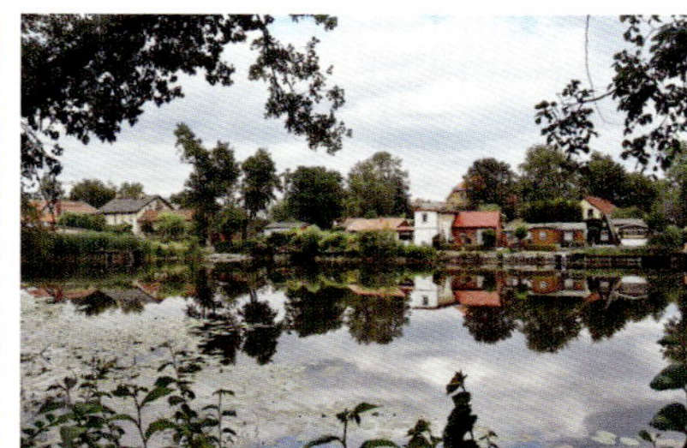

Tonberg aus nordöstlicher Richtung gesehen, Kuhtränke

46 Vossberg

Grube

52°26'32,4"N 12°57'40,0"O

40,4 Meter

Zu den weniger bekannten Erhebungen Potsdams gehört der Vossberg. Eine große Vertiefung lässt erkennen, dass der Hügel einige Zeit zur Bausandgewinnung genutzt wurde.

In dem nicht sehr gepflegten kleinen Waldgebiet befindet sich nichts Sehenswertes, es sei denn, man wundert sich über eine inzwischen verfallene Baracke (52°26'34,6"N 12°57'49,0"O), die von einem nicht mehr intakten Zaun umgeben ist. Es handelt sich dabei um eine **Tarnbaracke**, die den Eingang in einen unterirdischen Bunker verdecken sollte. Hier befand sich eine ehemalige Sendestelle für die Ausweichführungsstelle der Bezirksverwaltung des Ministeriums für Staatssicherheit. Die Anlage wurde vermutlich in den 1980er Jahren errichtet.

Wesentlich angenehmer ist der Gedanke, dass auf einer Viehkoppel am Rand des Hügels möglicherweise die Reste eines **slawischen Burgwalls** erhalten sind. Es handelt sich hierbei um eine ebene ovale Fläche von rund 100 mal 200 Metern, die sich etwa einen Meter über das Umfeld erhebt. Da diese Vermutung aber bisher nicht durch Grabungen überprüft wurde, hat dieses Objekt noch keine Bodendenkmalnummer erhalten.

Nicht unerwähnt soll bleiben, dass in der Sage »Die fliegende Frau« der Vossberg bei Grubow genannt wird.[22]

Die Bedeutung des Namens »Vossberg« wird klar, wenn man weiß, dass »Voss« der niederdeutsche Ausdruck für »Fuchs« ist. Dann überrascht auch nicht mehr, dass auf der Suchodoletz-Karte von 1680 die Anhöhe als »Fucksberg« bezeichnet wird. Aber doch etwas unerwartet ist, dass der Hügel auch heute noch von einigen Einheimischen **Fuchsberg** genannt wird. Zum Verhältnis von niederdeutschen und hochdeutschen Begriffen → 22 Kleiner Ravensberg.

→ Wanderstrecke bis zum Schmachtenberg (nächstgelegene Stelle auf dem Feldweg): 700 Meter

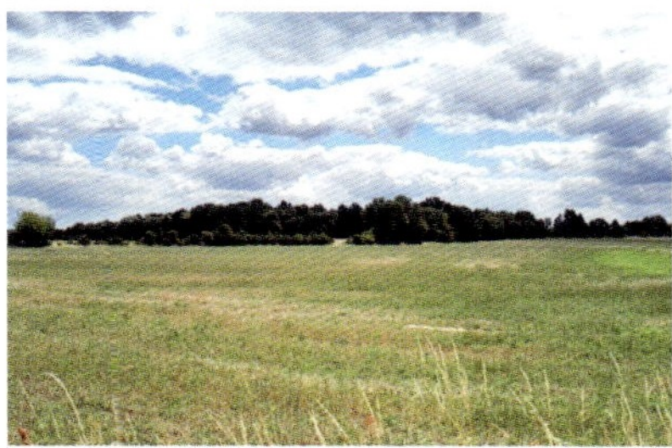

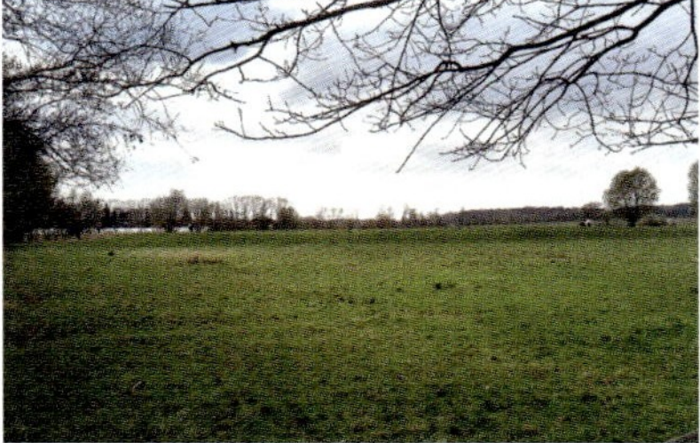

Vossberg von der Anglersiedlung im Norden aus gesehen, vermutlicher slawischer Burgwall

47 Schmachtenberg

Grube

⌖ 52°26'45,7"N 12°58'5,4"O

35,7 Meter

Ein kleiner, bewaldeter Hügel innerhalb eingezäunter Felder und Viehweiden südöstlich der Anglersiedlung am Sacrow-Paretzer-Kanal wird Schmachtenberg genannt.

Hier gab es aus der Jungsteinzeit Oberflächenfunde, die auf dem Feld aufgesammelt wurden. Das lässt eine ehemalige dörfliche Ansiedlung vermuten. Bisher gab es jedoch noch keine systematischen Grabungen. Die Funde sind in der Liste der Bodendenkmale in Potsdam unter der Bodendenkmalnummer 2116 eingetragen (zu Bodendenkmal → 43 Geiselberg).

Der Name des Hügels leitet sich möglicherweise von einem Wort ab, das »hungernd«, »kraftlos« oder »mager« bedeutet. Durch die Namensgebung sollte vermutlich zum Ausdruck gebracht werden, dass derjenige zu verhungern (oder verschmachten) droht, der dieses Gebiet als Ackerfläche oder Viehweide besitzt.

→ Wanderstrecke bis zum Teufelsberg: 2,6 Kilometer

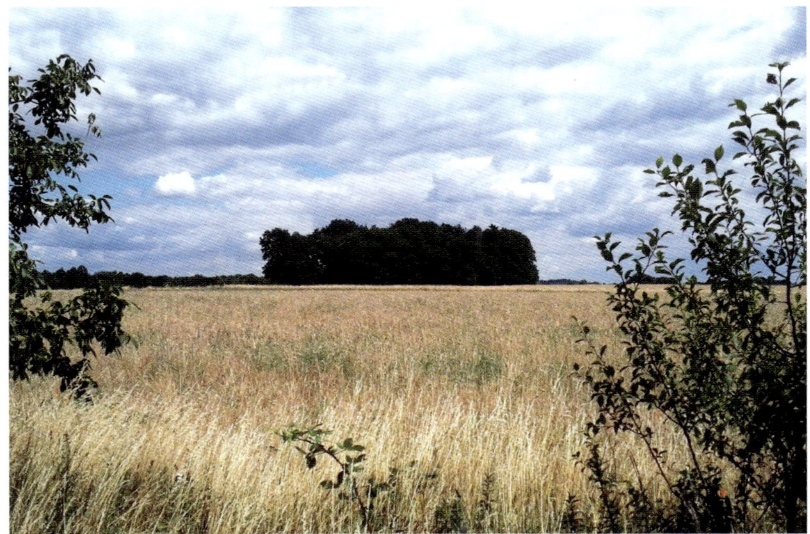

Schmachtenberg vom Schlänitzseer Weg aus gesehen

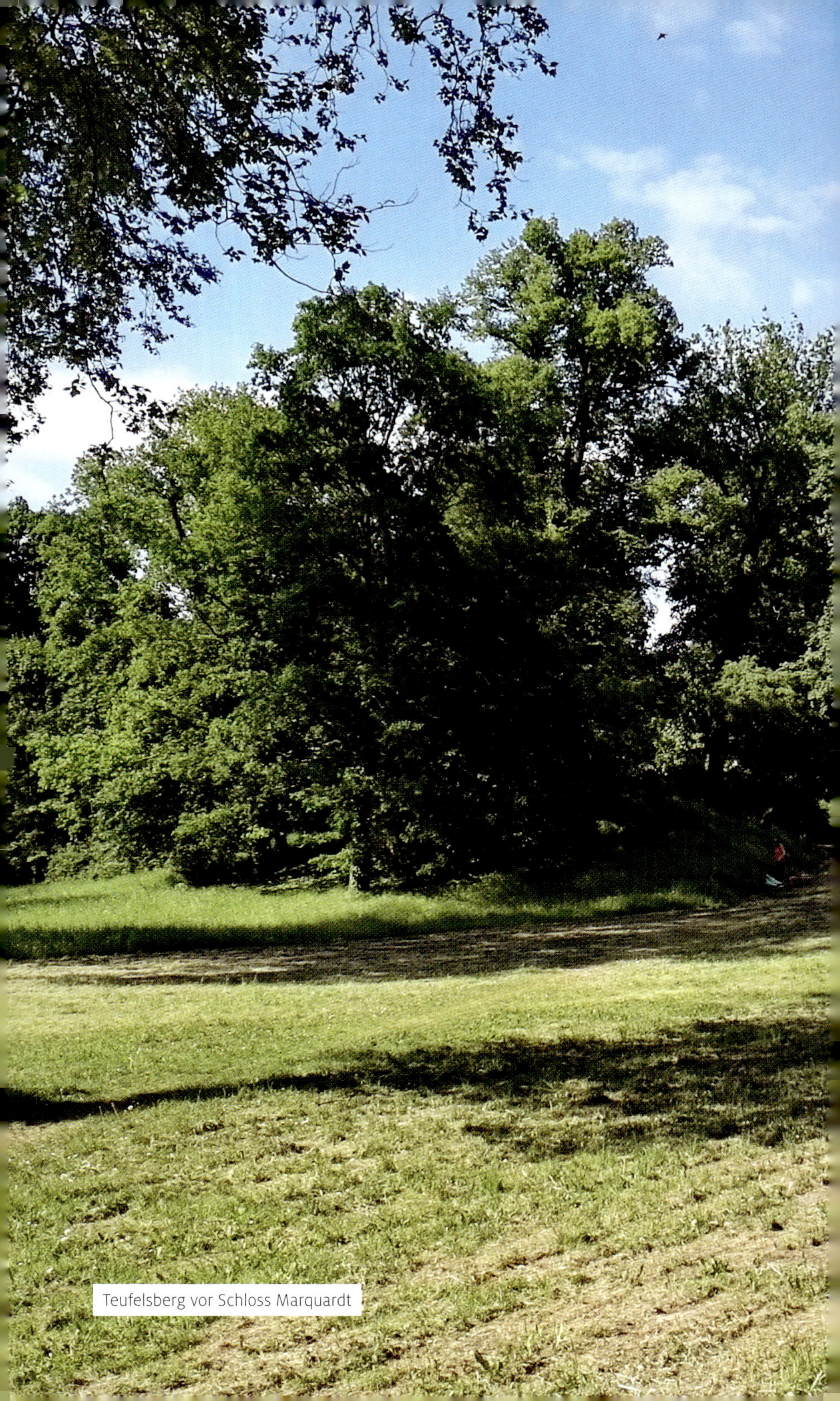
Teufelsberg vor Schloss Marquardt

Nordwestliches Stadtgebiet

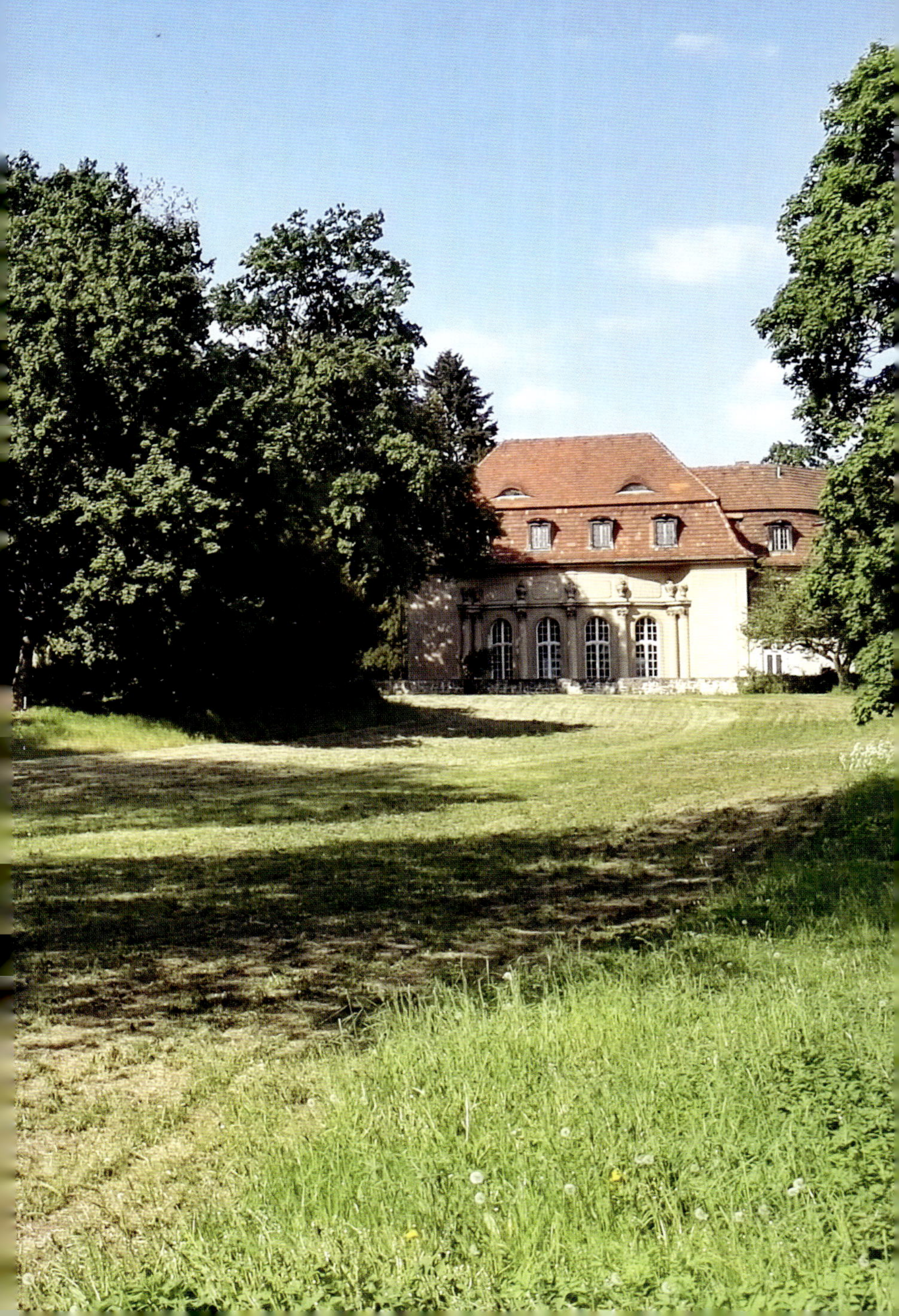

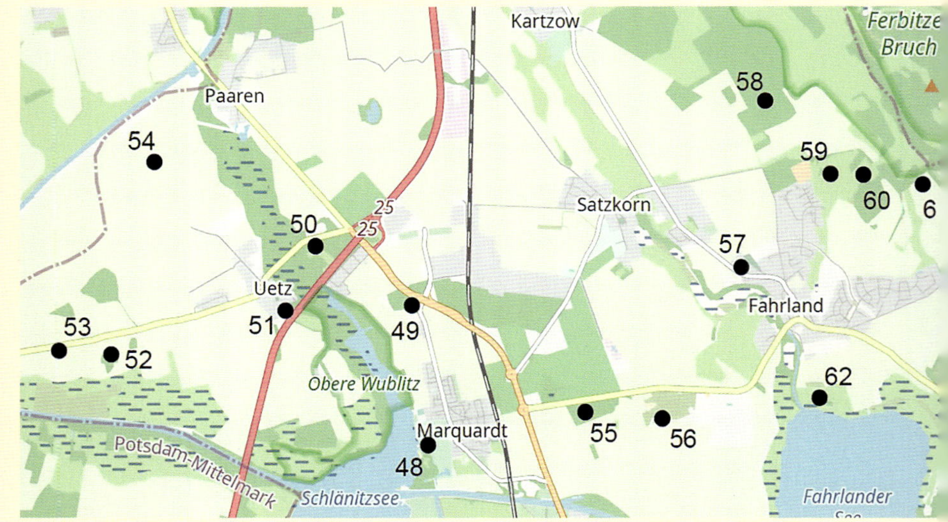

48 Teufelsberg
49 Sandhaarberg
50 Hasselberg
51 Mühlenberg / Uetz
52 Krähenberg
53 Schraberg
54 Galgenberg / Uetz
55 Kleiner Siegbundberg
56 Großer Siegbundberg
57 Mühlenberg / Fahrland
58 Sprengselberg
59 Spitzberg
60 Galgenberg / Fahrland
61 Eisberg
62 Weinberg / Fahrland

48 Teufelsberg ★

Marquardt

⌖ 52°27'27,4"N 12°57'42,9"O

37,5 Meter

Im Gegensatz zum Teufelsberg im Berliner Grunewald ist der im Schlosspark Marquardt befindliche Namensvetter so gut wie unbekannt. Der Hügel, der zumindest alten Marquardtern ein Begriff ist, wurde bisher in keiner Karte gefunden. Bekannter ist das **Schloss Marquardt**, das sich wenige Meter weiter nordöstlich befindet. Es geht auf ein Gutshaus aus dem 14. Jahrhundert zurück. Das heutige Schloss wurde 1878/79 errichtet, danach aber noch mehrfach um- und ausgebaut. Das aktuell im Besitz einer Immobilienagentur befindliche Gebäude kann für Veranstaltungen gemietet werden.

Der dazugehörige Park wurde Ende des 18. Jahrhunderts angelegt und ab 1823 durch Peter Joseph Lenné neu gestaltet. Im Zusammenhang mit einem erneuten Umbau des Schlosses in den Jahren 1912/13 wurde auch der Park vergrößert und wesentlich verändert. Um eine Sichtverbindung vom Schloss zum Schlänitzsee herzustellen, wurde die Böschung südwestlich des Schlosses teilweise abgetragen. Der Abschnitt, der die Sicht nicht beeinträchtigte, blieb stehen und wurde zum Teufelsberg.

Wenn von Marquardt die Rede ist, kommt man meist sehr schnell auf die **Blaue Grotte** zu sprechen. Diese befand sich vermutlich im Hang unterhalb des Schlosses. Ende des 18. Jahrhunderts inszenierte hier der damalige Gutsbesit-

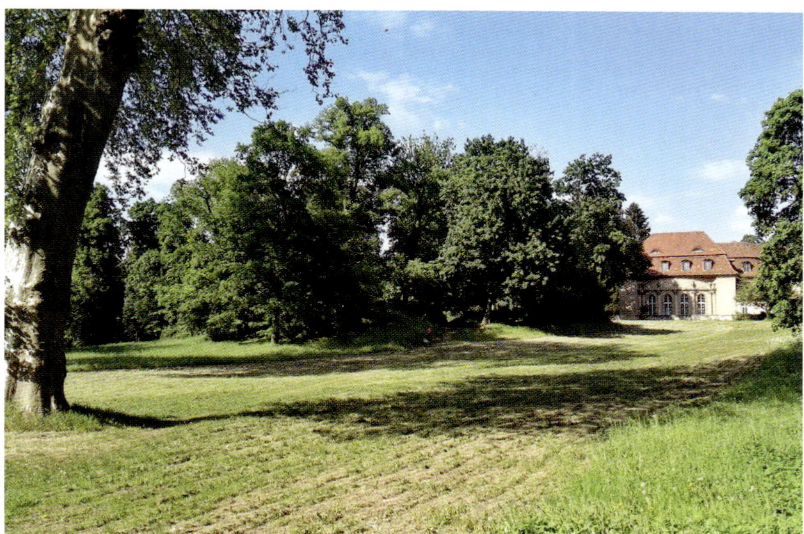

Teufelsberg vom Schlänitzsee aus gesehen

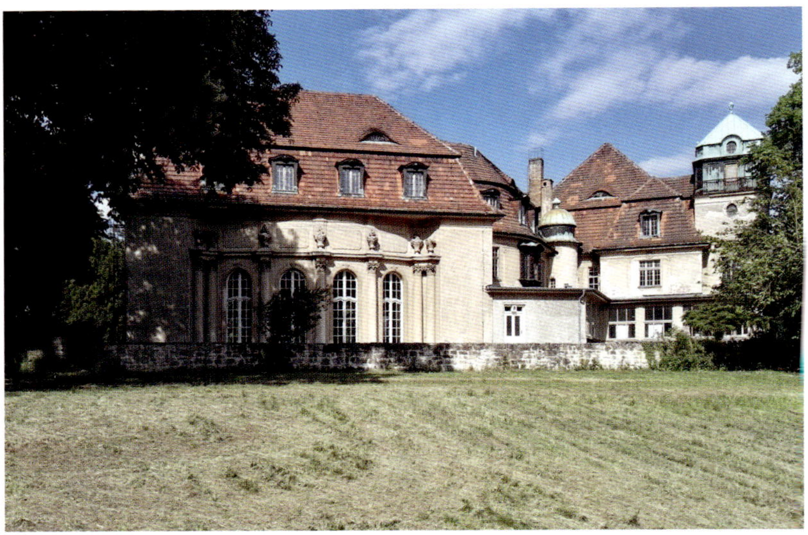

Schloss Marquardt

zer, General Hans Rudolf von Bischoffwerder, für König Friedrich Wilhelm II. wiederholt vorgetäuschte Geisterbeschwörungen. In den 1860er Jahren wurde die Grotte abgerissen.

Geradezu paradox mutet es an, dass am westlichen Rand des Teufelsberges ein Pfaffenhütchenstrauch wächst (52°27'27,1"N 12°57'42,0"O). Die leuchtend roten Früchte können im September und Oktober bewundert werden.

Der auch in → 58 Sprengselberg, → 59 Spitzberg und → 60 Galgenberg / Fahrland erwähnte Königsweg führt nur wenige Meter westlich am Teufelsberg vorbei.

Schloss und Park werden seit den 1930er Jahren immer wieder als Drehort für Filmproduktionen genutzt. So sind hier schon Aufnahmen für fast 50 Filme entstanden, unter anderem für »Johann Strauß – der ungekrönte König« (1986), »Aimée und Jaguar« (1999), »Effi Briest« (2009), »Grzimek« (2015) sowie »Bridge of Spies – Der Unterhändler« (2015). Passend dazu findet auf einer Wiese im Schlosspark hin und wieder ein Open-Air-Sommerkino statt – gerade auch mit Filmen, für die dort Szenen gedreht wurden.

Am Eingang des Schlossparks steht die **Marquardter Dorfkirche**. Der neoromanische Backsteinbau wurde 1901 errichtet.

Der Name »Teufelsberg« leitet sich vermutlich von der falschen Annahme ab, dass sich die Blaue Grotte in diesem Hügel befunden hat.[23]

→ Wanderstrecke bis zum Sandhaarberg: 1,4 Kilometer

49 Sandhaarberg

Marquardt

52°28'6,3"N 12°57'35,9"O

52,7 Meter

Durch den Bau der Bundesstraße 273 und deren Zufahrtsstraßen wurde der Sandhaarberg in vier getrennte Teile zerschnitten und dabei wohl auch teilweise abgetragen. Den in alten Karten eingezeichneten Schießstand im nordwestlichen Abschnitt kann man an den verbliebenen Erdwällen noch erahnen (52°28'12"N 12°57'40"O). Hinter dem nördlichen Wall ist die Pflasterung einer ehemaligen Straße zu erkennen.

Im nordöstlichen Abschnitt des Hügels findet man noch Reste eines gemauerten Unterstandes (52°28'9,5"N 12°57'48,8"O) sowie einen künstlichen Trockengraben (52°28'8,9"N 12°57'48,9"O). Beides sind vermutlich Überreste von militärischen Aktivitäten aus jüngerer Zeit.

Neben der heutigen Bezeichnung »Sandhaarberg« findet man in älteren Unterlagen auch den Namen »**Sandhaferberg**«. Mit Sandhaargras beziehungsweise Sandhafer wird die gleiche Grasart bezeichnet. Sie wurde zur Befestigung von Sandböden, besonders von Flugsand, angepflanzt. Gegenwärtig ist jedoch kein Vorkommen dieses Grases auf dem Sandhaarberg bekannt.

→ Wanderstrecke bis zum Hasselberg: 1,6 Kilometer

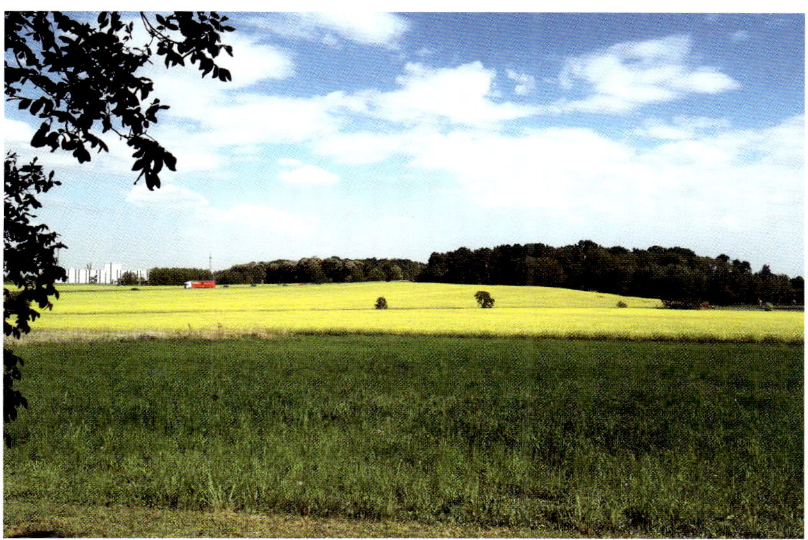

Sandhaarberg vom Amselweg aus gesehen

50 Hasselberg ★

Marquardt

⊕ 52°28'24,2"N 12°56'47,7"O

52,2 Meter

Der Hügel zwischen der Autobahn 10 und der Paretzer Straße (Landesstraße 92) nach Uetz wurde schon mehrmals in der Presse erwähnt. Der Grund dafür sind die sieben bis zu 200 Jahre alten Linden, die an der höchsten Stelle ein Rondell von etwa 20 Metern Durchmesser bilden. Ende des 18. Jahrhunderts wurde für König Friedrich Wilhelm II. dort ein Teehaus mit Aussichtsturm erbaut. Beide stehen jedoch nicht mehr.

Da aber die Linden noch existieren – zumindest teilweise –, setzt sich der Ortschronist von Marquardt seit Jahren dafür ein, den Platz als Naturdenkmal zu sichern und zu einem touristischen Wander- und Ausflugsziel auszubauen. Inzwischen wurde das **Lindenrondell** wenigstens schon in die Strategieplanung zur Entwicklung des ländlichen Raums der Landeshauptstadt Potsdam aufgenommen.

In Potsdam gibt es mehrere Straßen, die als Damm durch sumpfiges Gelände angelegt wurden. Eine davon ist die unmittelbar am Hasselberg vorbeiführende Paretzer Straße. Bei ihrem Bau ab 1903 musste mit großem Aufwand die **Niederung der Wublitz** überquert werden. Man sieht heute noch auf beiden Seiten der Straße das tiefer gelegene Gelände, das je nach Jahreszeit sumpfig oder verlandet ist (52°28'20,9"N 12°56'34,6"O). Durch den Bau dieser Straße wurde das Ende der Fähre von Uetz eingeläutet (→ 51 Mühlenberg / Uetz).

Zur Erklärung des Bergnamens »Hasselberg« sei noch angefügt, dass Hassel die nord- und mittelmärkische Lautform von Haselstrauch ist.

→ Wanderstrecke bis zum Mühlenberg: 1,2 Kilometer

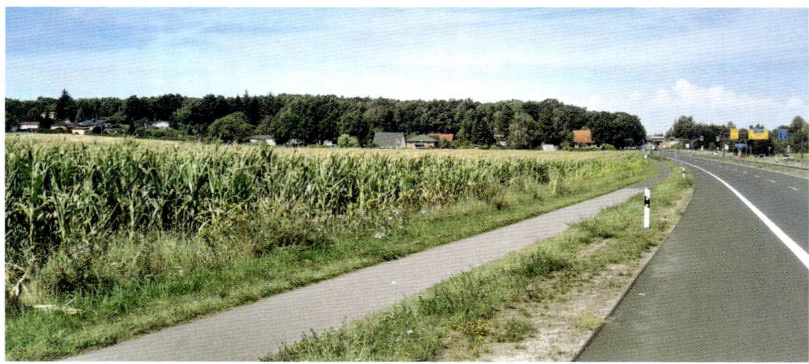

Hasselberg aus Süden von der Bundesstraße 273 aus gesehen

51 Mühlenberg / Uetz ★

Uetz

⌖ 52°28'4,8"N 12°56'32,7"O

48,6 Meter

Potsdam hat mehrere Mühlenberge. Eine gewisse Berühmtheit erlangte derjenige von Uetz, da Theodor Fontane ihn in seinen »Wanderungen« erwähnt. 1902 brannte hier die letzte Mühle nach einem Blitzeinschlag ab. Die endgültige Beseitigung erfolgte beim Bau der Reichsautobahn Berlin–Hannover (heute Autobahn 10), die über den Mühlenberg geführt wurde. Dabei wurde der Hügel zerschnitten und teilweise abgetragen.

Im Zusammenhang mit dem Mühlenberg in Uetz kommt man meist auf das »Schwedenhäuschen« zu sprechen. Dabei handelte es sich um ein transportables Holzhaus, das 1831 für König Friedrich Wilhelm III. errichtet wurde und unterhalb der Mühle stand. Da es schon 1899 wieder abgebrochen wurde, ist von ihm nichts mehr geblieben. Was man aber heute noch sehen kann, sind Reste einer Treppe aus Feldsteinen (zum Beispiel bei 52°28'6,0"N 12°56'37,3"O), die am nordöstlichen Hang zur Mühle beziehungsweise zu besagtem Schwedenhäuschen hinaufführte.[24]

Wer auf den alten Treppenstufen den Mühlenberg erklimmt und seine Augen offenhält, wird auf kleine Granitblöcke stoßen (zum Beispiel bei 52°28'5,5"N 12°56'34,5"O). Es handelt sich hierbei um Sockel, auf denen Bänke standen. Zeitgleich mit dem Bau der Reichsautobahn wurde hier ein kleiner Rastplatz mit Tischen und Bänken angelegt.[25]

Am Fuß des Mühlenberges fällt ein Haus besonders ins Auge – das ehemalige **Fähr- und Fischerhaus** (52°28'7,5"N 12°56'37,4"O). Das in Privatbesitz befindliche Gebäude wird mit großer Liebe zum Detail restauriert. Dies ist unter anderem an der Wiederherstellung der reichen Verzierungen und der Außenbemalung zu sehen.

Im Fährhausgarten ist eine einzeln stehende Eiche nicht zu übersehen (52°28'6,9"N 12°56'38,9"O). Sie wurde 1810 von Uetzern zum Andenken an die verstorbene Königin Luise gepflanzt, die hier bei den Fahrten zwischen Potsdam und Paretz vorbeikam. Die vor der Eiche stehende Holzplastik »Luise« ist hingegen eindeutig aus der jüngsten Vergangenheit.

Da in der unmittelbaren Umgebung des Fährhauses kein Wasserlauf zu sehen ist, drängt sich unwillkürlich die Frage auf: Wo ist hier eine Fährstelle? Die Wublitz, ein Nebenarm der Havel, floss ursprünglich nur wenige Meter am Haus vorbei. Damals befand sich hier eine Seilfähre. Dadurch verkürzte sich der Weg zwischen Uetz und der aus Potsdam kommenden Nauener Chaussee. Auch Friedrich Wilhelm und Luise nutzten diese Möglichkeit, denn der sogenannte Königsweg zwischen Potsdam und Paretz verlief durch Uetz. In der Zeit um

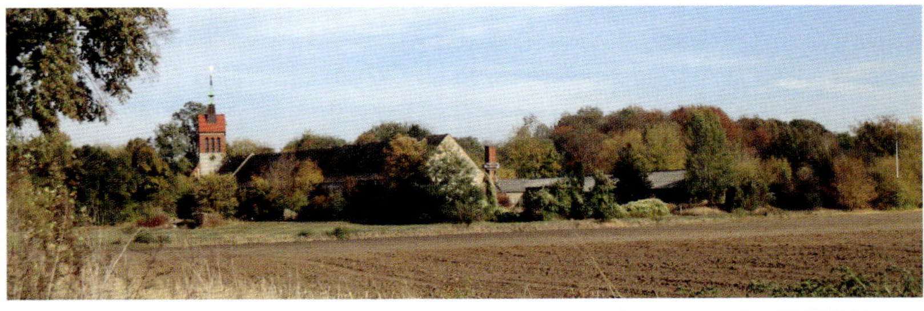

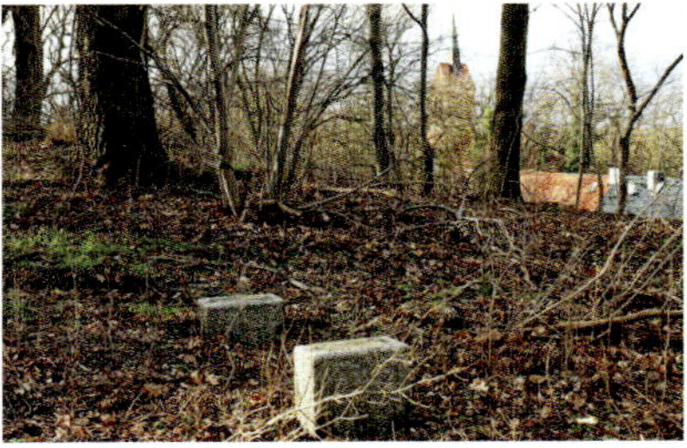

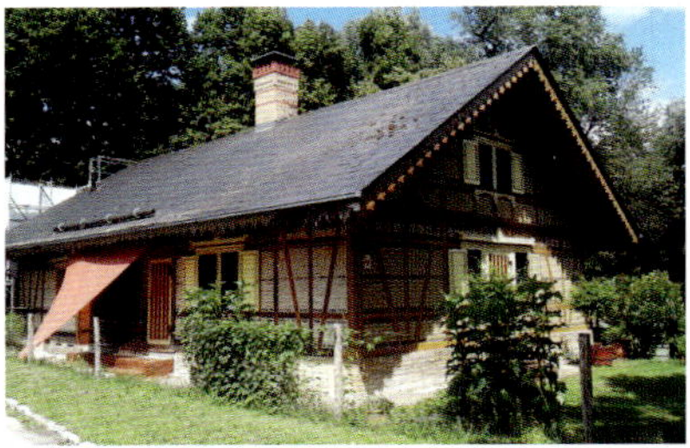

Mühlenberg mit Kirche und Gutshof von der Paretzer Straße aus gesehen, Unterbau der ehemaligen Bänke, Fähr- und Fischerhaus

1837 – also nach Luises Tod im Jahr 1810 – ließ Friedrich Wilhelm anstelle eines Vorgängerbaus nach Plänen von Ludwig Persius das heutige Fährhaus und eine Scheune errichten.

Der Zugang von der Dorfstraße (52°28'7,8"N 12°56'36,5"O) zur ehemaligen Fährstelle (52°28'8,6"N 12°56'38,3"O) ist heute noch an den in einer Linie gepflanzten alten Linden zu erkennen. Die Fähre verlor jedoch um 1905 mit dem Bau des Dammes westlich des → 50 Hasselberges ihre Bedeutung. Als 1935 mit dem Autobahnbau bei Uetz begonnen wurde, schüttete man durch die Wublitz einen Damm. Dadurch verlandete sie an dieser Stelle und das ehemalige Fährhaus stand gewissermaßen auf dem Trockenen. Seit 1986 gehört der Bereich südöstlich der Autobahn 10 zum Naturschutzgebiet »Obere Wublitz«. Vor dem Fährhaus wurde im Fontanejahr 2019 eine Informationstafel aufgestellt, auf der dieser Ort und die nähere Umgebung als Abstecher der FONTANE.RAD-Route beschrieben werden.

Am nordwestlichen Rand des Mühlenberges steht die evangelische **Dorfkirche von Uetz** (52°28'8,2"N 12°56'27,2"O). Die Geschichtsschreiber sind sich nicht ganz einig, ob die heutige Kirche noch bauliche Elemente der allerersten Kirche von 1313 enthält oder irgendwann einmal völlig neu errichtet wurde. Eins aber ist sicher: Die bisher letzte größere Umgestaltung des derzeitigen Kirchgebäudes erfolgte 1904. Dabei wurde der hölzerne Turm durch einen massiven aus Feld- und Backsteinen ersetzt.

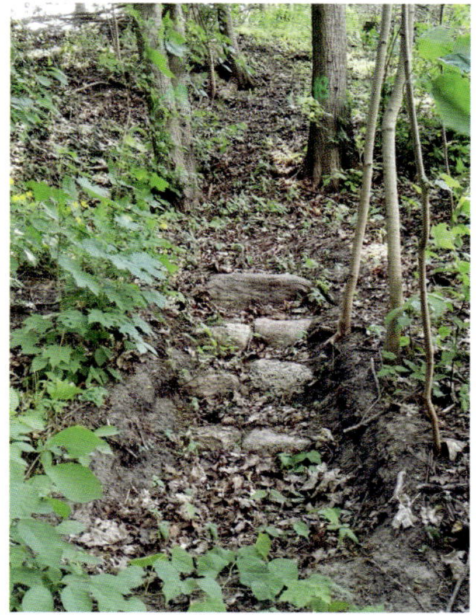

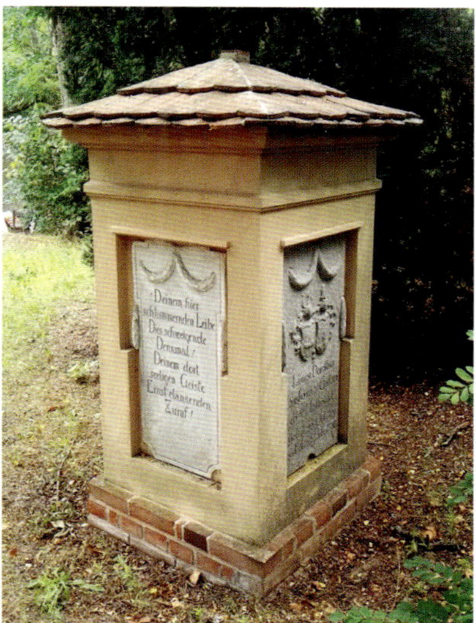

Alte Treppenstufen, Grabmal Christiana von Goetzen

Auf dem sich anschließenden Friedhof ist eines der ältesten Grabdenkmäler Potsdams zu finden (52°28'7,0"N 12°56'28,0"O). 1783 wurde hier Christiana von Goetzen, die Gemahlin des damaligen Gutsbesitzers von Uetz, beigesetzt. Das frühklassizistische **Grabmal** hat die Form eines Cippus, eine für den Potsdamer Raum außergewöhnliche Architektur.

Der ehemalige Gutshof befindet sich neben der Kirche. Er wurde 1831 von Friedrich Wilhelm III. erworben. Das aus Gutshaus, einem Langstall und drei Speichern bestehende Ensemble blieb bis 1945 königliches **Schatullgut**. Die heute vorhandenen Gebäude wurden mit Ausnahme des Gutshauses nach einem Brand im Jahr 1901 neu errichtet. Am Giebel des Langstalls ist immer noch das Kennzeichen des Schatullgutes, ein Kronenrelief, zu sehen (52°28'7,9"N 12°56'24,9"O).

Wurde etwas aus der »königlichen Chatulle« bezahlt, bedeutete dies, dass die Finanzierung aus dem Privatvermögen des Königs erfolgte. Ein **Schatullgut** war also Privateigentum des Landesherrn, über das er in jeder Beziehung uneingeschränkt verfügen konnte.

→ Wanderstrecke bis zum Krähenberg: 2,2 Kilometer

52 Krähenberg

Uetz

52°27'51,5"N 12°55'5,4"O

36,2 Meter

Westlich von Uetz und östlich vom Schraberg befindet sich an der Paretzer Straße zwischen Uetz und Paretz (Landesstraße 92, früher »Langer Damm«) ein eingezäunter Lagerplatz für Baumaterialien und Strohballen. Die kleine angrenzende Erhebung ist der Krähenberg.

Woher der Name des Berges stammt, dürfte nicht schwer zu erraten sein. Wenn man aber bedenkt, dass Krähen fast überall erfolgreich leben können, stellt sich dann doch die Frage, warum nun gerade dieser Ort nach diesen Vögeln benannt wurde. Da sie im Mittelalter als Galgenvögel galten, war es möglicherweise ganz praktisch, in der Nähe des Galgenberges von Uetz zu nisten und nach getaner »Arbeit« nur einen kurzen Rückflug zu haben. Beobachten lässt sich das glücklicherweise heute nicht mehr.

→ Wanderstrecke bis zum Schraberg: 700 Meter

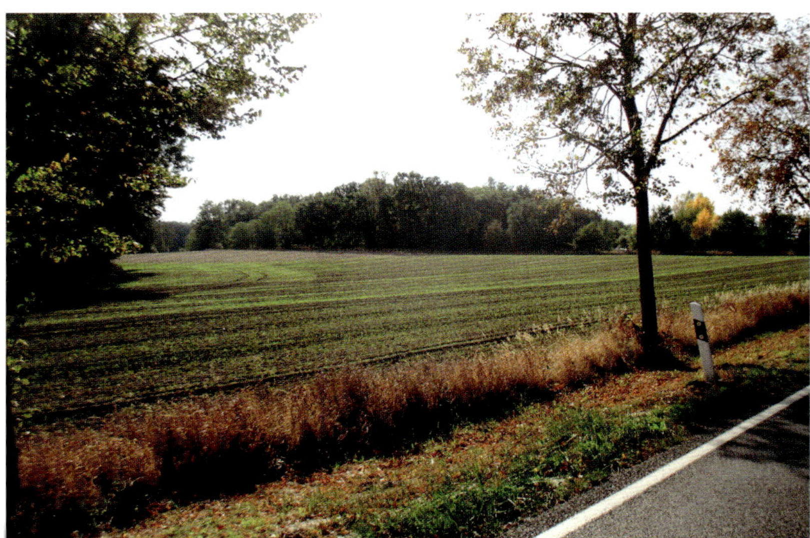

Krähenberg von der Paretzer Straße aus gesehen

53 Schraberg

Uetz

52°27'52,7"N 12°54'39,3"O

36,5 Meter

Der Schraberg ist der westlichste Berg Potsdams. Die Paretzer Straße, der ehemalige »Lange Damm« zwischen Uetz und Paretz, führt direkt über die höchste Stelle dieser Erhebung. Schraberg und Krähenberg werden zusammen als »mittlerer Werder« bezeichnet. Das ist im Gebiet von Uetz einer von vier eiszeitlichen Sandhügeln, die von Niederungsrinnen aus der letzten Eiszeit umgeben sind.

> Mit **Werder** wird eine Flussinsel bezeichnet, besonders auch eine Insel zwischen Flüssen.

Für den Namen »Schraberg« gibt es verschiedene Deutungsversuche. Dabei wird zum einen schrå auf das mittelniederdeutsche beziehungsweise mittelniederländische schraven zurückgeführt, was scharren oder kratzen bedeutet. Möglich ist aber auch die Herleitung von der mittelhochdeutschen Wurzel schrâ, die für Hagel, Reif beziehungsweise Schnee steht.

→ Wanderstrecke bis zum Galgenberg: 3,1 Kilometer

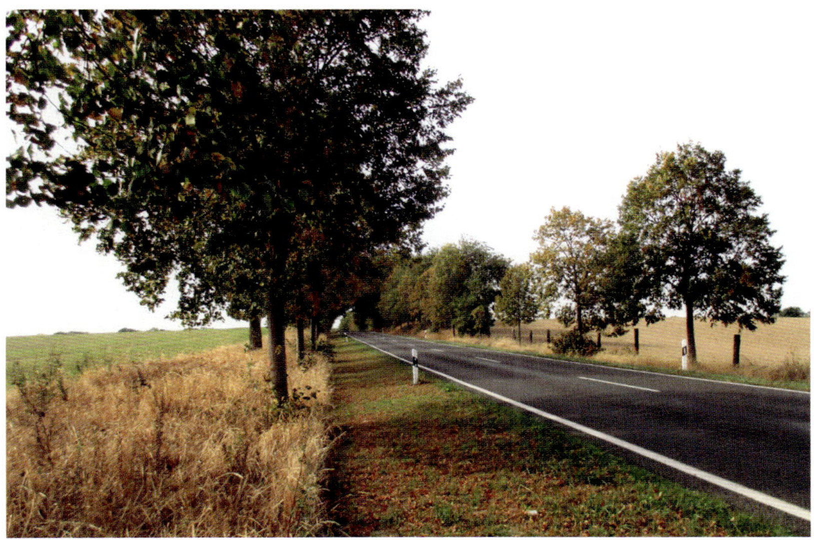

Schraberg von Uetz aus gesehen

54 Galgenberg / Uetz

Uetz

⌖ 52°28'49,4"N 12°55'26,9"O

40,8 Meter

Innerhalb der Stadtgrenzen von Potsdam befinden sich heute drei Galgenberge. Einer davon liegt im nördlichen Teil von Uetz.

Der Hügel ist aus allen Richtungen gut sehen. Das bedeutet einerseits, dass der Galgen und damit auch ein Hingerichteter jedem deutlich und mahnend vor Augen standen. Andererseits hat man heute von dem teilweise mit Apfelplantagen bepflanzten Hügel eine schöne Aussicht, besonders nach Süden.

Nun wirkt es im ersten Moment paradox, dass auf einem Berg mit einem ehemaligen Galgen, der unweigerlich den Tod brachte, heute Apfelbäume, die die Gesundheit fördern, angepflanzt wurden. Aber die auf diese Weise erfolgte Umwidmung des Berges ist sehr begrüßenswert.

Vom Galgenberg lohnt sich ein Abstecher zum knapp 700 Meter entfernten Uferweg entlang des Havelkanals.

Zum Verbot öffentlicher Hinrichtungen → 60 Galgenberg / Fahrland.

Schaut man von der Ortslage Uetz zum Galgenberg, fallen sofort die vielen Windräder am Horizont auf. Sie gehören zu den **Windparks der Nauener Platte**, die sich zwischen Nauen, Wustermark und Ketzin erstreckt. Die nächstgelegenen Windräder sind etwas mehr als vier Kilometer entfernt.

→ Wanderstrecke bis zum Kleinen Siegbundberg: 6,4 Kilometer

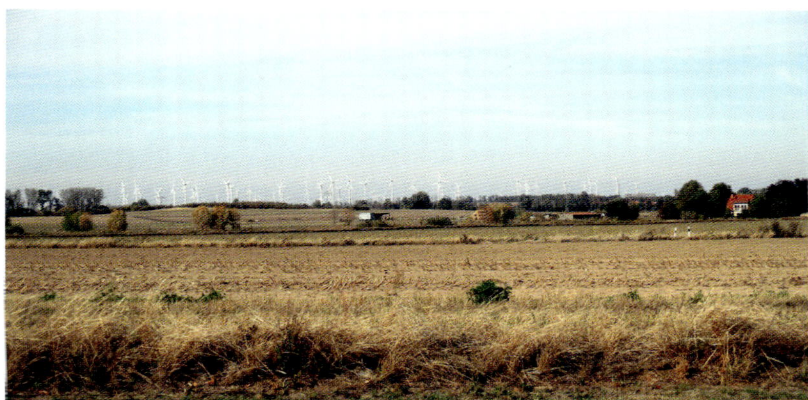

Galgenberg von Uetz aus gesehen

55 Kleiner Siegbundberg

Marquardt

⌖ 52°27'33,9"N 12°59'2,7"O
45 Meter

Wie an mehreren Potsdamer Hügeln wurde auch am Kleinen Siegbundberg Sand abgebaut. Ein Teil der Sandgrube wurde später mit Müll verfüllt. Heute ist die alte Müllkippe schon weitestgehend überwachsen.

Zwischen dem Kleinen und dem Großen Siegbundberg befindet sich als geschütztes **Feuchtwiesenbiotop** eine Streuseggenwiese. Geschützt sind ebenfalls die linienhaften Bereiche der eingeschlossenen Gräben. In diesem Biotop dominiert die Schlanksegge, in weiten Teilen auch die Rasenschmiele sowie der Blutweiderich. Botanisch Interessierte werden möglicherweise auch das Große Mädesüß, das Sumpflabkraut, die Sumpfplatterbse, den Sumpfhornklee, die Sumpfdotterblume und den Sumpfschachtelhalm finden.

Zur Erklärung des Namens »Siegbundberg« → 56 Großer Siegbundberg.

→ Wanderstrecke bis zum Großen Siegbundberg: 1,1 Kilometer

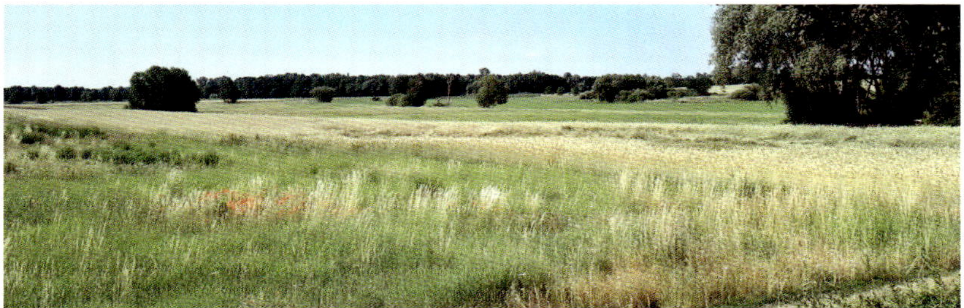

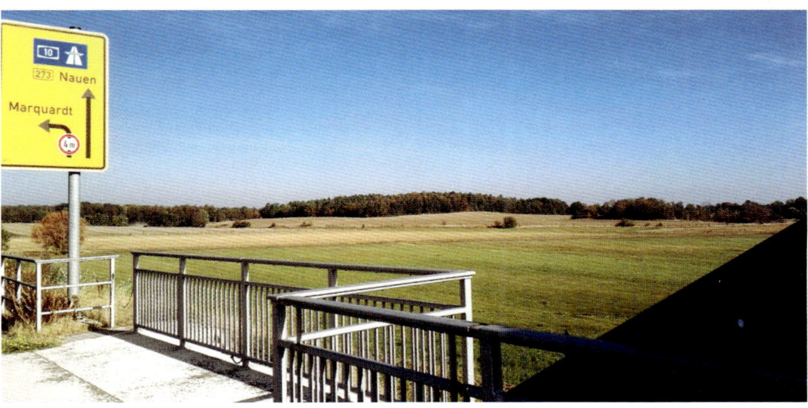

Feuchtwiese, Kleiner Siegbundberg von der Straßenbrücke Marquardt aus gesehen

56 Großer Siegbundberg

Fahrland

⌖ 52°27'32,2"N 12°59'41,2"O

45,8 Meter

Auch der Große Siegbundberg ist durch Sandabbau stark verändert worden. Die Grube wurde nach Beendigung des Sandabbaus offen gelassen und ist heute Landschaftsschutzgebiet. Besonders am Grubenrand findet man unter Schutz gestellte **Sandtrockenrasenbiotope** mit biotoptypischen Pflanzen wie Silbergras, Sandsegge, Rotstraußgras, Blauschillergras und Grasnelke. Ein Teil der ehemaligen Sandgrube wird von Motocrossfans genutzt, was an den markanten Spuren deutlich zu erkennen ist. Es drängt sich die Frage auf, wieso das in einem Landschaftsschutzgebiet zulässig ist. Der Grund mag überraschen. Für viele Tiere und Pflanzen wird geeigneter Lebensraum immer seltener. Deshalb bilden offen gelassene Kies- und Sandgruben heute einen wertvollen Ersatz, der aber nicht zuwachsen soll. Das »Umpflügen« durch die Motocrossmaschinen wirkt dem sehr nachdrücklich entgegen. Vom westlichen Rand des Hügels bietet sich eine schöne Aussicht in Richtung des Kleinen Siegbundberges. Der Hügel hieß früher Siepuntberg. Der heutige Name ist eine neuzeitliche volksetymologische Entstellung von Siepunt, was vermutlich der niederländische Ausdruck eines Flurnamens mit der Bedeutung »morastiger Landvorsprung« ist.

→ Wanderstrecke bis zum Mühlenberg: 2,6 Kilometer

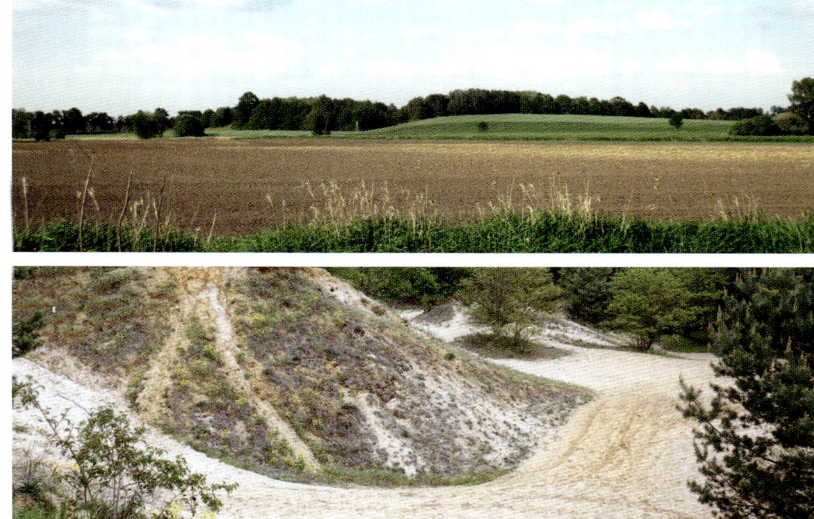

Großer Siegbundberg von den Fahrländer Wiesen aus gesehen, Sandgrube mit Trockenrasen

57 Mühlenberg / Fahrland

Fahrland

52°28'17,8"N 13°0'20,7"O

41,3 Meter

Die »Fahrländer Mühle« ist gewiss den älteren Potsdamern in guter Erinnerung. Damit war aber nicht eine Windmühle gemeint, sondern die daneben befindliche Gaststätte »Mühlenbaude«. Weniger bekannt ist aber vermutlich, dass die Anhöhe, auf der die Gaststätte und die **Fahrländer Mühle** stehen, nicht der Mühlenberg ist. Dieser liegt ungefähr 650 Meter weiter südöstlich neben der Regenbogenschule. Als die Bockwindmühle 1758 erbaut wurde, stand sie noch auf dem Mühlenberg. 1798 wurde sie an den jetzigen Standort umgesetzt (52°28'30,4"N 12°59'51,8"O) und blieb hier bis 1969 in Betrieb.

Aber noch einmal zurück zum eigentlichen Mühlenberg. Der höchste Punkt liegt heute in einem Privatgrundstück, kann also nicht exakt aufgesucht werden. Aber ein Besuch lohnt sich trotzdem. Denn auf dem unmittelbar daneben liegenden Friedhof befindet sich das sehenswerte Grab des Künstlerehepaares Carola und Joachim Buhlmann, das standesgemäß mit einem sehr auffälligen, farbigen Keramikrelief geschmückt ist (52°28'17,7"N 13°0'26,8"O). **Carola Buhlmann** ist die »Mutter« der bei vielen Potsdamern und Touristen beliebten Keramikfigurengruppe »Familie Grün« in der Brandenburger Straße.

→ Wanderstrecke bis zum Sprengselberg: 3,1 Kilometer

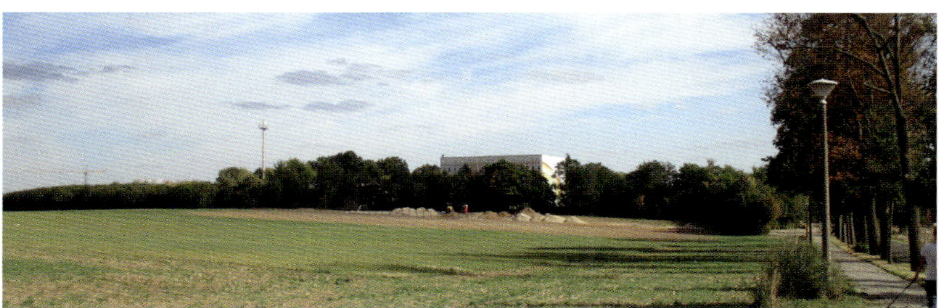

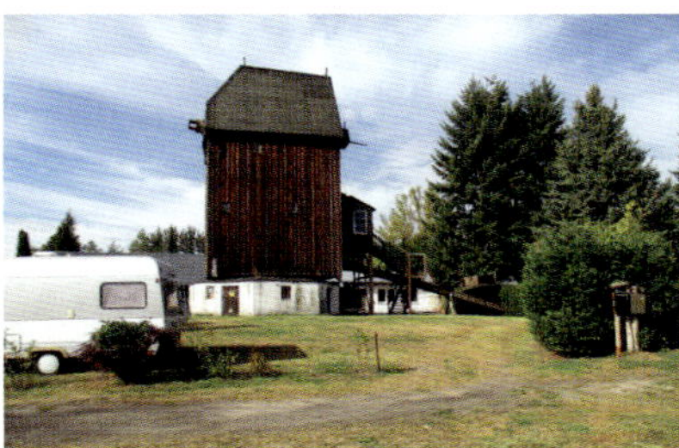

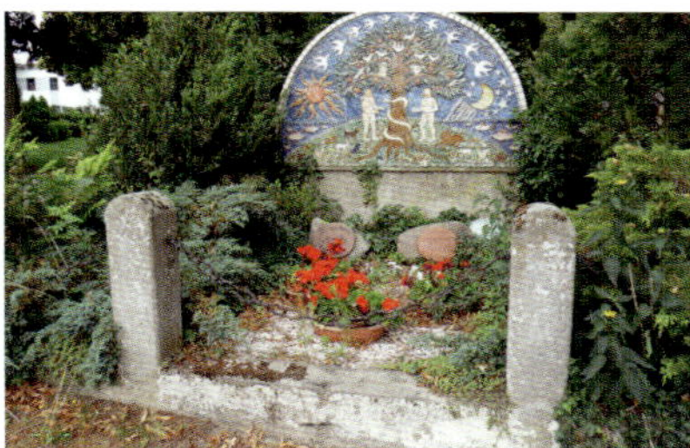

Mühlenberg aus westlicher Richtung gesehen, Fahrländer Mühle, Buhlmann-Grab

58 Sprengselberg

Fahrland

⌖ 52°29'7,5"N 13°0'32,8"O

38,2 Meter

Viel Spannendes gibt es über den Sprengselberg nicht zu berichten. Erwähnenswert ist aber, dass es der nördlichste Berg Potsdams ist.

Auffällig sind die zahllosen rechteckigen Gruben, die vor allem längs der Waldwege zu sehen sind. Die zusätzlichen Erdbunker (zum Beispiel bei 52°29'5,1"N 13°0'28,5"O) und ein fast 300 Meter langer Graben (bei 52°29'1,0"N 13°0'44,2"O) machen deutlich, dass es sich hierbei um militärische Hinterlassenschaften handelt. Die Sowjetsoldaten, die in Krampnitz stationiert waren, nutzten diesen Bereich zusätzlich zur Döberitzer Heide als Bereitstellungsraum. Die heute noch deutlich erkennbaren Gruben dienten als Deckungen für militärische Fahrzeuge. Inzwischen ist der Bereich um den Sprengselberg erfreulicherweise als friedlich genutztes Landschaftsschutzgebiet ausgewiesen.

Sprengsel war in der Mark Brandenburg die Bezeichnung für Heuschrecken. Im 18. Jahrhundert wurden in Brandenburg immerhin 15 Heuschreckenplagen gezählt.

→ Wanderstrecke bis zum Spitzberg (nächstgelegene Stelle auf dem Königsweg): 1,5 Kilometer

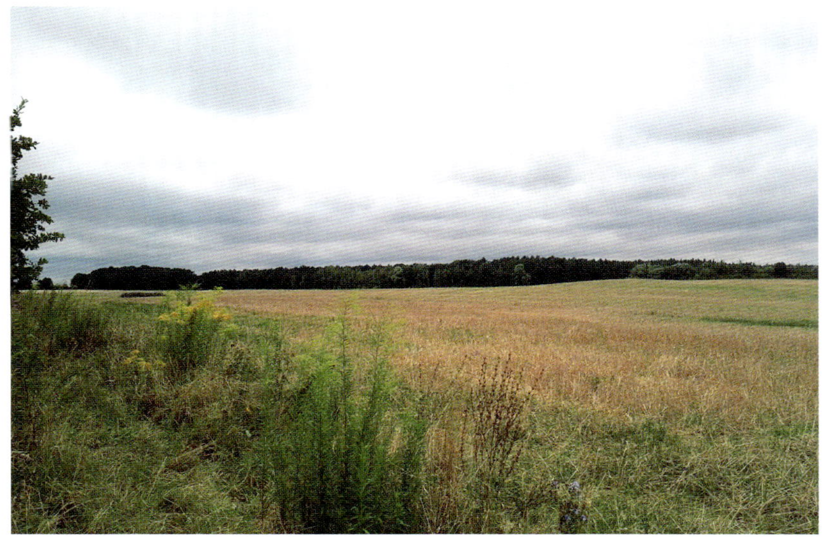

Sprengselberg vom Königsweg aus gesehen

59 Spitzberg

Fahrland

⌖ 52°28'45,6"N 13°1'5,3"O

39,1 Meter

Wenn man die kleine, bewaldete Erhebung inmitten einer eingezäunten Wiese sieht, kommt man nicht unbedingt auf den Gedanken, den Spitzberg vor sich zu haben. Von einer Vor-Ort-Klärung ist aber abzuraten, denn Warnschilder mit der Aufschrift »Vorsicht! Freilaufender Bulle – Lebensgefahr« machen sehr schnell deutlich, dass dieser Hügel innerhalb eines Weidegebietes liegt, das im Normalfall nicht betreten werden kann (→ 60 Galgenberg / Fahrland).

Aber einmal im Jahr ist es möglich, den Spitzberg zu »ersteigen«: Der Bürgerverein Fahrland und Umgebung e. V. veranstaltet seit 1998 jeweils am Ostersonntag ein schon traditionelles **Ostereiertrudeln**. Dabei lässt man Eier, die für den Wettkampf unterscheidbar gefärbt sein müssen, eine extra freigeschaufelte Bahn herunterrollen. Sieger ist, dessen Ei zuerst unten ankommt. O-Ton des Vereinsvorsitzenden: »Wir trudeln bis das Gelbe kommt.« Die Bullen, vor denen so eindrücklich gewarnt wird, sind in dieser Zeit nicht in der Herde.

Nördlich des Spitzberges führt der schon mehrfach erwähnte Königsweg vorbei, der jedoch hier mit seinen Betonplatten nicht sehr königlich anmutet.

→ Wanderstrecke bis zum Galgenberg (nördliche Kuppe): 400 Meter

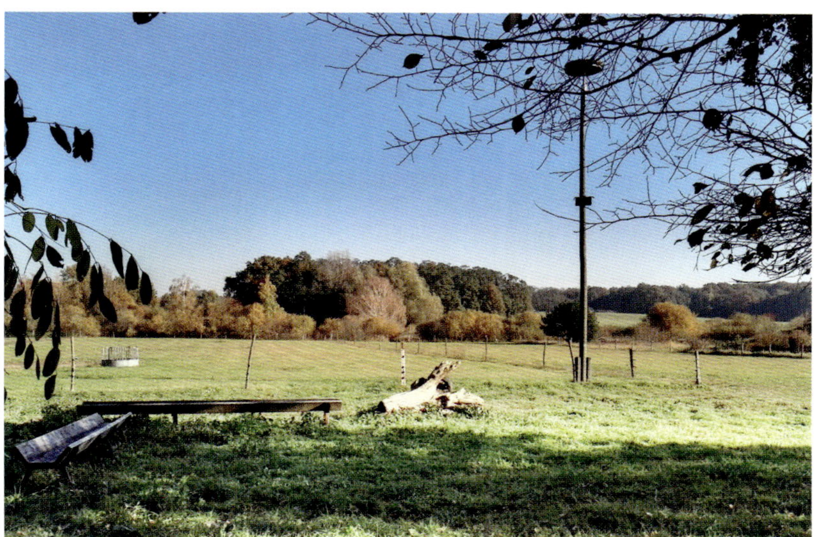

Spitzberg vom Leddigenweg aus gesehen

60 Galgenberg / Fahrland ★

Fahrland

⌖ 52°28'47,5"N 13°1'19,3"O
42,1 Meter

Innerhalb der heutigen Stadtgrenzen von Potsdam liegen drei Galgenberge. Die Hinrichtungsstätten befanden sich in der Nähe von Orten mit eigener Gerichtsbarkeit. Der Galgenberg im Norden von Fahrland ist ein langgezogener Geländerücken mit zwei Kuppen, die sich in der Höhe nicht unterscheiden.

Im nördlicheren Bereich befindet sich ein Weidegebiet, das von einem Elektrozaun umgeben ist. Wie am Spitzberg warnt das Schild »Vorsicht! Freilaufender Bulle – Lebensgefahr« vor dem Betreten. Hier werden von dem Familienbetrieb »Döberitzer Heide-Galloways« blonde **Schottische Galloways** und schwarze **Wasserbüffel** gehalten, wodurch die Landschaft am Rande des Naturschutzgebietes Döberitzer Heide gepflegt wird.

Vom Henkerhaus sind heute nur noch Ziegelsteinreste vorhanden (52°28'41,0"N 13°1'20,4"O), da es nach dem Auszug der letzten Bewohner 1948 von einigen Fahrländern als Baumaterialquelle genutzt wurde. Der Galgen stand unweit davon in nordöstlicher Richtung. Um der auf dem Königsweg vorbeifahrenden Königin Luise den unschönen Anblick zu ersparen, wurden als Blickschutz parallel zum Königsweg mehrere noch vorhandene Eichen sowie ein kleines Wäldchen (52°28'50"N 13°1'21"O) gepflanzt. Öffentliche Hinrichtungen wurden in Preußen erst 1851 verboten. Im nahe gelegenen Lütte bei Belzig erfolgte dieses grausige Spektakel noch 1846. Wann der letzte Delinquent auf einem Potsdamer Galgenberge sein Leben lassen musste, ist nicht bekannt.

Ein weithin sichtbarer gemauerter Quader (52°28'28,9"N 13°1'24,7"O) umschließt einen ehemaligen Messpunkt, der bei der 1958 erfolgten Neuvermessung des Geländes genutzt wurde. Die Mauer, an der außen eine Höhenmarke angebracht ist, sollte ihn vor Beschädigungen schützen.

→ Wanderstrecke bis zum Eisberg: 700 Meter

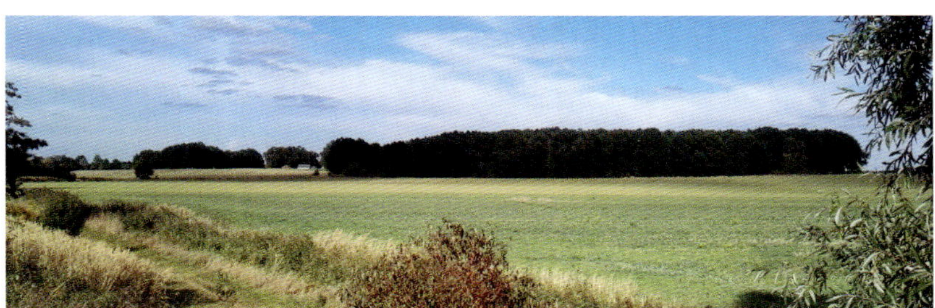

Galgenberg von der Gartenstraße aus gesehen

61 Eisberg

Fahrland

52°28'42,5"N 13°1'51,6"O

34,1 Meter

Neben den Eisbergen in der Arktis und der Antarktis hat auch Potsdam einen Eisberg zu bieten. Dabei handelt es sich aber um ein schwach welliges Feld, dessen höchste Stelle kaum erkennbar ist.

Wenige Meter nördlich davon befindet sich die **Schafdammbrücke** (52°28'46,5"N 13°1'53,7"O), über die der **Königsweg** in die Döberitzer Heide führt. Er wurde von König Friedrich Wilhelm III. und Königin Luise auf ihrem Weg von und nach Paretz genutzt.

Eine königliche Kutsche kann man heute nicht mehr beobachten, dafür aber Vögel, die hier am Himmel ihre Kreise ziehen. Das unmittelbar angrenzende Naturschutzgebiet Fehrbitzer Bruch bildet zusammen mit der Döberitzer Heide ein Vogelparadies, das zu den bedeutendsten Vogelschutzgebieten Brandenburgs zählt. Wer sich mit Flugbildern auskennt, wird unter anderem die in unseren Breiten seltenen Rotmilane erkennen.

Das Gebiet ist Teil der in der Eiszeit gebildeten glazialen Nauener Rinne. Der nasse Boden ist sehr kalt sowie frostgefährdet und eignet sich deshalb nicht für den Anbau von Frühkartoffeln. Daher entstand der Name Eisberg.

→ Wanderstrecke bis zum Weinberg: 2,7 Kilometer

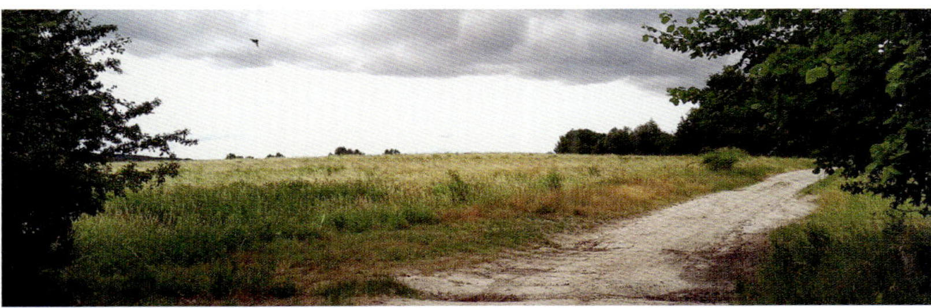

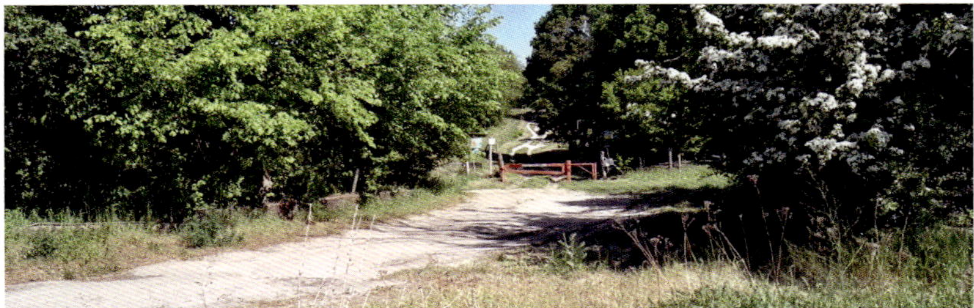

Eisberg und Königsweg von der Schafdammbrücke aus gesehen, Schafdammbrücke

62 Weinberg / Fahrland ★

Fahrland

⌖ 52°27'38,2"N 13°1'0,0"O

39,5 Meter

Der Hügel am Nordufer des Fahrlander Sees wird Weinberg genannt, weil hier bis ins 18. Jahrhundert Wein angebaut wurde. Durch die fehlenden Bäume hat man zwar einen 360°-Panoramablick, der jedoch durch die geringe Höhe der Erhebung eingeschränkt ist.

Schaut man den südlichen Abhang hinunter, sieht man unweit vom Ufer im Fahrlander See eine **Edelstahlstele** (52°27'32,5"N 13°0'57"O). Eine am Ufer aufgestellte Schautafel liefert die Erklärung dazu: Die Stele markiert den geografischen **Mittelpunkt des Landes Brandenburg**. Diese Aussage provoziert möglicherweise Widerspruch, weil sich der Mittelpunkt einer unregelmäßigen Fläche nicht eindeutig bestimmen lässt. Das stimmt! Wohl deshalb gibt es mehrere Methoden dafür, und diese liefern entsprechend unterschiedliche Ergebnisse. Das war denjenigen, die diese Stele errichtet haben, auch bekannt, weshalb auf der Schautafel drei Methoden erläutert sind.

Die einfachste Methode besteht darin, jeweils den Mittelwert aus der nördlichsten und südlichsten Koordinate sowie aus der östlichsten und westlichsten Koordinate zu bestimmen. Bei dieser Vorgehensweise erhält man die Position, an der die Stele aufgestellt wurde.

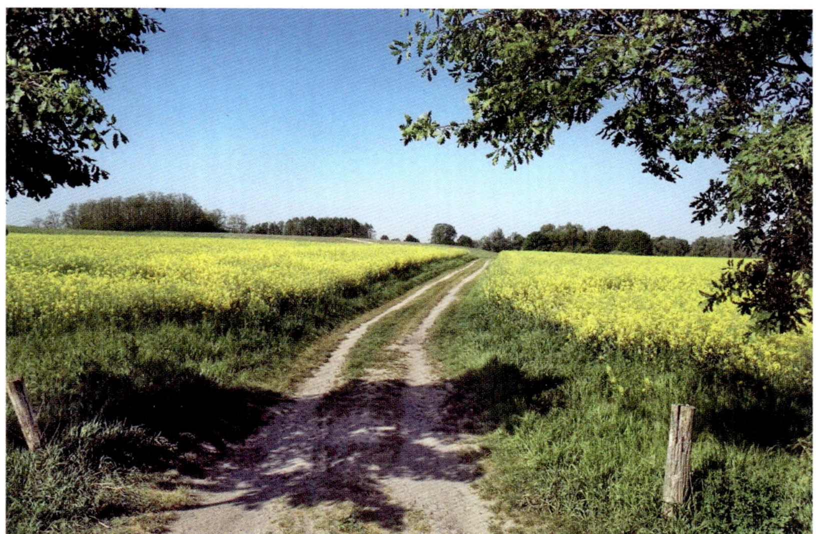

Weinberg von der Ketziner Straße aus gesehen

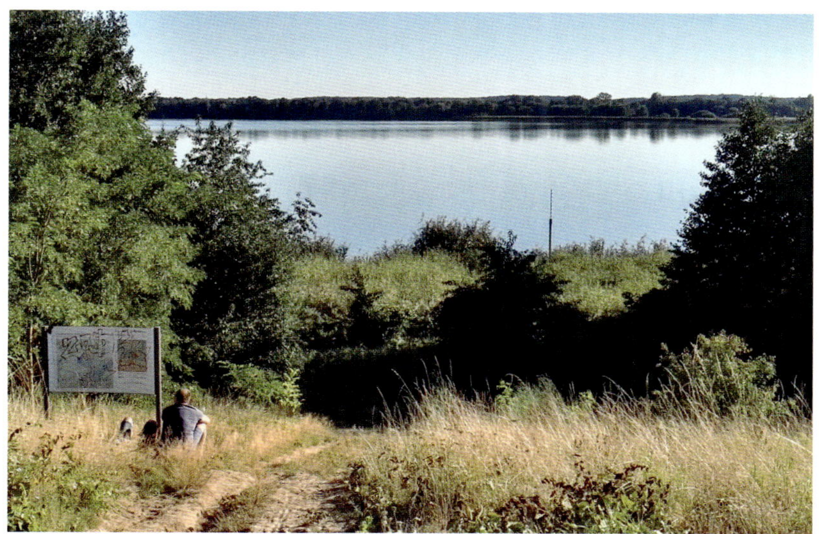

Edelstahlstele und Informationstafel

Bei einer anderen Methode wird der Flächenschwerpunkt als Mittelpunkt angesehen. Dieser lässt sich experimentell ermitteln, in dem man die zum Beispiel aus einer Pappe ausgeschnittene Fläche an zwei unterschiedlichen Randpunkten aufhängt und von diesen Punkten die Lotlinien auf die Pappe zeichnet. Der Schnittpunkt der beiden Linien ergibt den Flächenschwerpunkt. Der Nachteil dieser Methode ist, dass man damit keine konkreten Zahlenwerte erhält. Dafür könnte man das mathematische Verfahren von Archimedes anwenden. Dazu benötigt man aber die Koordinaten von möglichst vielen Randpunkten.

Die dritte auf der Tafel vorgestellte Methode nutzt den Umstand, dass sich der Mittelpunkt einfacher geometrischer Figuren, wie Rechtecke oder Kreise, leicht ermitteln lässt. Findet man eine das Bundesland näherungsweise umschließende beziehungsweise inneliegende Figur, dann kann man deren Mittelpunkt als Mittelpunkt des Bundeslandes ansehen. Nachteilig an dieser Methode ist, dass sie je nach Lage und Form der verwendeten einfachen geometrischen Figur zu unterschiedlichen Ergebnissen führt.

Alle vorgenannten Methoden haben zusätzlich noch das Problem, dass sich im Land Brandenburg durch Berlin ein »Loch« befindet. Im ungünstigsten Fall könnte das zur Folge haben, dass der Mittelpunkt von Brandenburg in Berlin und damit außerhalb Brandenburgs liegt. Zumindest bei der erstgenannten Methode trifft dies glücklicherweise nicht zu.

→ **Wanderstrecke bis zum Kirchberg: 2,8 Kilometer**

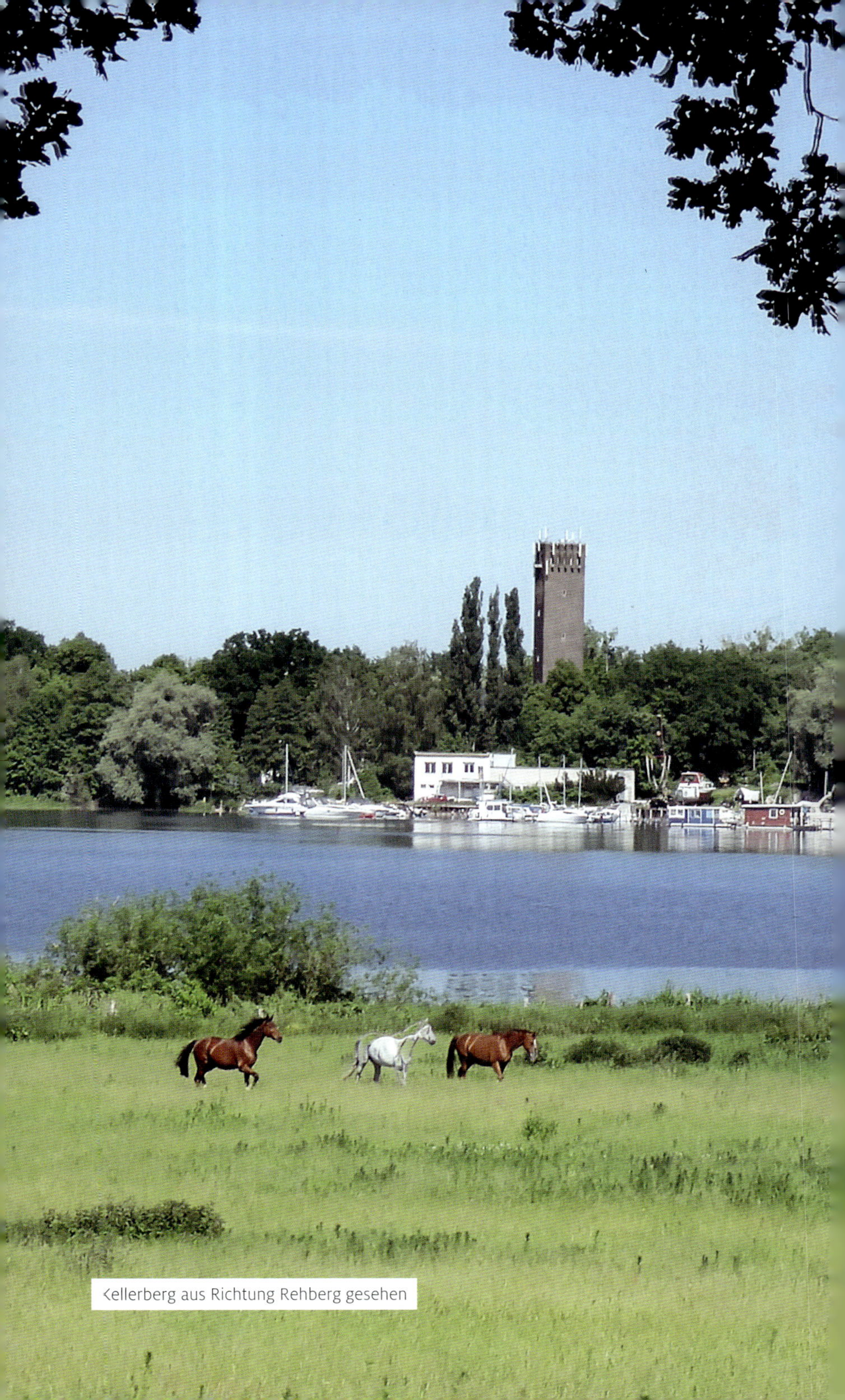

Kellerberg aus Richtung Rehberg gesehen

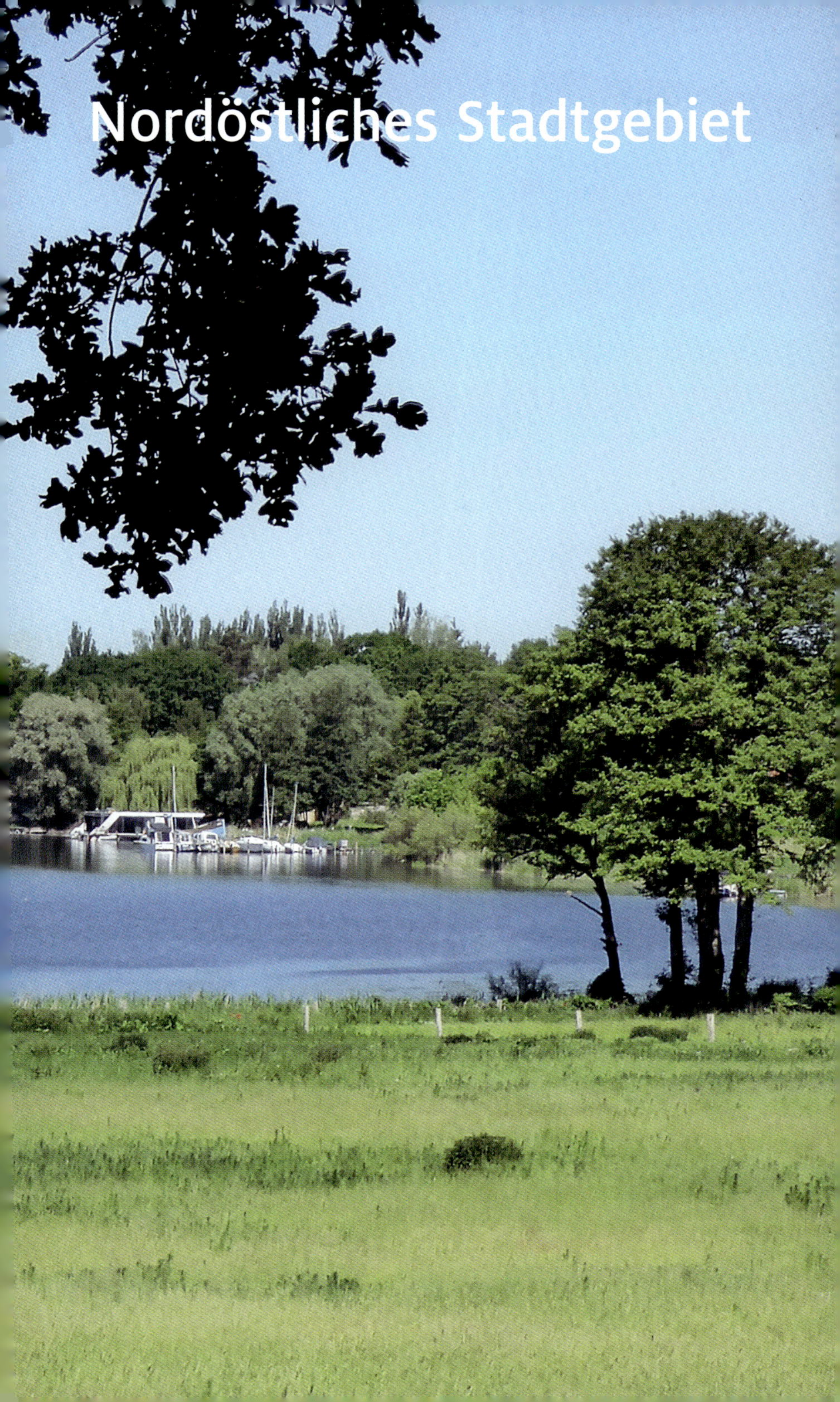

Nordöstliches Stadtgebiet

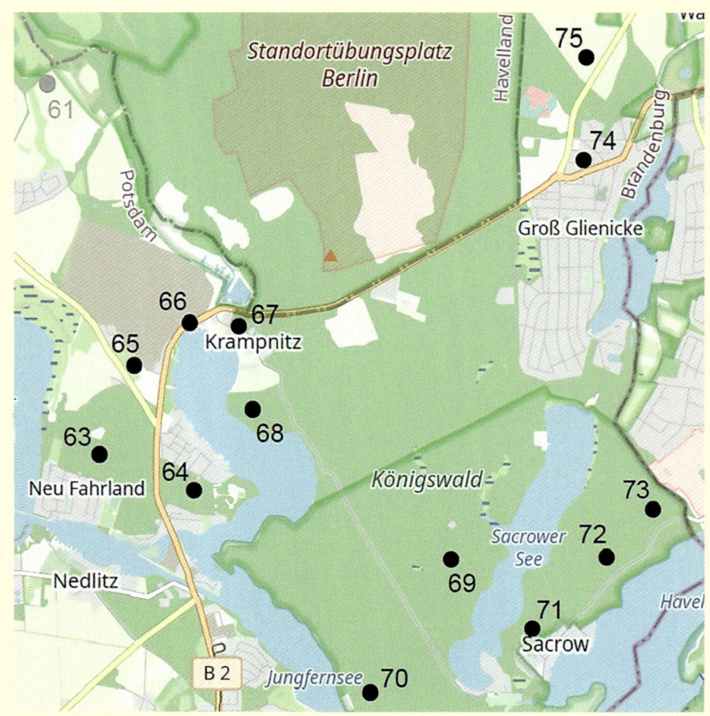

63 Kirchberg

64 Prinzessberg

65 Aasberg

66 Kellerberg / Krampnitz

67 Schwarzer Berg / Krampnitz

68 Rehberg

69 Zedlitzberg

70 Schwarzer Berg / Sacrow

71 Weinberg / Sacrow

72 Fuchsberge

73 Luiserberg

74 Mühlenberg / Groß Glienicke

75 Galgenberg / Groß Glienicke

63 Kirchberg ★

Neu Fahrland

52°26'53,9"N 13°2'16,7"O

85,3 Meter

Der im Heineholz (oder Hainholz) liegende Kirchberg ist die höchste Erhebung im nördlichen Teil von Potsdam. In der Zeit der Christianisierung wurde ein vermutlicher heidnischer Tempel zu einer **Kirche** umgebaut. Die Kirche verfiel und wurde schon 1694 bis auf die Grundmauern abgetragen. Steine der Kirche wurden für den Bau des Amtshauses in Fahrland (Marquardter Straße Ausbau 1, 52°27'56,5"N 13°0'37,8"O) verwendet. Heute ist hier die Kindertagesstätte »Fahrländer Landmäuse« zu Hause. Reste der mittelalterlichen Kirche sind auf dem Kirchberg noch als Bodendenkmal erhalten (zu Bodendenkmal → 43 Geiselberg).

Schon Theodor Fontane rühmte den schönen Ausblick vom Kirchberg, der auch von Landschaftsmalern, wie zum Beispiel Julius Hennicke, verewigt wurde. Umso makaberer mutet der Umstand an, dass der großartige Ausblick nach Süden zu DDR-Zeiten missbraucht wurde. Um 1960/61 wurde hier ein **Bunker** erbaut, der von der Zivilverteidigung der DDR als Beobachtungsstelle für Luftbeobachtungen genutzt wurde. Es handelte sich dabei um den gleichen Bunkertyp A wie auf dem → 22 Kleinen Ravensberg und auf dem → 28 Schäfereiberg. Der mit Panzerglas verschlossene Sehschlitz war in Richtung Potsdam und damit zur Glienicker Brücke gerichtet, einer sensiblen Nahtstelle zwischen Potsdam und Westberlin.

Nach der politischen Wende wurde dieses Areal lange Zeit vernachlässigt und erst im Winter 2004/05 wiederhergestellt. Dazu wurden an der höchsten Stelle zwei Schneisen als Sichtachsen in den Wald geschlagen, die eine in Richtung Süden über den Jungfernsee nach Potsdam und Berlin und die andere nach Nordwesten über den Fahrlander See nach Fahrland. Außerdem wurde im Jahr 2004 der Bunker zugeschüttet und auf der Deckenplatte eine **Aussichtsplattform** angelegt (52°26'53,3"N 13°2'17,6"O), die seit 2005 genutzt werden kann. Die beiden wiederhergestellten schönen Ausblicke lohnen auf jeden Fall den Aufstieg.

Etwas versteckt im Wald befindet sich eine **Richtfunkantenne**, die zum Datenaustausch zwischen den Forstbehörden im Land Brandenburg genutzt wird und besonders der Waldbrandvorsorge dient.

1983 wurden auf dem nördlichen Plateau (Höhe 84,8 Meter) zwei **Trinkwasserhochbehälter** gebaut, die den Bornimer Wasserturm ersetzten (→ 38 Pannenberg). Die beiden Speicherkammern (mit je 40 Metern Innendurchmesser und 6,50 Metern Höhe) sind nach der letzten Vergrößerung im Jahr 2017 für insgesamt 14 Millionen Liter ausgelegt (52°26'58,6"N 13°2'17,5"O).

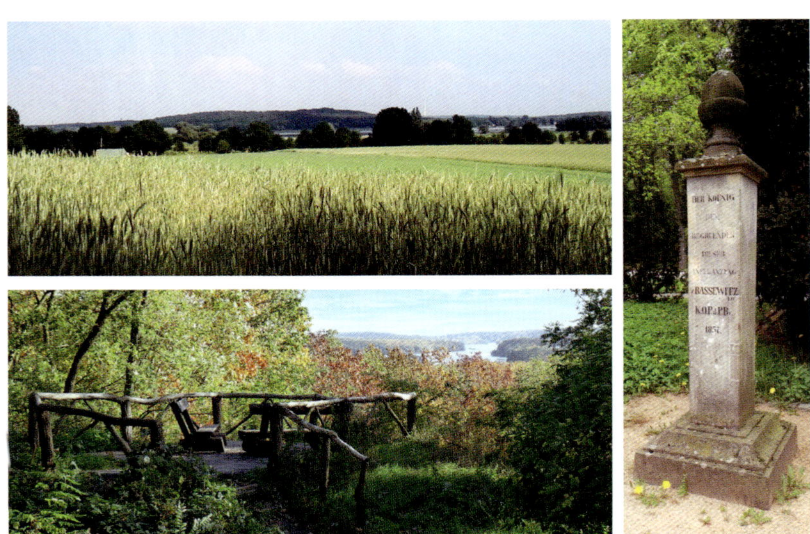

Kirchberg vom Großen Siegbundberg aus gesehen, Aussichtsplattform, Bassewitzdenkmal

Am Rande der Bundesstraße 2, die östlich am Kirchberg vorbeiführt, steht ein Gedenkstein für den Potsdamer Ehrenbürger Friedrich Magnus von Bassewitz (52°26'58,5"N 13°2'47,5"O). In seiner Zeit als Regierungspräsident in Potsdam und Oberpräsident der Provinz Brandenburg setzte er sich für die Verschönerung der Landschaft ein. So ließ er um 1840 an den Ausfallstraßen von Potsdam Eichen und Buchen anpflanzen. Besonders markant sind die Eichen an der Bundesstraße 2, etwa 350 Meter nördlich des **Bassewitzdenkmals**.

Die von einer Eichel bekrönte Stele steht seit 1986 unter Denkmalschutz und wurde 1998 restauriert. Die Inschrift lautet: *DER KOENIG / DEM / BEGRUENDER / DIESER / ANPFLANZUNG / v. BASSEWITZ / EXC / K.O.P.d.P.Br. / 1857.* Der dankbare König war Friedrich Wilhelm IV. (Die Abkürzung EXC steht für »Excellenz« und K.O.P.d.P.Br. bedeutet »Königlicher Oberpräsident der Provinz Brandenburg«.)

Unweit des Kirchberges, am südlichen Ende der Nordbrücke, erstrahlt seit Juli 2020 wieder das Wohnhaus der Familie Müller, die über Generationen hinweg die Nedlitzer Fähre besaß (52°26'26,7"N 13°2'54,5"O). Die Gestaltung im Stil einer normannischen Burg haben wir Ludwig Persius zu verdanken.

→ Wanderstrecke bis zum Prinzessberg: 1,2 Kilometer

64 Prinzessberg

Neu Fahrland

52°26'41,7"N 13°3'4,2"O
57,7 Meter

Dass eine Stadt, die mit dem Haus Hohenzollern eng verbunden ist, auch einen Prinzessberg aufzuweisen hat, mag nicht überraschen. Nur dürfte dieser in Neu Fahrland zwischen »Heinrich-Heine-Weg« und »Am Stinthorn« liegende Hügel kaum bekannt sein.[26] Aber passend zum Namen ist die kleine Erhebung von mehreren bedeutenden Villen umgeben.

Am bekanntesten ist sicher die **Villa Adlon** (heute: Landhaus Adlon), Am Lehnitzsee 2 (52°26'33,7"N 13°2'54,6"O). An der Bundesstraße 2 wird mit einem Hinweisschild darauf verwiesen. Louis Adlon, der damalige Besitzer des Berliner Luxushotels Adlon, ließ diesen repräsentativen Landsitz 1926–27 errichten. Heute präsentiert sich das Landhaus als Boardinghaus, kann also zum Übernachten, aber auch für private Veranstaltungen genutzt werden. Besonders Geschichtsinteressierte seien auf den Schriftzug »Adlon oblige« (Adlon verpflichtet) am Kamin hingewiesen.

Das größte bauliche Ensemble ist der **Heinenhof** am Ende des Heinrich-Heine-Weges (52°26'35,3"N 13°3'15,0"O). Das Anwesen liegt am östlichen Rand des Prinzessberges. 1909 erwarb der Industrielle Carl Friedrich von Siemens das Areal und ließ eine Luxusvilla (auch Siemensvilla genannt) mit Nebengebäuden errichten sowie einen Park anlegen. Heute werden die Gebäude wieder für pri-

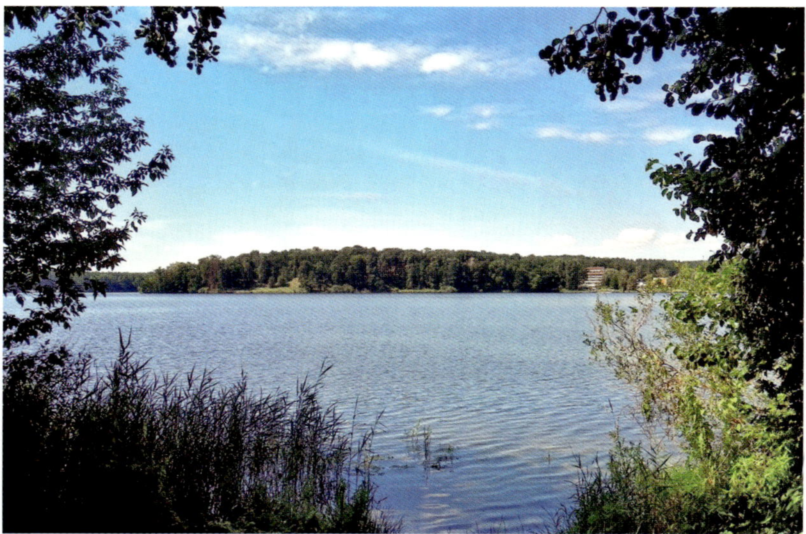

Prinzessberg aus Richtung Rehberg gesehen

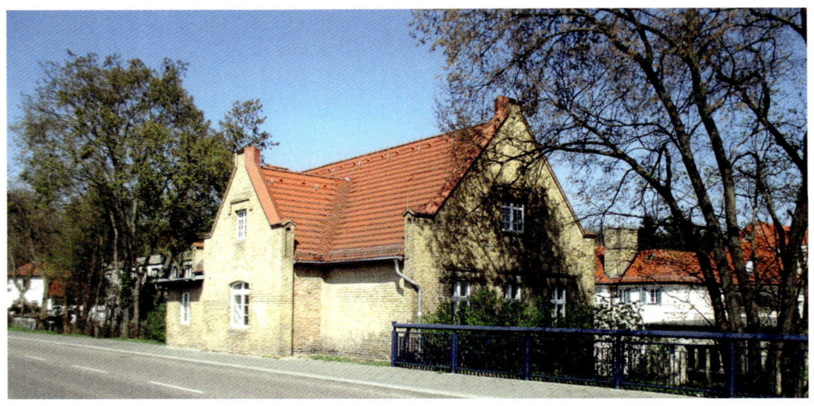

Chausseehaus

vate Wohnzwecke genutzt. Durch eine Umzäunung wurde das Gelände deshalb für die Öffentlichkeit unzugänglich gemacht.

Für den Prinzessberg ist sicher die **Villa Diringshofen**, Am Lehnitzsee 8 (52°26'33,5"N 13°3'8,8"O), auch bekannt als Villa Sigismund, am interessantesten. Prinz Friedrich Sigismund von Preußen, der einer Seitenlinie der Hohenzollern entstammte, kaufte sie 1927. Obwohl er im selben Jahr tragisch ums Leben kam, wählte seine Witwe, Marie Luise von Preußen, geb. zu Schaumburg-Lippe (genannt Prinzess Sigismund) mit ihren zwei Kindern die Villa zum Wohnsitz. Ihre Tochter, selbstverständlich auch eine Prinzessin, soll auf dem nahe gelegenen Hügel gespielt haben. Verbürgt ist, dass das heutige Grundstück Am Lehnitzsee 12/12 A, das an das Anwesen der Villa Diringshofen angrenzt und lange Zeit unbebaut war, Prinzessinnengrund beziehungsweise Prinzessinnengründel genannt wurde. Ob der Name »Prinzessberg« auf Mutter oder Tochter zurückzuführen ist, konnte noch nicht geklärt werden.

Über den Hügel führen mehrere gepflegte Waldwege, an denen – für ein Waldgebiet ungewöhnlich – teilweise Straßenlaternen aufgestellt sind. Der Grund dafür ist, dass die Wege von den Patienten der Heinrich-Heine-Klinik für therapeutische Übungen genutzt werden.

Im Zusammenhang mit dem Bau der Chaussee von Potsdam nach Wustermark von 1840–44 wurde an der heutigen Nordbrücke (früher Persiusbrücke) auf der Neu Fahrländer Seite ein **Chausseehaus** (→ 16 Brauhausberg) errichtet (52°26'32,0"N 13°2'52,3"O). Der Entwurf stammt vermutlich von Ludwig Persius.

→ Wanderstrecke bis zum Aasberg: 1,7 Kilometer

65 Aasberg

Krampnitz

52°27'20,3"N 13°2'34,3"O

46 Meter

Der unbewaldete Hügel an der Verbindungsstraße (Gellertstraße, Landesstraße 92) zwischen Neu Fahrland und Fahrland ist der Aasberg, genauer gesagt, der südwestliche Teil davon. Der nordöstliche Teil liegt hinter der Mauer, die das Gelände der ehemaligen Kaserne Krampnitz umschließt.

Der Blick über die Mauer (52°27'20,5"N 13°2'36,7"O) ist mit einer kleinen Überraschung verbunden. Trotz des derzeit noch maroden Zustandes ist eine **Wohnsiedlung** zu erkennen, die aus Zwei- und Vierfamilienhäusern besteht. Sie wurde 1938 gleichzeitig mit den Kasernengebäuden für verheiratete Unteroffiziere sowie für in der Kaserne tätige Arbeiter errichtet. Bis vor Kurzem war noch der 54 Meter hohe Schornstein mit seiner markanten Stahlplattform weithin zu sehen. Er gehörte zu dem 1975 erbauten Heizhaus, von dem aus die Siedlungshäuser zentral beheizt wurden. Auch die fünfgeschossigen Plattenbauten, die Anfang der 1980er Jahre für sowjetische Offiziere mit ihren Familien errichtet wurden, waren ein Bestandteil der seit Jahren vertrauten Silhouette.

Im Rahmen der Umgestaltung des Kasernengeländes wurden der Schornstein und das Heizhaus im Jahr 2018 gesprengt. Kurze Zeit danach mussten auch die Plattenbauten dem Abrissbagger weichen, damit in dem »Bergviertel« die geplanten Sanierungsarbeiten erfolgen können.

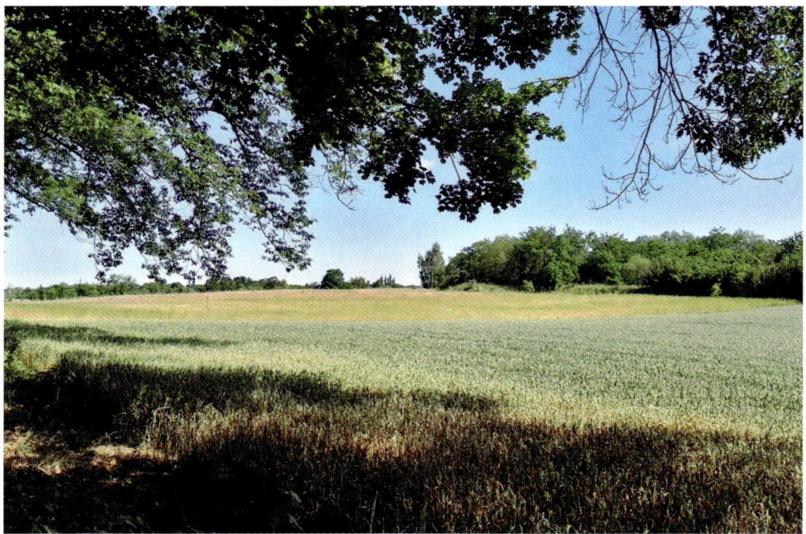

Aasberg von der Gellertstraße aus gesehen

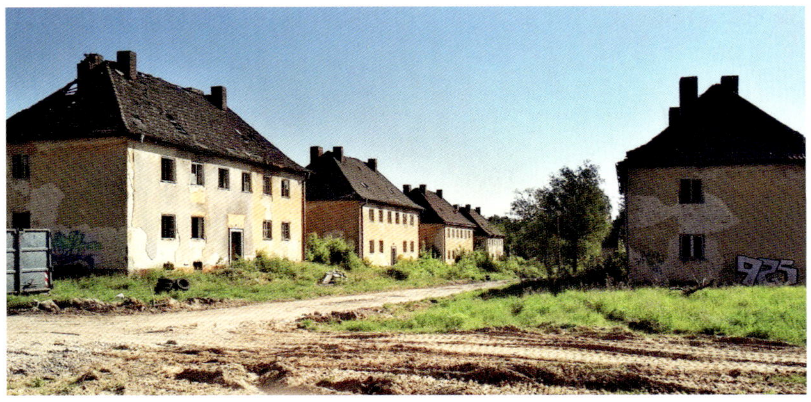

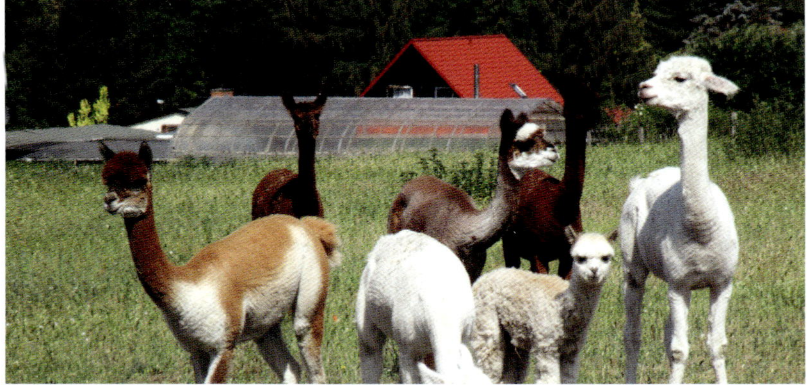

Mehrfamilienhäuser der ehemaligen Offizierssiedlung im Kasernengelände, Alpakastuten

Um 1930 wurde bei Ackerarbeiten auf dem Aasberg ein Gräberfeld mit 54 menschlichen Skeletten aus der Zeit von 900 bis 950 entdeckt. Heute geht es auf dem Aasberg im Gegensatz dazu durchaus lebendig zu. Das landwirtschaftliche Familienunternehmen Ruden betreibt hier eine **Alpakazucht**. Dabei werden Stuten und Hengste getrennt gehalten. Die Stuten haben ihren Stall und den Auslauf am nordwestlichen Hang des Aasberges (52°27'21"N 13°2'28"O). Die Hengste findet man etwa 250 Meter entfernt auf der anderen Straßenseite in der Nähe des Parkplatzes für den Hofladen des Bauernhofes Ruden (52°27'26"N 13°2'17"O).

Die Gräberfelder sowie das Vergraben von verendetem Vieh an dieser Stelle haben zur Namensgebung für den Aasberg geführt.

→ Wanderstrecke bis zum Kellerberg (bis zum Haupteingang der Krampnitzer Kaserne): 1,5 Kilometer

66 Kellerberg / Krampnitz ★★

Krampnitz

52°27'32,3"N 13°3'2,5"O

38,7 Meter

Der Kellerberg ist eine etwa 200 Meter lange Anhöhe im Gelände der ehemaligen Krampnitzer Kaserne hinter der Hauptwache, also in unmittelbarer Nähe der Bundesstraße 2.

Als die in Hannover befindliche Kavallerieschule der Wehrmacht räumlich zu beengt wurde, entschied sich das Oberkommando für einen Neubau und die Umverlegung der Schule nach Krampnitz. Die Kasernenanlage wurde zwischen 1937 und 1939 errichtet und erhielt den Namen »Heeres Reit- und Fahrschule und Kavallerieschule Krampnitz«.

Die ehemalige Hauptwache (52°27'31,9"N 13°2'57,7"O) befindet sich an der südwestlichen Flanke des Kellerberges. Hier steht das Wahrzeichen der Kaserne, ein 36,5 Meter hoher **Turm**. Er hatte keine bekannte Funktion. Möglicherweise wurde er als Landmarke genutzt.

Auf dem Kellerberg wurden repräsentative Bauten der Kaserne errichtet, und zwar das **Offizierscasino** mit Innenhof und großer Terrasse (52°27'33,8"N 13°3'3,7"O), ein dreigeschossiges, älteres Offizierswohnheim (52°27'37,2"N 13°3'4,1"O) mit zwei kleineren, seitlich vorgelagerten Wohngebäuden sowie das mehrflügelige **Fähnrichsheim** (52°27'42,6"N 13°3'8,6"O). Das neuere Wohnheim wurde inzwischen abgerissen.

Im Offizierscasino waren besonders der große Festsaal und das Ehrenpreiszimmer, auch Kleiner Salon genannt, prachtvoll ausgestattet, letzteres mit einer Deckenrosette. Das Fähnrichsheim ist an seiner westlichen Seite mit fünf Reliefs verziert, die Sachsen, Bayern, Preußen, Württemberg und Baden repräsentieren.

Von 1945 bis 1991 wurde die Kaserne von der Roten Armee (ab 1946 Sowjetarmee) genutzt. Nachdem das Areal anschließend viele Jahre brach lag, soll nun in den nächsten Jahren hier ein neuer Stadtteil für mehrere Tausend Menschen entstehen.

Nach dem Abzug der Sowjetsoldaten diente das Kasernengelände mehrfach als Filmkulisse. Im Offizierscasino entstanden Filmszenen für »Enemy the Gates« (2001), »Resident Evil« (2001), »In 80 Tagen um die Welt« (2003), »Mein Führer« (2007), »Operation Walküre« (2008) und »Inglourious Basterds« (2009).

Am Kellerberg wurden wiederholt archäologische Funde gemacht, die aus der mittleren Steinzeit bis zum Mittelalter stammen. Besonders prächtig sind die Funde aus der Bronzezeit. Vieles davon ist heute im Archäologischen Landesmuseum im St. Paulikloster in Brandenburg/Havel zu besichtigen. Mehrere Bauten, wie das Offizierscasino, Fähnrichsheim, Wache mit Turm und das Stabsgebäude, stehen seit 1997 mit Ergänzung von 2008 unter Denkmalschutz.

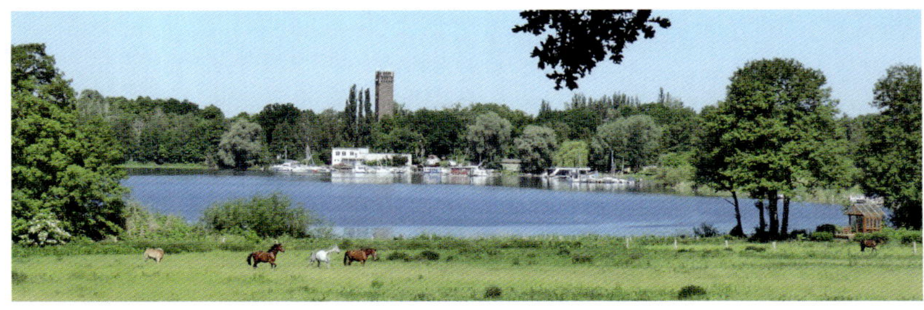

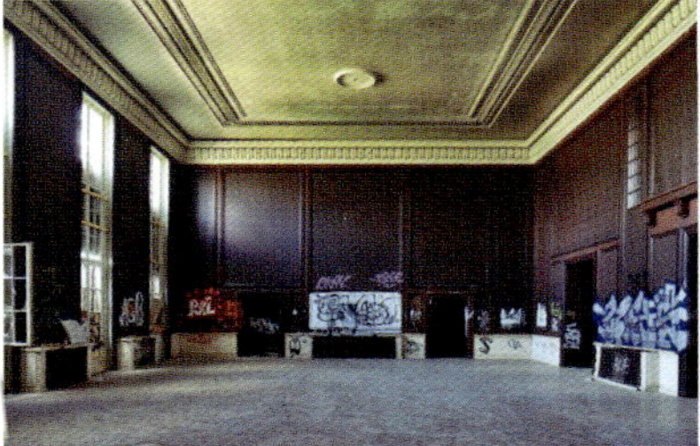

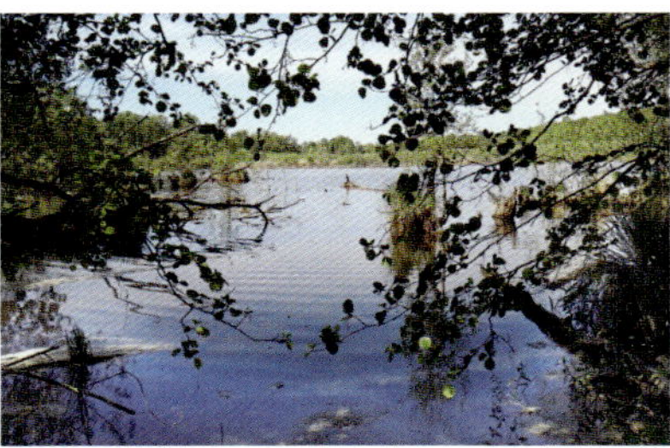

Kellerberg aus Richtung Rehberg gesehen, großer Festsaal im Offizierscasino, Teichgewässer am Großen Luch

Außerhalb des Kasernengeländes schließt sich in nordöstlicher Richtung das **Große Luch** an (zu Luch → 31 Reiherberg). Von 1963 bis 1981 wurde hier Torf abgebaut, wodurch mehrere Gruben entstanden, die sich nach Ende der Bewirtschaftung mit Wasser gefüllt haben. Die Entwässerung sollte durch den Großen Graben erfolgen, der unter der Bundesstraße 2 hindurch verläuft und in den Krampnitzsee mündet. Das dafür vorgesehene Schöpfwerk (52°27'36,5"N 13°3'15,0"O) wurde jedoch in den 1990er Jahren stillgelegt. Die Teichgewässer nehmen langsam an Größe zu, und es entsteht ein reizvolles und – noch! – unberührtes Naturreservat. Ein möglicher Zugang ist vom Parkplatz an der Bundesstraße 2 gegeben (52°27'35,8"N 13°3'12,9"O).

Der Name des Hügels leitet sich von Kellern ab, in denen im Winter für eine Gastwirtschaft Eisblöcke aus dem Krampnitzsee gelagert wurden, um auch im Sommer eine ausreichende Kühlmöglichkeit zu haben. Auf dem Kellerberg stand die Gaststätte »Am Krampnitzsee«.

Hinweis: Das Gelände der ehemaligen Kaserne Krampnitz und damit auch der Kellerberg können derzeit nur im Rahmen von offiziellen Führungen betreten werden.

→ Wanderstrecke bis zum Schwarzen Berg / Krampnitz: 600 Meter

67 Schwarzer Berg / Krampnitz

Krampnitz

⌖ 52°27'31,5"N 13°3'26,7"O

41,6 Meter

Wie der Aasberg und der Kellerberg ist auch der Schwarze Berg bronzezeitliches Siedlungsareal. Davon ist aber heute nichts mehr zu sehen. Deutlich erkennbar ist dagegen die **Revierförsterei** Krampnitz (52°27'26,3"N 13°3'32,3"O), die sich knapp 200 Meter in südöstlicher Richtung befindet. Nicht nur die grünen Fensterläden machen klar, dass hier noch die preußischen Bauvorschriften für Forsthäuser umgesetzt wurden.

Zwischen der Revierförsterei und dem Schwarzen Berg verläuft auf dem Rotkehlchenweg der **Berliner Mauerweg**.

Knapp 700 Meter östlich vom Schwarzen Berg stößt man im Wald noch auf Reste eines militärischen Geländes. Es handelt sich um ein ehemaliges **Munitions- und Tanklager**, das von der deutschen Wehrmacht angelegt, 1945 teilweise gesprengt und nach dem Zweiten Weltkrieg von der Sowjetarmee genutzt wurde. Heute sind noch mehrere oberirdische Bunker erkennbar, die unter Erdhügeln versteckt wurden (zum Beispiel bei 52°27'30,4"N 13°4'4,2"O). Der größte, etwas abseits liegende Bunker wurde gesprengt. Er besaß zwei Eingänge und hatte eine Grundfläche von etwa 22 mal zwölf Metern (52°27'20,9"N 13°4'25,7"O).

→ Wanderstrecke bis zum Rehberg: 1,3 Kilometer

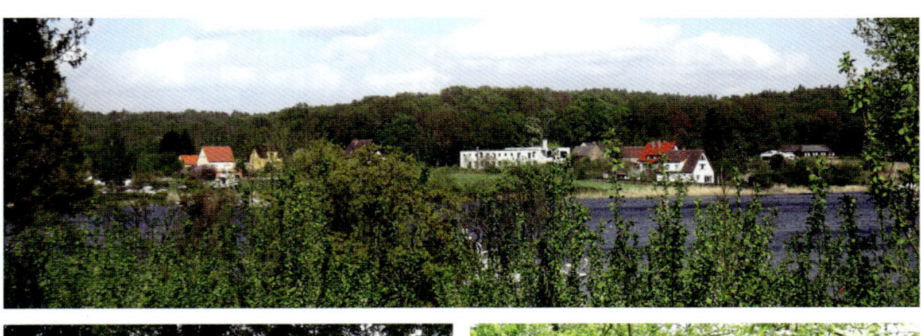

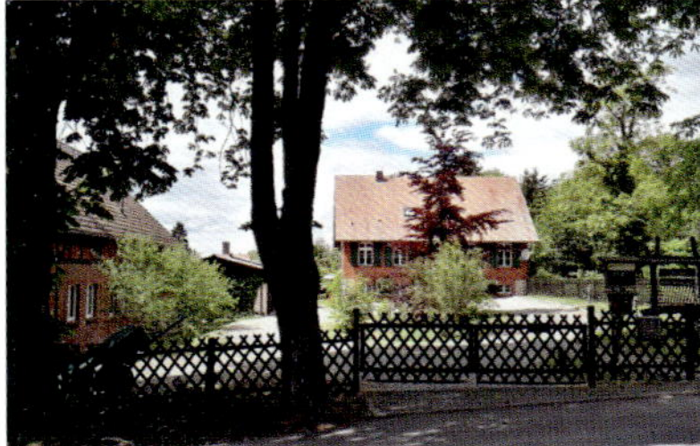

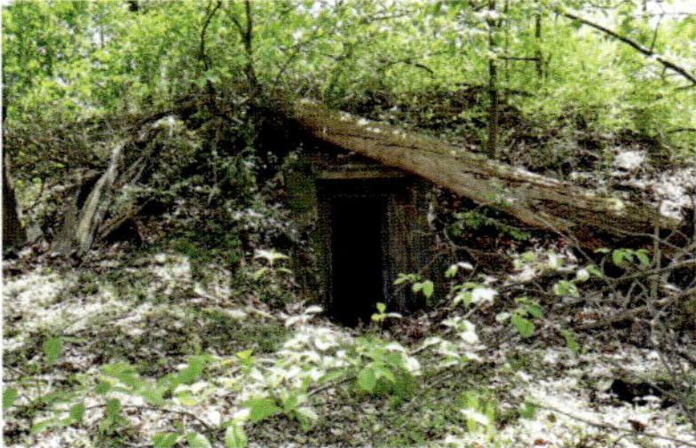

Schwarzer Berg von der B 2 aus gesehen, Revierförsterei Krampnitz, Eingang zu einem Bunker

68 Rehberg

Krampnitz

⊕ 52°27'4,6"N 13°3'37,2"O

64,6 Meter

Am östlichen Ufer des Krampnitzsees liegt der zum Königswald gehörende Rehberg. Von Norden kommend ist der in vielen Karten noch eingetragene Uferweg nicht mehr durchgängig begehbar. Deshalb erreicht man den Rehberg am besten über die Straße nach Sacrow. Ein Rundweg führt um einen Hochstand herum, der jedoch nicht an der höchsten Stelle steht. Vom Rehberg hat man keine Aussicht.

Am Ostufer des Krampnitzsees wurde unterhalb des Rehberges eine **Rampe für Schwimmpanzer** angelegt (52°27'10,7"N 13°3'21,1"O), die heute noch zu erkennen ist. Sie steigt erst leicht an und fällt dann etwas steiler zum Ufer hin ab. Als »Zufahrtsstraße« wurde deshalb 1976 eine für Panzer befahrbare Schneise von der heutigen Bundesstraße 2 durch den Königswald zum Krampnitzsee geschlagen.

Als Napoleon 1806 auf Berlin zu marschierte, kam es bei Krampnitz zu Kampfhandlungen. Die Einwohner flüchteten deshalb in den sogenannten Franzosengrund, der sich zwischen zwei Hügeln des Rehberges befindet.[27]

→ Wanderstrecke bis zum Zedlitzberg: 2,9 Kilometer

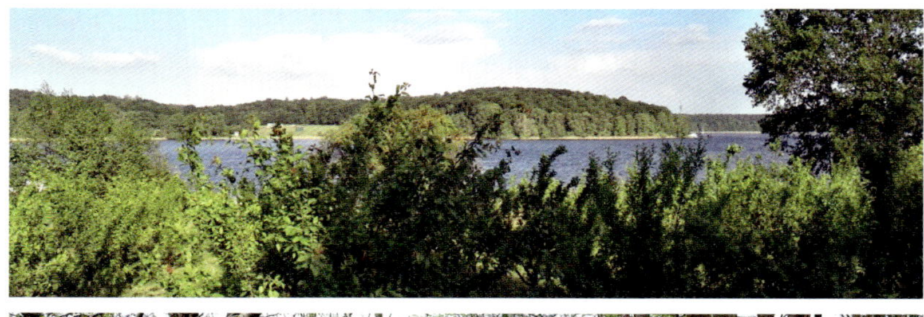

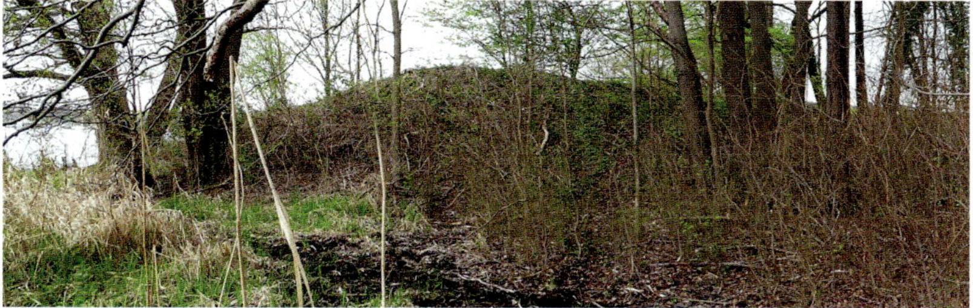

Rehberg von der Bundesstraße 2 aus gesehen, Rampe für Schwimmpanzer

69 Zedlitzberg ★

Sacrow

⌖ 52°26'23,1"N 13°5'11,9"O

65,6 Meter

Die höchste Erhebung des Königswaldes ist der Zedlitzberg. An der höchsten Stelle befindet sich ein Hochstand. Einen Ausblick hat man von Zedlitzberg nicht.

Nachdem Anfang der 1920er Jahre das **Forsthaus Zedlitz** abgebrannt war, wurde kurz danach das heutige Forsthaus (52°26'31,8"N 13°5'12,4"O) neu errichtet. Dabei wurden jedoch nicht die Vorgaben für das Aussehen preußischer Forsthäuser berücksichtigt, wie dies zum Beispiel beim Forsthaus in Krampnitz der Fall war (→ 67 Schwarzer Berg / Krampnitz). Deshalb wirkt es äußerlich wie ein ziviles Wohnhaus. 1963 wurde das Revier Zedlitz zum Revier Krampnitz hinzugefügt. Seitdem wird das Forsthaus Zedlitz nicht mehr als Revierförsterei genutzt.

Das in → 22 Kleiner Ravensberg erwähnte **Mirenhaus Nord** (52°26'23,3"N 13°3'55,6"O) steht etwa 1.400 Meter westlich von der höchsten Stelle des Zedlitzberges auf einem 69,5 Meter hohen, namenlosen Hügel.

Etwa weitere 300 Meter vom Mirenhaus Nord in nordwestlicher Richtung befindet sich die sogenannte **Römerschanze**, auch Königswall oder Räuberschanze genannt (52°26'30"N 13°3'44"O). Hier haben sich mit Sicherheit niemals Römer beziehungsweise Räuber oder gar Könige verschanzt. Es handelt sich um

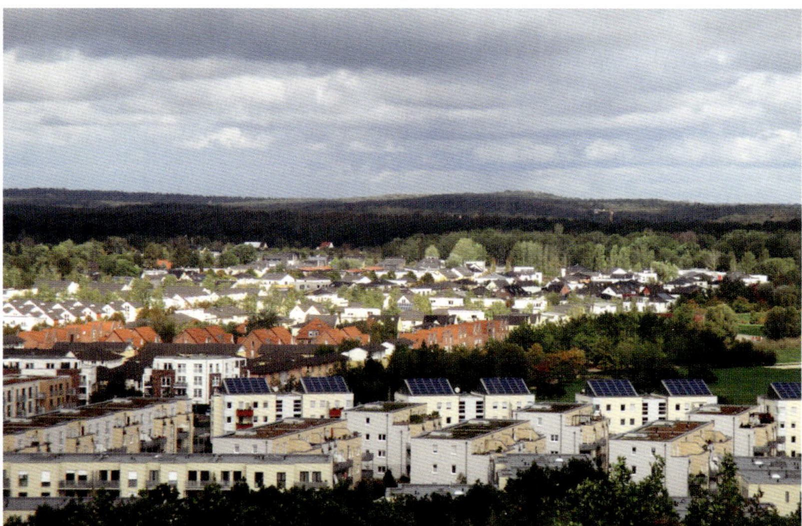

Zedlitzberg vom Normannischen Turm aus gesehen

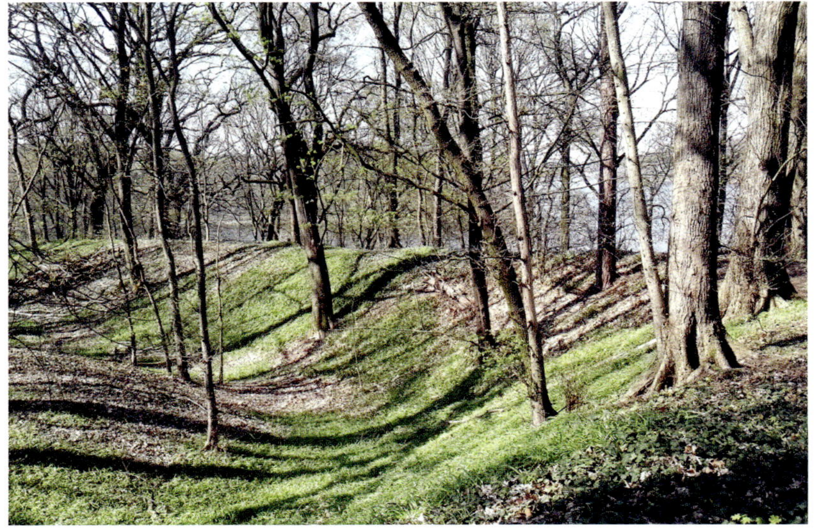

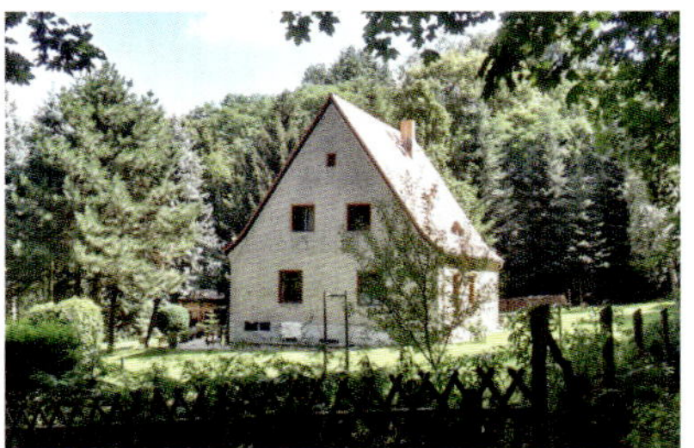

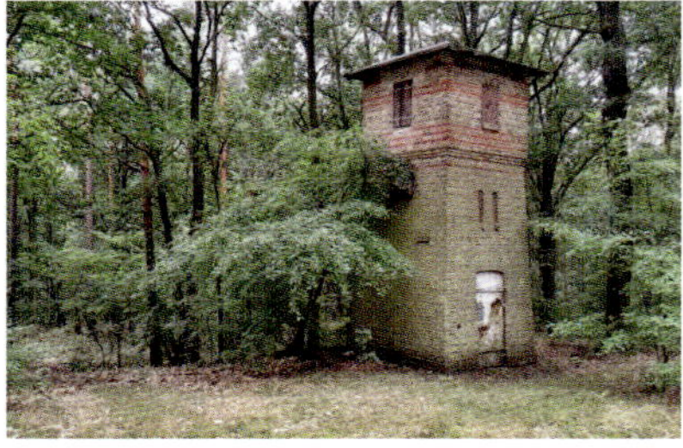

Römerschanze, Forsthaus Zedlitz, Mirenhaus Nord im Königswald

einen gut erhaltenen Ringwall mit einer Höhe von bis zu drei Metern, der in der Nord-Süd-Richtung eine Ausdehnung von 175 Metern und in der Ost-West-Richtung eine Ausdehnung von 123 Metern aufweist. In der Zeit 1000–500 vor Christus war diese bronzezeitliche Befestigungsanlage besiedelt. Im 7. bis 12. Jahrhundert stand hier eine slawische Burg. Die Römerschanze ist eines der größten und bedeutendsten urgeschichtlichen Kulturdenkmäler des Potsdamer Havellandes. 1941 wurde der Königswald gemeinsam mit dem Sacrower See – und damit auch das Gebiet des Zedlitzberges – zum Naturschutzgebiet erklärt.

Der Name Zedlitzberg leitet sich von einem slawischen Flurnamen ab, der auf eine Siedlung hinweisen kann: slawisch Sedlišče = Dorfstätte, Siedlung.

→ Wanderstrecke bis zum Schwarzen Berg / Sacrow: 1,9 Kilometer

70 Schwarzer Berg / Sacrow ★

Sacrow

⌖ 52°25'44,4"N 13°4'37,6"O

51,1 Meter

Vom Schwarzen Berg in Krampnitz befindet sich im Abstand von nur etwa 3,5 Kilometern Luftlinie ein zweiter Berg gleichen Namens – der Schwarze Berg in Sacrow.

An seiner höchsten Stelle kreuzen sich zwei Waldwege. Wenn auch das Gebiet dieses Hügels keine Besonderheiten aufweist, ist der Bereich am südwestlichen Rand umso interessanter. Dort befand sich zu DDR-Zeiten an der schmalsten Stelle des Jungfernsees, der sogenannten Bertini-Enge (benannt nach der am westlichen Ufer vorbeiführenden Bertinistraße), für die Kontrolle des Schiffsverkehrs nach Westberlin eine **Pontonsperre**. Die schmale Durchfahrt war durch ein hochziehbares Drahtseil mit Kettennetz gesichert. Von dem dazugehörigen Gebäude am Sacrower Ufer ist nur noch das Fundament zu erkennen (52°25'38,1"N 13°4'20,2"O). Bei genauem Hinsehen findet man heute noch Reste der **Grenzanlage**. So kann man unter anderem noch Teile der Umzäunung der Wasser-Grenzübergangsstelle Nedlitz entdecken (52°25'37,2"N 13°4'22,0"O). An der Straße nach Sacrow stehen noch drei Säulen mit Anschlussbuchsen für die Sprecheinrichtung der Grenzposten (unter anderem bei 52°25'59,0"N 13°4'58,7"O), womit eine abhörsichere Nachrichtenübermittlung im Grenzbereich ermöglicht wurde (→ 12 Babelsberg und → 72 Fuchsberge).

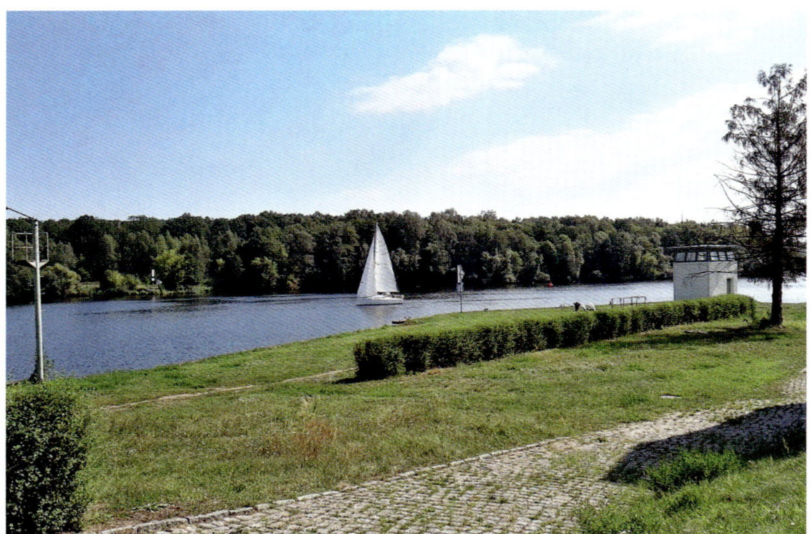

Schwarzer Berg vom westlichen Ufer des Jungfernsees aus gesehen

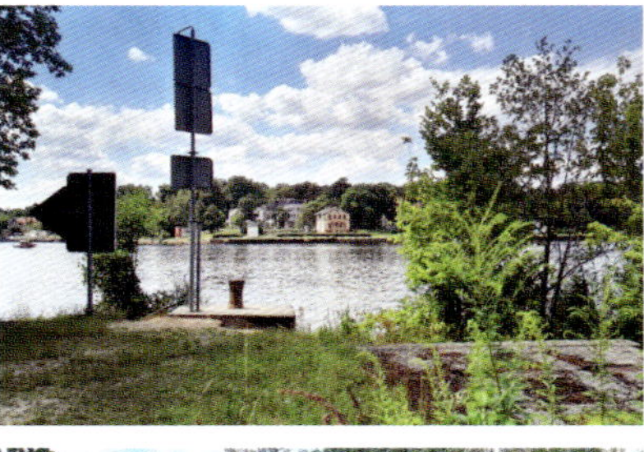
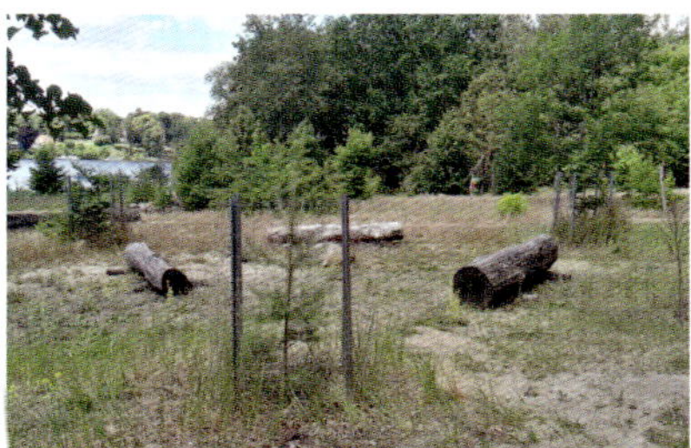
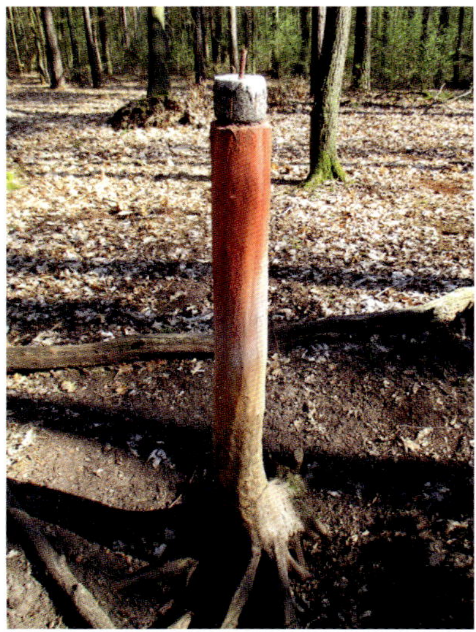

Östliche Seite der ehemaligen Pontonsperre, Baumdenkmal, Leckstein auf Baumstumpf

Wesentlich erfreulicher ist das **Baumdenkmal für die Deutsche Einheit**, das ganz bewusst an der Grenzkontrollstelle angelegt wurde (52°25'40,7"N 13°4'21,7"O). Im Frühjahr 2016 wurden drei Bäume in Form eines gleichseitigen Dreiecks mit jeweils zehn Metern Seitenlänge gepflanzt. Die Buche steht für die westlichen, die Kiefer für die östlichen Bundesländer und die Eiche für das wiedervereinigte Deutschland. Im Innenbereich befindet sich eine Feuerstelle.

In unmittelbarer Nähe wurde aus zusammengetragenen – aufgelesenen – Steinen ein sogenannter **Lesesteinhaufen** errichtet. Dessen Zwischenräume sollen vielen Tieren, wie Kröten, Eidechsen, Nattern und Vögeln als Lebens- und Schutzraum dienen. An sonnigen Tagen können sie sich dort aufwärmen. Weiterhin wurde hier auch mehrmals der »Baum des Jahres« angepflanzt und mit einer entsprechenden Beschilderung versehen.

Neben dem Lesesteinhaufen wurde im Bereich des Schwarzen Berges noch mehr für die Tiere des Waldes getan. So kann man beim Spaziergang über den Berg vom Wegesrand aus einen **Leckstein** (52°25'47,5"N 13°4'43,3"O) sehen. Dieser dient der Versorgung der Wildtiere mit Salz.

Zur Namensgebung des Schwarzen Berges wurden keine schriftlichen Erläuterungen gefunden. Eventuell leitet sich der Name von einem Waldbrand ab. Auffallend ist immerhin, dass sich in unmittelbarer Nähe sowohl des Schwarzen Berges von Krampnitz als auch von Sacrow der jeweilige Friedhof befindet.

→ Wanderstrecke bis zum Weinberg: 2,4 Kilometer

71 Weinberg / Sacrow

Sacrow

⌖ 52°26'0,6"N 13°5'50,2"O

48 Meter

In dem schmalen Bereich zwischen dem Sacrower See und der Havel befinden sich drei Berge. Man ist fast versucht, vom Potsdamer Interlaken zu sprechen. Es herrscht hier vermutlich ein für den Weinanbau günstiges Mikroklima, denn der südlichste dieser drei Hügel heißt Weinberg. Auf alten Karten ist ein rechteckiges Weinanbaugebiet eingetragen. Heute ist vom Weinanbau nichts mehr zu erkennen.

Im Umfeld des Weinberges befinden sich mehrere Stieleichen, die als Naturdenkmäler ausgewiesen sind. Die bekannteste unter ihnen ist die sogenannte »tausendjährige« Eiche mit einem Stammumfang von 685 Zentimetern im westlichen Teil des Schlossparkes Sacrow (52°25'39"N 13°5'32,5"O). 1.000 Jahre steht sie jedoch noch nicht ganz an dieser Stelle, macht also Potsdam altersmäßig keine Konkurrenz. Ihr wahres Alter wird auf 300 bis 500 Jahre geschätzt.

→ Wanderstrecke bis zu den Fuchsbergen: 1,5 Kilometer

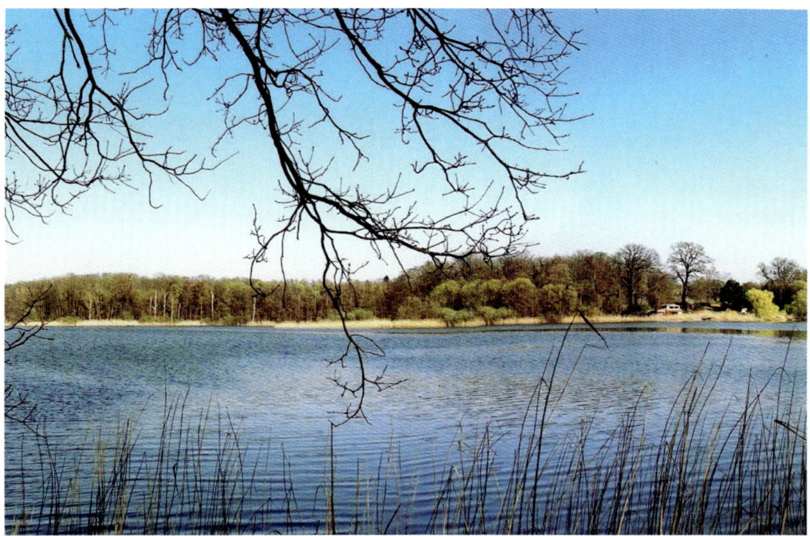

Weinberg vom Westufer des Sacrower Sees aus gesehen

72 Fuchsberge

Sacrow

⌖ 52°26'21,3"N 13°6'28,9"O

65,1 Meter

Die Fuchsberge liegen zwischen der Havel und dem Sacrower See. Sie befanden sich vollständig im Grenzgebiet zu Westberlin. Deshalb kann man heute noch am Fuß der Fuchsberge Reste der ehemaligen **Grenzanlage** finden. So steht zum Beispiel am Uferweg des Sacrower Sees als Überbleibsel des früheren Grenzmeldenetzes eine Säule mit Anschlussbuchsen für die Sprecheinrichtung der Grenzposten (52°26'26,7"N 13°6'4,2"O). Unweit davon ertrank am 3. September 1986 Rainer Liebeke bei einem Fluchtversuch. Eine **Erinnerungsstele** befindet sich an der Straße zwischen Sacrow und Berlin-Kladow (52°26'9,7"N 13°6'22,5"O).

→ Wanderstrecke bis zum Luisenberg: 900 Meter

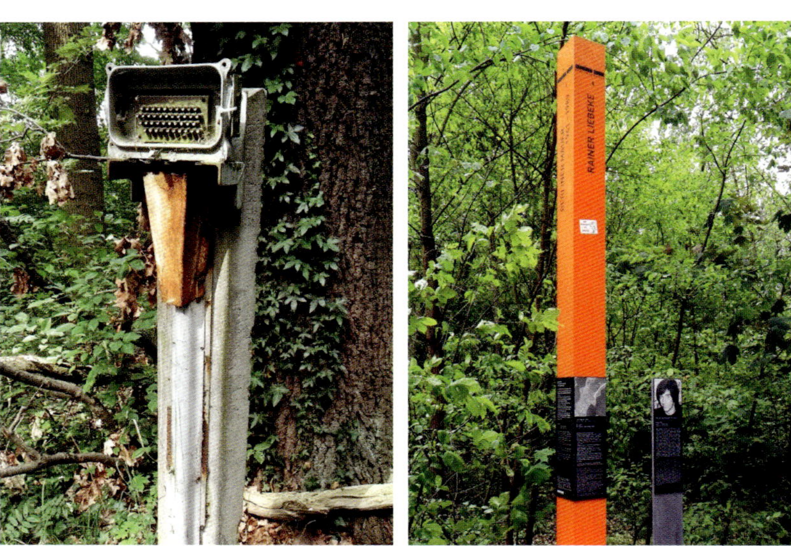

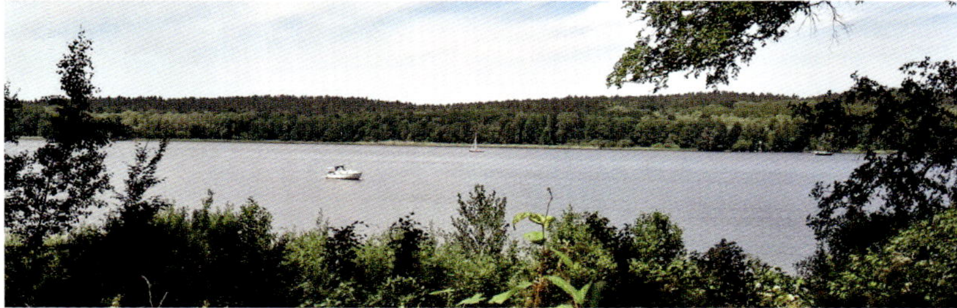

Rest der Grenzanlage, Maueropfer-Erinnerungsstele, Fuchsberge von der Pfaueninsel aus gesehen

73 Luisenberg

Sacrow

⌖ 52°26'37,0"N 13°6'53,8"O
78,3 Meter

Neben einem Luisenplatz, der Evangelischen Seniorenresidenz Luisengarten und einer Königin-Luise-Apotheke hat Potsdam auch einen Luisenberg aufzuweisen. Es ist der östlichste Berg der Stadt.

Über seine nordöstliche Flanke verlief die Berliner Mauer. Heute befindet sich an gleicher Stelle der Mauerweg.

Selbst in einigen aktuellen Karten ist beim Luisenberg ein Turmsymbol eingetragen – und tatsächlich stand auf ihm ein **Turm**. Er sah äußerlich wie ein Feuerwachturm aus, vergleichbar mit dem Turm auf dem → 22 Kleinen Ravensberg, wurde aber von der DDR-Seite zur Beobachtung der Grenze genutzt. Anfang der 1990er Jahre wurde er abgerissen. Heute ist nur noch knapp 50 Meter von der höchsten Stelle entfernt hinter wild wachsendem Gestrüpp die Fundamentplatte zu sehen (52°26'36,5"N 13°6'55,5"O). Sie hat die Form eines Zehnecks und einen Durchmesser von 3,50 Metern. Aus der Platte ragen acht Ankerschrauben hervor.

Dass Königin Luise für die Erhebung namensgebend ist, dürfte außer Zweifel stehen. Schon in einem Handatlas von 1845 findet sich der Eintrag Louisenberg. Es stellt sich die Frage, warum nun gerade ein so versteckt liegender Berg mit einem königlichen Namen versehen wurde. Möglicherweise liegt es daran, dass man von der gegenüberliegenden Pfaueninsel – einem der Lieblingsorte der Königin – auf diese Erhebung schaut.

Übrigens ist die Villa Luisenhof in der Templiner Straße 21 nicht nach der beliebten Königin benannt, sondern nach der Ehefrau des Bauherrn.

→ Wanderstrecke bis zum Mühlenberg / Groß Glienicke: 4,3 Kilometer

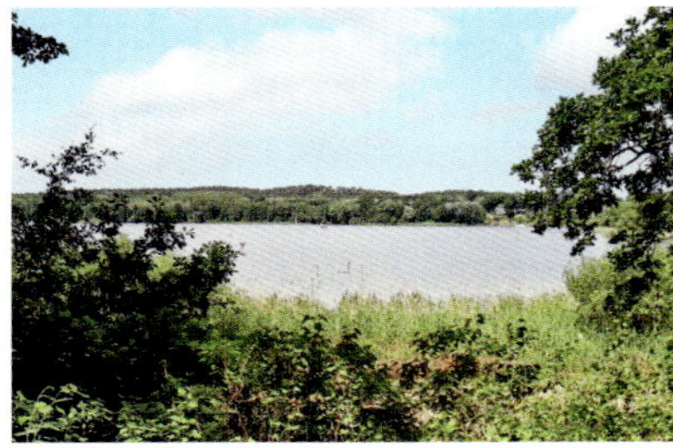

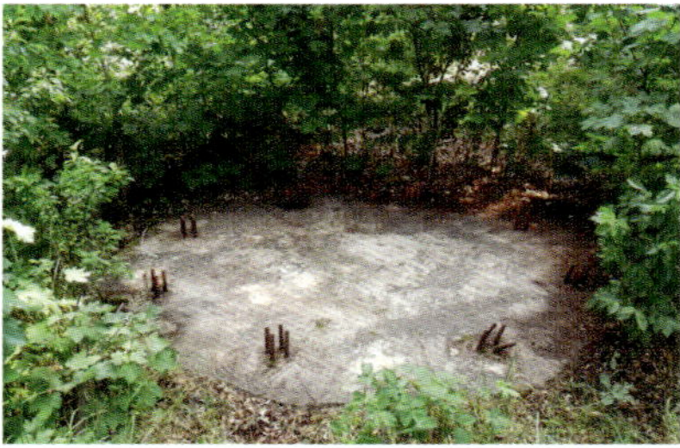

Luisenberg von der Pfaueninsel aus gesehen, Fundamentplatte des Beobachtungsturmes

74 Mühlenberg / Groß Glienicke

Groß Glienicke

52°28'19,7"N 13°6'19,8"O

47,7 Meter

Auch Groß Glienicke hat einen Mühlenberg. Die 1810 errichtete Mühle existiert nicht mehr, sie brannte am 3. Dezember 1942 ab. Es heißt, dass sie von der deutschen Flak in Brand geschossen wurde, um so die Sicht zu verbessern beziehungsweise weil befürchtet wurde, dass die Mühle als Markierung für die zum Flugplatz Gatow anfliegenden Bomber dienen könnte.

In der Potsdamer Chaussee 20 steht aber noch das dazugehörige Gehöft, von dem früher ein Weg zur Bockwindmühle führte. Von dem ursprünglichen Vierseitenhof sind heute noch das Wohnhaus, das Stallgebäude, die Scheune mit der Bauinschrift »W(illi)G(ünther) 1893« und der mit Granitsteinen gepflasterte Hof erhalten. Die Anlage steht unter Denkmalschutz ebenso wie das Holzhaus auf dem Grundstück Potsdamer Chaussee 14, das Anfang der 1920er Jahre als Jagdhaus errichtet wurde.

Flora und Fauna im Bereich des Mühlenberges gelten als besonders wertvoll und sind deshalb schützenswert. Die unübersehbaren Erdgruben sind das »Erbe« der Flakstellung aus dem Zweiten Weltkrieg.

Die von der Potsdamer Chaussee zu den neuen Wohnhäusern auf dem Mühlenberg angelegte Stichstraße erhielt im Gedenken an Willi Günther den Namen »Guntherweg«.

Die Überlegung, die Mühle wieder aufzubauen, wurde zumindest schon einmal laut ausgesprochen. Bevor jedoch die »Historische Mühle« (→ 1 Weinberg / Schloss Sanssouci) und die Fahrländer Mühle (→ 57 Mühlenberg / Fahrland) eine Schwester hinzubekommen, wird wohl noch etwas Wind über den Groß Glienicker Mühlenberg wehen.

→ Wanderstrecke bis zum Galgenberg: 1,3 Kilometer

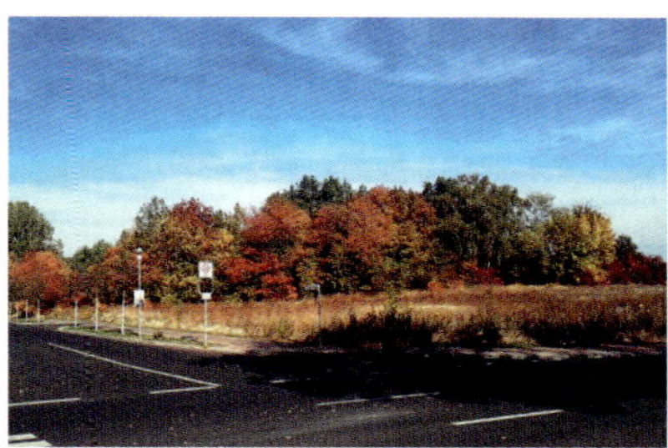

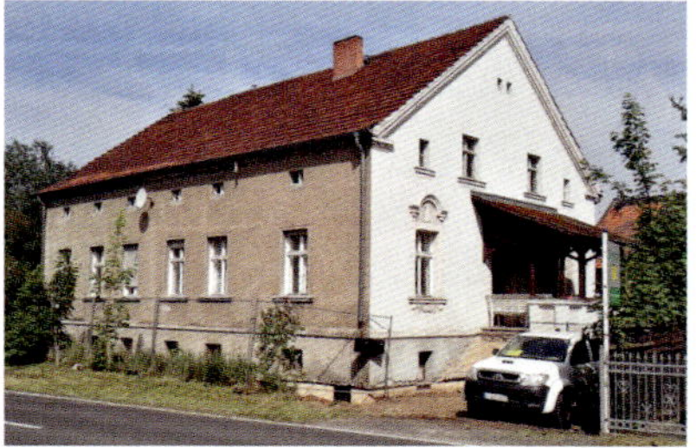

Mühlenberg von der Potsdamer Chaussee aus gesehen, Gehöft Potsdamer Chaussee 20

75 Galgenberg / Groß Glienicke

Groß Glienicke

52°28'50,3"N 13°6'19,5"O
45 Meter

Einer der drei Galgenberge Potsdams befindet sich in Groß Glienicke. Bei dem Areal handelt es sich – zumindest heute – nur um ein welliges Stück Ackerland am Rand der Döberitzer Heide. Ein deutlicher Hügel ist nicht zu erkennen.

Auch wenn der Galgenberg selbst recht unbedeutend ist, lohnt das Umfeld durchaus einen Besuch. Die Anhöhe liegt im Naturschutzgebiet »Seeburger Fenn – Sümpelfichten«. Bis zum nächstgelegenen Zugang in Sielmanns Naturlandschaft Döberitzer Heide sind es nur etwa 900 Meter (52°29'5,1"N 13°5'48,8"O).

Zum Verbot öffentlicher Hinrichtungen → 60 Galgenberg / Fahrland.

Sümpelfichten ist kein botanischer Name, sondern eine Gebietsbezeichnung. Der Name soll eventuell dadurch entstanden sein, dass die betreffende Fläche für die Landwirtschaft unbrauchbar war und deshalb nur simple Fichten angepflanzt werden konnten.

Wer bis zu dem letzten der Potsdamer Berge durchgehalten hat und dabei vergessen hat, »Im Frühtau zu Berge« zu singen, dem seien passend zur hiesigen Örtlichkeit die berühmten »Galgenlieder« von Christian Morgenstern empfohlen. Vermutlich ist nur wenigen bekannt, dass die ersten dieser Gedichte in der »Bismarckhöhe« auf dem nur 16 Kilometer entfernten Galgenberg in Werder entstanden sind oder zumindest dort vorgetragen wurden.

Und damit: »Berg ahoi!«

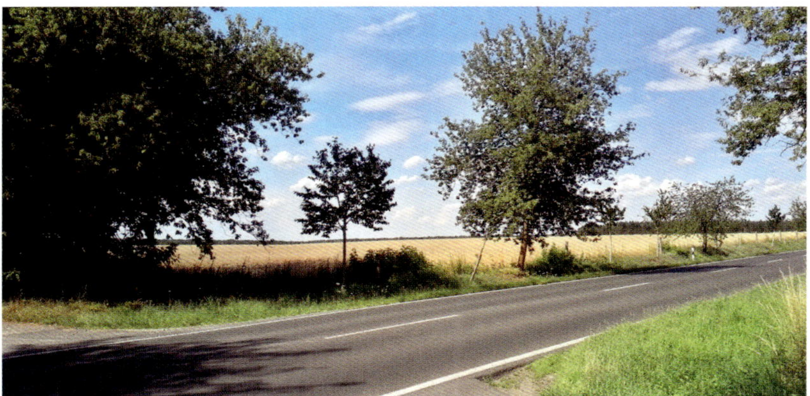

Galgenberg von der Landesstraße 20 nach Seeburg aus gesehen

Anmerkungen

1 Riehl, Wilhelm: Schloß und Park Babelsberg, in: Westermann's Illustrirte Deutsche Monatshefte, August 1874, S. 497.
2 Giersberg, Hans-Joachim: Die Sieben Hügel Potsdams – Bemerkungen zur Geschichte ihrer Bebauung im 17. und 18. Jh., in: Wege zum Garten – gewidmet Michael Seiler zum 65. Geburtstag, 2004, S. 37.
3 Netto, Fr.; Brendicke, H.: Park und Schloss Babelsberg – Bericht über die Sitzung des Vereins, in: Mitteilungen des Vereins für die Geschichte Berlins, 20(1903), S. 64.
4 Reinhard, Karl von: Sagen und Märchen aus Potsdam's Vorzeit, 1869, S. 95.
5 Höhenmodell aus Quickbird-Satellitendaten, Luftbild und Planung GmbH Potsdam 2004, in: Landschaftsplan Potsdam Stand 19.9.2012 – Deckblatt-Ausschnitt (verändert).
6 Fontane, Theodor: Wanderungen durch die Mark Brandenburg, Erster Teil: Die Grafschaft Ruppin, Vorwort zur zweiten Auflage, 1998.
7 Kopisch, August: Die königlichen Schlösser und Gärten zu Potsdam – Von der Zeit ihrer Gründung bis zum Jahre MDCCCLII, 1854, S. 25, 126.
8 Es wurde bewusst die veraltete Ansicht mit der am 26. Februar 2018 gefällten Blutbuche und nicht die aktuelle Ansicht mit der am 18. April 2018 nachgepflanzten neuen Blutbuche gewählt, weil die Gliederung des Blickfensters mit dem alten, größeren Baum deutlicher zu erkennen ist.
9 Fidicin, Ernst: Die Territorien der Mark Brandenburg – Geschichte der Stadt und Insel Potsdam, 1858, S. 168.
10 Militär-Wochenblatt, Nr. 258 vom 2. Juni 1821, S. 1847–1849.
11 Dieser schöne Anblick existiert nicht mehr, da beide Linden im Oktober 2021 wegen Pilzbefall und Hitzeschäden gefällt werden mussten. Eine Nachpflanzung soll im Frühjahr 2022 erfolgen.
12 Die amtliche Höhe, d. h. die Angabe der Landesvermessung und Geobasisinformation Brandenburg, beträgt 93,5 Meter.
13 Spaziergang durch Potsdams Umgebungen, 1839, S. 6.
14 Die Deutsche Stiftung Denkmalschutz hat 2016 eine Spendensammlung initiiert, um den Turm denkmalgerecht zu sanieren und auch als Aussichtspunkt nutzbar zu machen. Vgl. www.denkmalschutz.de/denkmal/helmert-turm.html, letzter Aufruf: 1.8.2020.
15 © GeoBasis-DE/LGB (2021), www.govdata.de/dl-de/by-2-0, Text und Symbole ergänzt. Hans-Jürgen Paech hatte den Schanzenberg auf einer Karte verzeichnet gefunden und später im digitalen Geländemodell des BrandenburgViewers die namengebende Feldschanze in der genauen Position wiederentdeckt.
16 Die amtliche Höhe, d. h. die Angabe der Landesvermessung und Geobasisinformation Brandenburg, beträgt 114,2 Meter.
17 Vorschläge an Siegfried Seidel (E-Mail: ortschronist@kultur-in-golm.de). Siehe auch www.kultur-in-golm.de/ortshistorie-golm/index.html, letzter Aufruf: 1.8.2020.
18 Seidel, Siegfried: Wie der Reiherberg entstanden ist, in: »14476 Golm« – Die Ortsteilzeitung für Potsdam-Golm 2/2004, S. 11.
19 Titel: Graeb, Carl: Potsdam, Tempel auf dem Kahlen Berge, SPSG, GK II (5) 963, Foto: SPSG.
20 Reinhard (siehe Anm. 4), S. 167.
21 Mitteilung von Annette Mey (Bornim) und Wigbert Jethon (Grube).
22 Reinhard (siehe Anm. 4), S. 161.
23 Die Informationen zum Teufelsberg stammen von Wolfgang Grittner.
24 Henry Sawade hat die Treppe entdeckt und einen kleinen Abschnitt freigelegt.
25 Der Hinweis auf einen Rastplatz bzw.

eine Raststation stammt von Henry Sawade. Hans-Christian Klenner berichtet sogar von einem kleinen Parkplatz.

26 Hinz, Ursula: Neu Fahrland – Von den Wenden bis zur Wende – Chronik Teil 1, 2003, S. 57.

27 Voß, Wolfgang: Chronik des Dorfes Krampnitz, 2004, S. 6 (unveröffentlichtes Manuskript).

Stichwortverzeichnis

Wanderlektüre (eine kleine Auswahl)

Bornimer Höhe(n)punkte – Bornimer Kalender 2019, Hrsg. Bürgerverein Bornim ’90 e. V.

Dornbusch, Ramona: Landschaft als Kulturgut am Beispiel der Gemarkung Fahrland, 2011

Fidicin, Ernst: Die Territorien der Mark Brandenburg – Geschichte der Stadt und Insel Potsdam, 1858

Kaschube, Adolf: Die Potsdamer Berge, in: Mitteilungen der Studiengemeinschaft Sanssouci e. V., 13(2008)1

Nagel, Günter: Die Potsdamer Berge – Stadtlandschaft zwischen Berg und Tal, in: Die Mark Brandenburg, Heft 29(1998)

Paech, Hans-Jürgen: Das Potsdamer Telegraphenberg-Brauhausberg-Gebiet und seine Umgebung aus historischer Sicht, in: Telegraphenbuch III, 2012

Paech, Hans-Jürgen: Die Berge Potsdams und ihre Namen, in: TauZone – Die Stadtteilzeitung für den Schlaatz 14(2010)91

Potsdamer Berge, auf: Potsdam-Chronik-Internetseite (www.potsdam-chronik.de/index.php?title=Berge)

Potsdams Berge, auf: Potsdam-Wiki-Internetseite (www.potsdam-wiki.de/index.php/Berge)

Schröder, Katrin: Park Babelsberg, 2017

Seidel, Siegfried: Berge in Golm, in: »14476 Golm« – Die Ortsteilzeitung für Potsdam-Golm 2/2014

Seiler, Michael; Wacker, Jörg: Insel Potsdam – Ein kulturhistorischer Begleiter durch die Potsdamer Parklandschaft, 1991

Thiede, Olaf: Zeichen in der Landschaft – Landmarken, Sichtachsen und Sonnenzeichen, 2016, Bd. II

Wendland, Christian: Die Potsdamer Berge und der Städtebau mit zahlreichen Belvederes, in: POTSDAMLIFE – Das Kultur & Gesellschaftsmagazin für das Land Brandenburg, Sommer 2011

Dank

Heiko Wedel von der Landesvermessung und Geobasisinformation Brandenburg soll an dieser Stelle besonders gedankt werden, da er mit seinen technischen Möglichkeiten mehrere Berghöhen und verbesserte Koordinaten ermittelt hat.

Auch Helmut Matz (Caputh) möchte ich für seine Fotos und die vielen wertvollen Hinweise während und nach unseren gemeinsamen Wanderungen danken.

Schließlich muss noch Thoas Töpfer gesondert erwähnt werden. Auf welche Frage wusste er eigentlich keine Antwort? Eine große Hilfe waren seine Hinweise, die er häufig »ungefragt« beisteuerte.

Nachfolgend nenne ich mit großer Dankbarkeit diejenigen, von denen ich persönlich Informationen erhalten habe, die sonst kaum oder nirgends zu finden sind:

Dr. Klaus Arlt (Studiengemeinschaft Sanssouci), Theseus Bappert (Landschaftsarchitekt), Sven Barfknecht (Katasteramt), Hiltrud Berndt (Landschaftsarchitektin i. R.), Dr. Elisabeth Berner (Universität Potsdam, Germanistik), Christoph Buhr (Naturschutzbund, Kreisverband Potsdam), Andreas Burchardt (Bundesförster im Bereich Döberitzer Heide), Gundula Christl (Stadtarchäologin), Karlheinz Deisenroth (»Der Alte Friedhof zu Potsdam«), Dr. Sascha Dietel (ehem. Polizei), Gökhan Durmaz (Groß Glienicke), Bernd Eichhoff (Revierförster i. R. im Bereich Ravensberge), Werner Eichhoff (Revierförster im Bereich Wildpark), Karl Eisbein (ehem. Leiter des Babelsberger Parks), Dr. Gebhard Falk (Potsdamer Historiker), Jens-Axel Falke (Schutzgemeinschaft Deutscher Wald), Dr. Thomas Fischbacher (Universität Potsdam, Historisches Institut), Stefan Gehlen (Stiftung Preußische Schlösser und Gärten Berlin-Brandenburg), Jakob Georg (Revierförster i. R. im Bereich Krampnitz), Dietrich Gericke (Landesvermessung und Geobasisinformation Brandenburg), Dr. Roland Granobs (Altphilologe), Joachim Grigorieff (Alexandrowka), Dr. Wolfgang Grittner (Ortschronist von Marquardt), Gerbert Groß (Neu Fahrland), Dr. Ludwig Grunwaldt (GeoForschungsZentrum), Günter Grützner (Golm), Frank Hakenbeck (Stiftung Preußische Schlösser und Gärten Berlin-Brandenburg), Lutz Hannemann (Luftbildfotograf), Kai Heinemann (Naturschutzbund, Kreisverband Potsdam), Jens Heinrich (Geltow), Dr. Bernd Herold (Bürgerverein Bornim), Thomas Hintze (Pro-Brauhausberg), Dr. Rainer Höfgen (Kultur in Golm e. V.), Wigbert Jethon (Grube), Andreas Kalesse (Stadtkonservator i. R.), Jürgen Kania (Neu Fahrland), Adolf Kaschube (Heimatforscher), Karsten Kayserling (Revierförster im Bereich Ravensberge), Friedrich-Wilhelm Kiener (Golm), Michael Kindler (Templiner Vorstadt), Jörg Kirschstein (Stiftung Preußische Schlösser und Gärten Berlin-Brandenburg), Nadine Kirsten (Förderverein Pfingstberg), Hans-Christian Klenner (Chefrestaurator i. R.), Stefan Klotz (Stadtwerke), Dr. Gudrun Kluge (Bornstedt), Harry Kluge (Waldstadt), Jürgen Knape (Potsdam), Roy Knocke (Lepsiushaus), Daniil Koljada (russisch-orthodoxe Gemeinde), Prof. Peter Kosta (Universität Potsdam, Slavistik), Dr. Hermann Kremer (Alexandrowka), Steffi Kreßner (Brandenburgisches Landeshauptarchiv), Hubert Lakenbrink (ehem. ProPotsdam GmbH), Dr. Rainer Lambrecht (Knotenpunkt Verlag), Dr. Lukas Landgraf (Landesamt für Umwelt Brandenburg), Thomas Lenk (Berliner Wanderclub e. V.), Jörg Limberg (Untere Denkmalschutzbehörde der Landeshauptstadt Potsdam), Susanne Marok (Mühlenvereinigung), Prof. Hayk Mashuryan (Armenier), Dr. Manfred Menning (GeoForschungsZentrum), Annette Mey (Bornim), Prof. Rainer Nitsch (Kladower Forum e. V.), Dr. Hans-Jürgen Paech (Stadthistoriker), Dr. Bernd-Reiner Paulke (Eiche) †, Uwe Peschke (Revierförster im Bereich (Krampnitz), Detlef Pfefferkorn (Verkehrsplaner im Bereich Stadtentwicklung), Martin Prill (Stiftung Preußische Schlösser und Gärten Berlin-Brandenburg), PROF. UDOLPH – Zentrum für Namenforschung, Dr. Volker Punzel (GeschichtsManufaktur), Burkhard Radtke (Groß Glienicke), Oberstabsfeldwebel Thomas Rister (Havellandkaserne), Cindy Ruden (Fahrland), Ernst Ruden sen. (Fahrländer Landwirt), Torsten Rüdinger (Mühlenvereinigung), Henry Sawade (Fährhaus Uetz), Steffen Schäfer (ehem. Bau- und Montagekombinat Ost), Holger Schenk (ehem. Leiter Potsdam-Mittelmark-Kreisarchiv), Katrin Schröder (Stiftung Preußische Schlösser und Gärten Berlin-Brandenburg), Gerd Schurig (Stiftung Preußische Schlösser und Gärten Berlin-Brandenburg), Siegfried Seidel (Ortschronist von Golm), Bernd Selle (Babelsberg), Ilka Simm-Schönholz (Waldhaus), Oliver Sobotta (Brandenburgischer Landesbetrieb für Liegenschaften und Bauen), Dr. Hary Soerijanto (ehem. Alexandrowka), Clas Steinmann (Künstler), Winfried Sträter (Groß Glienicke), Jörg Teichmann (Regenkinder e.V.), Olaf Thiede (Künstler), Alois Turcer (ehem. Braumeister), Manfred Uhlemann (Geltower Heimatverein), Ernst Viebahn (Förster i.R. in der Oberförsterei Potsdam), Ralf Voigt (Unter Wasserbehörde der Landeshauptstadt Potsdam), Wolfgang Voß (Krampnitz), Dr. Joachim Wacker (Archäologisches Landesmuseum), Dr. Jörg Wacker (Stiftung Preußische Schlösser und Gärten Berlin-Brandenburg), Dr. Claudia Walter (Untere Naturschutzbehörde der Landeshauptstadt Potsdam), Armin Welthe (Ortschronist von Grube), Dr. Clemens Alexander Wimmer (Gartenplaner).

Und schließlich sind auch der Stiftung Preußische Schlösser und Gärten Berlin-Brandenburg, der Entwicklungsträger Potsdam GmbH, dem Wissenschaftspark »Albert Einstein«, dem Landeskommando Brandenburg / Havellandkaserne, dem Verein Wald-Jagd-Naturerlebnis e.V., der Bauzuschlagstoffe & Recycling GmbH Michendorf, der Landesvermessung und Geobasisinformation Brandenburg, der Landeswaldoberförsterei Grünaue, der Revierförsterei Krampnitz, dem Restaurant Hinzenbergklause, dem Restaurant Mühlenbaude, dem Hotel Bayrisches Haus, dem Eigentümer des Fährhauses in Uetz, dem Eigentümer des Gehöftes Potsdamer Chaussee 20 in Groß Glienicke sowie der Schloss Marquardt-Eventlocation zu danken, die einer Veröffentlichung von Fotos zugestimmt haben, die auf bzw. von den jeweiligen Liegenschaften entstanden.

Bildnachweis

Für den Fall, dass sich auf einer Seite mehrere Bilder befinden, geben die Zahlen in Klammern die Bildnummer an.

Helmut Matz: 26(1-2),60/61, 64, 66, 76(1), 82(2), 86, 87, 96(2), 103(5), 111(2-3), 116/117, 129(1), 131(1,3), 134/135, 135(1,3), 136, 152(2), 158(2), 176(2); **Dr. Knud Brandis:** 46(3); **Irene Mörtl-Rux:** 67(2); **Falkenhof (Kleiner Ravensberg):** 94(3); **Einsatzführungskommando der Bundeswehr / Falk Baerwald:** 114(1); **Einsatzführungskommando der Bundeswehr / Presse- und Informationszentrum:** 114(3); **Regenkinder e.V.:** 129(2); Auf dem Gelände der **Stiftung Preußische Schlösser und Gärten** wurden folgende Aufnahmen gemacht: 12/13, 16, 17, 18, 19(1-2), 21, 22(1-2), 23(1-3), 25(1-3), 26(1-3), 29(1-2), 30(1-2), 32(1-3), 42, 43, 44(1-3), 48(1-2), 50, 54(1-2), 55, 56, 58(1-2), 59, 60/61, 61, 63(1-2), 64, 65(1-2); **Wolfgang Mörtl:** alle übrigen; **Karten:** © OpenStreetMap-Mitwirkende

Der Autor hat sich nach bestem Wissen und Gewissen bemüht, die rechtlichen Aspekte bei der Veröffentlichung von Fotos einzuhalten. Sollten dennoch Eigentums- oder andere Rechte verletzt worden sein, bittet der Autor um Entschuldigung und eine kurze Mitteilung. Ergänzungen, Korrekturen oder sonstige Hinweise bitte auf kurzem Wege per E-Mail an WolfgangMoertl@web.de.

BERGFÜHRER
POTSDAM